RESEARCH ON THE CONNECTION BETWEEN
CIVIL PROCEDURE LAW AND CIVIL CODE

民事诉讼法与民法典衔接问题研究

郭伟清／主编

法律出版社 LAW PRESS · CHINA ｜ 北京

图书在版编目(CIP)数据

民事诉讼法与民法典衔接问题研究 / 郭伟清主编
. -- 北京 : 法律出版社, 2024
ISBN 978 - 7 - 5197 - 8847 - 6

Ⅰ. ①民… Ⅱ. ①郭… Ⅲ. ①民事诉讼法 - 关系 - 民法 - 法典 - 研究 - 中国 Ⅳ. ①D925.104

中国国家版本馆 CIP 数据核字(2024)第 037774 号

民事诉讼法与民法典衔接问题研究
MINSHISUSONGFA YU MINFADIAN
XIANJIE WENTI YANJIU

郭伟清 主编

策划编辑 邢艳萍
责任编辑 邢艳萍
装帧设计 汪奇峰

出版发行 法律出版社
编辑统筹 法律应用出版分社
责任校对 马　丽
责任印制 刘晓伟
经　　销 新华书店

开本 710 毫米 × 1000 毫米　1/16
印张 20.25　　字数 305 千
版本 2024 年 3 月第 1 版
印次 2024 年 3 月第 1 次印刷
印刷 三河市龙大印装有限公司

地址:北京市丰台区莲花池西里 7 号(100073)
网址:www.lawpress.com.cn
投稿邮箱:info@lawpress.com.cn
举报盗版邮箱:jbwq@lawpress.com.cn

销售电话:010 - 83938349
客服电话:010 - 83938350
咨询电话:010 - 63939796

书号:ISBN 978 - 7 - 5197 - 8847 - 6
定价:80.00 元

凡购买本社图书,如有印装错误,我社负责退换。电话:010 - 83938349

编辑委员会

凡　　例

全　　称	简　　称
《中华人民共和国宪法》(2018 年修正)	《宪法》
《中华人民共和国民法典》	《民法典》
《中华人民共和国民事诉讼法》(2023 年修正)	《民事诉讼法》
《中华人民共和国公司法》(2023 年修订)	《公司法》
《中华人民共和国农民专业合作社法》(2017 年修订)	《农民专业合作社法》
《中华人民共和国税收征收管理法》(2015 年修正)	《税收征收管理法》
《中华人民共和国建筑法》(2019 年修正)	《建筑法》
《中华人民共和国消费者权益保护法》(2013 年修正)	《消费者权益保护法》
《中华人民共和国药品管理法》(2019 年修订)	《药品管理法》
《中华人民共和国合伙企业法》(2006 年修订)	《合伙企业法》
《中华人民共和国注册会计师法》(2014 年修正)	《注册会计师法》
《中华人民共和国信托法》	《信托法》
《中华人民共和国个人信息保护法》	《个人信息保护法》
《中华人民共和国招标投标法》(2017 年修正)	《招标投标法》
《中华人民共和国政府采购法》(2014 年修正)	《政府采购法》
《中华人民共和国拍卖法》(2015 年修正)	《拍卖法》
《中华人民共和国证券投资基金法》(2015 年修正)	《证券投资基金法》
《中华人民共和国海商法》	《海商法》
《中华人民共和国劳动合同法》(2012 年修正)	《劳动合同法》
《中华人民共和国劳动法》(2018 年修正)	《劳动法》
《中华人民共和国电子商务法》	《电子商务法》

续表

全　　称	简　　称
《中华人民共和国广告法》(2021 年修正)	《广告法》
《中华人民共和国安全生产法》(2021 年修正)	《安全生产法》
《中华人民共和国旅游法》(2018 年修正)	《旅游法》
《中华人民共和国食品安全法》(2021 年修正)	《食品安全法》
《中华人民共和国民用航空法》(2021 年修正)	《民用航空法》
《中华人民共和国固体废物污染环境防治法》(2020 年修订)	《固体废物污染环境防治法》
《中华人民共和国土壤污染防治法》	《土壤污染防治法》
《中华人民共和国产品质量法》(2018 年修正)	《产品质量法》
《中华人民共和国证券法》(2019 年修订)	《证券法》
《中华人民共和国环境保护法》(2014 年修订)	《环境保护法》
《中华人民共和国票据法》(2004 年修正)	《票据法》
《中华人民共和国企业破产法》	《企业破产法》
《中华人民共和国老年人权益保障法》(2018 年修正)	《老年人权益保障法》
《中华人民共和国继承法》(已失效)	《继承法》
《中华人民共和国民法总则》(已失效)	《民法总则》
《中华人民共和国民法通则》(已失效)	《民法通则》
《中华人民共和国合同法》(已失效)	《合同法》
《中华人民共和国物权法》(已失效)	《物权法》
《中华人民共和国侵权责任法》(已失效)	《侵权责任法》
《中华人民共和国担保法》(已失效)	《担保法》
《最高人民法院关于适用〈中华人民共和国民事诉讼法〉的解释》(2022 年修正)	《民诉法解释》
《最高人民法院关于民事诉讼证据的若干规定》(2019 年修正)	《民事证据规定》
《最高人民法院关于审理民间借贷案件适用法律若干问题的规定》(2020 年修正)	《民间借贷规定》
《最高人民法院关于适用〈中华人民共和国民法典〉时间效力的若干规定》	《民法典时间效力规定》
《全国法院民商事审判工作会议纪要》	《九民会议纪要》

续表

全　　称	简　　称
《最高人民法院关于在审理经济纠纷案件中涉及经济犯罪嫌疑若干问题的规定》(2020年修正)	《经济纠纷涉及经济犯罪嫌疑的规定》
《最高人民法院关于贯彻执行〈中华人民共和国民法通则〉若干问题的意见(试行)》(已失效)	《民通意见》
《最高人民法院关于适用〈中华人民共和国民法典〉有关担保制度的解释》	《民法典担保制度解释》
《最高人民法院关于审理人身损害赔偿案件适用法律若干问题的解释》(2022年修正)	《人身损害赔偿解释》
《最高人民法院关于适用〈中华人民共和国担保法〉若干问题的解释》(已失效)	《担保法解释》
《最高人民法院关于审理经济合同纠纷案件有关保证的若干问题的规定》(已失效)	《经济合同纠纷保证规定》
《最高人民法院关于审理融资租赁合同纠纷案件适用法律问题的解释》(2020年修正)	《融资租赁合同解释》
《最高人民法院关于适用〈中华人民共和国企业破产法〉若干问题的规定(二)》(2020年修正)	《企业破产法若干规定(二)》
《最高人民法院关于人民法院民事执行中查封、扣押、冻结财产的规定》(2020年修正)	《查扣冻规定》
《最高人民法院关于人民法院办理执行异议和复议案件若干问题的规定》(2020年修正)	《执行异议和复议规定》
《最高人民法院关于审理买卖合同纠纷案件适用法律问题的解释》(2020年修正)	《买卖合同解释》
《最高人民法院关于印发修改后的〈民事案件案由规定〉的通知》	《民事案件案由规定》
《上海市高级人民法院民事诉讼释明指南》	《上海市高级人民法院释明指南》

序

《民法典》作为中华人民共和国成立以来第一部以“法典”命名的法律，是一部固根本、稳预期、利长远的基础性法律。在《民法典》编纂过程中及颁布实施后，民事程序法与民事实体法的衔接始终是理论界和实务界共同关注的热点问题。就《民事诉讼法》与《民法典》的衔接，理论界和实务界目前达成了以下四个方面的共识：

其一，就衔接研究的对象而言，《民法典》以法典化方式将民事实体法各领域的既有制度与新设规则予以体系化，构建起作为社会行为规范、司法裁判依据、学理研究对象的实定法基础。因此，对《民法典》实体规范的体系性梳理，是衔接研究的起点。在《民法典》实施后，《民事诉讼法》先后完成两次修正，吸纳繁简分流改革成果，更新涉外诉讼程序规则，落实特别程序衔接要求，既回应程序法自身发展需求，又贯彻实体法协同实施目标。在民事实体法经由法典化而相对定型，而民事程序法的实质法典化尚未完成的背景下，《民事诉讼法》如何在具体制度层面对《民法典》进行体系化衔接，是衔接研究的要点。实现《民事诉讼法》与《民法典》在宏观、中观、微观层面的全方位衔接，就同一事项统一民事实体、程序法律适用标准，保障民事主体合法权益，共同推进全面依法治国与国家治理体系和治理能力现代化，是衔接研究的落点。

其二，就衔接研究的路径而言，民事程序法与民事实体法的衔接过程乃是一个部门法规范的内部优化与外部协调的互动过程，它既不同于“重实体，轻程序”的偏在发展，也不同于“扬程序，远实体”的分离发展，而是遵循程序法与实体法协同发展的路径。在价值维度，衔接研究宜秉持程序法与实体法同等重要的理念，促进程序法的独立价值与工具价值衡平并重；在方法维度，衔接研究宜秉持程序法与实体法视角互动的理念，将对实体法的诉讼分析与对诉讼法的实体关照相结合。

其三，就衔接研究的场域而言，“法律的生命力在于实施”，衔接研究的问题来源于实践，解决问题的方案也必须接受实践检验。作为调整平等主体间人身关系与财产关系的基础性法律，《民法典》是“社会生活的百科全书”，体现对生命健康、财产安全、交易便利、生活幸福、人格尊严等各方面权利的平等保护。民事权利的实现，既在于规范指引下的自觉遵行，更在于争议发生后的秩序回复。《民事诉讼法》通过构建争议的论辩空间，以程序正义促进实体正义，助力实体权利在社会生活中的保障与落实。

其四，就衔接研究的范围而言，既留意《民法典》实施前程序法与实体法未能有效衔接的旧有疑难，又关注《民法典》实施后新规则与旧规则亟待对接的现实需求。例如，共同诉讼与多数人之债的衔接、诉的合并与请求权竞合的衔接、证明责任效果规范与证明责任分配规范的衔接等旧有疑难问题，需要接续研究。意定监护、遗产管理人、人格权行为禁令、非典型动产担保等作为《民法典》新增的规定，立足新规则的体系衔接与规范落实，更需要精准发力。

近年来，上海市第二中级人民法院一方面秉持审判工作与实务调研相结合的理念，立足实践开展研究，形成了“至正”调研品牌，培育了浓厚调研氛围；另一方面融入改革实践，先后作为民事诉讼程序繁简分流改革、四级法院审级职能定位改革的试点法院，在二审独任制、提级管辖、在线诉讼等民事诉讼改革领域积极探索，创新机制、积累经验；同时立足审判实践，适用《民法典》新规则、《民事诉讼法》新机制，审理了包括“为父奔丧被辞退”案、全市首例依据生效法律文书设立居住权案、全市首例依职权提级管辖的业主撤销权纠纷案、全市首例检察机关申请司法确认妇女权益保障民事公益诉讼磋商协议案等，既弘扬了社会主义核心价值观，又实现了政治效果、社会效果、法律效果的有机统一，扎实助力《民事诉讼法》与《民法典》在案件审理中的有机衔接。本书的出版正是前述努力的生动呈现。

本书尊重理论界和实务界的既有共识，在章节脉络上，以民事程序法主要制度为经，以民事实体法重要规则为纬，经纬相续，构建衔接研究框架。在具体内容上，采用专题研究的体例，选取基本原则、诉讼主体、诉讼客体、证明制度、家事领域、执行程序、特别程序、代位权制度等《民事诉讼法》与《民法典》衔接的八个重点领域，在每一专题下均选取兼具理论性与实践性的具体问题作为研究对象。尤其可贵的是，在专题研究的基础上，本书拟写了《民事诉讼法》及相应司法解释的修改建议稿，具有重要参考价值。

以习近平法治思想为指导，上海市第二中级人民法院踔厉奋发，砥砺前行，相信一定会取得新的更大成就。

是为序。

中国人民大学副校长，教授

中国法学会常务理事

二〇二四年二月

目　录

第一章

民事程序法与民事实体法协调实施的基本理念

第一节 概　述

本章为导论,先对我国民事程序法与民事实体法的基本情况加以概述,并明确两者协调与对接的基本理念。

本章首先概述了我国《民法典》和《民事诉讼法》的立法情况,两部法律在我国经济社会生活中居于重要地位,对于我国推进全面依法治国与国家治理体系和治理能力现代化具有重要意义。

本章继而分别概述了民事实体法与民事程序法的基本理念与精神。其一,概述民事实体法的基本理念与精神。民事实体法是规范平等私主体之间一般社会生活的法,是最为重要的部门法之一。民事实体法属于私法,体现了私权神圣和私法自治之理念与精神。其二,概述民事程序法及民事诉讼制度的基本价值。民事程序法即民事诉讼法,它规定了法律主体在以司法机关为主导的诉讼关系中的程序性权利及义务,规定了法律主体在社会交往中发生纠纷情形下的具体权利与义务,具有程序价值与实体价值。民事诉讼制度基本价值则主要体现在公正与效率两个方面。

本章最后介绍了民事程序法与民事实体法协调和对接的基本理念。在观念上,应不断剥离程序法为实体法服务的传统理念;在法律适用上,应秉持程序与实体同等重要的标准,不能仅将程序法视为实现实体法上权利的工具。

第二节 我国民事实体法与民事程序法的立法概况

一、我国《民法典》立法概况

2020 年 5 月 28 日,第十三届全国人民代表大会第三次会议通过了《民法典》。《民法典》于 2021 年 1 月 1 日起正式实施。《民法典》是新中国成立以来第一部以“法典”命名的法律,既汲取了中华民族优秀的传统法律文化,又借鉴了人类法治文明的有益建设成果,是新时代我国社会主义法治建设的重大成果。[①]《民法典》是我国民事实体法律规范的合集。综观我国法律体系，《民法典》体系庞大，所规定的民事实体法律规范内容繁杂，涉及各种概念和制度，是人民生活及行为的基本规范，也是市场经济稳定繁荣发展所应遵循的基本法，就其地位而言，可谓仅次于宪法。就其功能而言，可以保障公民、法人及非法人组织的合法权益，可以调整社会生活中的各种民事法律关系，可以消除相关民事法律关系的不确定性，促进社会和谐稳定，推进社会主义现代化建设。

二、我国《民事诉讼法》立法概况

2023 年 9 月 1 日，第十四届全国人民代表大会常务委员会第五次会议通过《全国人民代表大会常务委员会关于修改〈中华人民共和国民事诉讼法〉的决定》，修改后的《民事诉讼法》将自 2024 年 1 月 1 日起施行。《民事诉讼法》是规范民事诉讼程序的基本规则，是人民法院审理和执行民事案件的基本依据。作为民事程序法，《民事诉讼法》的制定依据是我国《宪法》，通过不断总结民事审判工作的实践经验而不断修订完善，可谓是我国民事审判实践和经验的直接体现。《民法典》对于推进全面依法治国与国家治理体系和治理能力现代化具有重要意义，但一部法律只有在司法中适用，才能将抽象的法律规定与具体的生活事件和行为结合起来，实现法律对人们社会关系和行为的规范作用。[②]《民事诉讼法》即为《民法典》贯彻落实与有效施行之保障型法律，因为民事实体法必须通过民事程序法所设定的民事诉讼程序得以实现。作为保障型法律，在《民法典》颁布实施以及相关司法解释陆续更新出台的背景下，《民事诉讼法》及相关司法解释与民事实体法的协调和衔接成为当下民事诉讼法学领域的焦点及难点话题。

第三节　民事实体法的基本理念与精神

民事实体法是规范平等私主体之间一般社会生活的法，是最为重要的部门

① 参见习近平：《充分认识颁布实施民法典重大意义　依法更好保障人民合法权益》，载《中国人大》2020 年第 12 期。

② 参见张卫平：《民法典的实施与民事诉讼法的协调和对接》，载《中外法学》2020 年第 4 期。

法之一，与刑法、行政法、程序法等共同构成一国部门法体系。民法起源于罗马法，被称作市民社会之法则，其诞生于商品生产和商品交换的基础之上，是商品生产和交换一般条件的直接体现。

当前，学界已经达成共识，民事实体法属于私法。私法是关于个人相互间的关系的法，故观察私人相互间享有某种特定权利和负有义务是否适合法律的秩序，就是私法规定的立法着眼点。私法所保护之法律的秩序，主要是该关系当事人之个人利益。[①] 故而民事实体法体现了私权神圣和私法自治之理念与精神。[②] 私权神圣系指公民权利受法律保护，非经法定程序不受限制与剥夺。具体有三层含义：其一，民事实体法以充分创设和保障权利为己任，体现了权利本位。在制度层面，权利又与义务相生相伴，没有无义务的权利，也没有无权利的义务。其二，权利受法律平等保护，非经法定程序不受剥夺或限制。民法会根据权利的类别设置不同的归责原则及救济途径，权利受到侵害时有权通过法定路径进行救济，以恢复权利的原始状态或者对无法恢复的权利进行补偿。其三，民事实体法以人身关系和财产关系作为调整对象，以人格权和所有权为基础与核心，人格权体现了人格尊严与意志自由，所有权则是最基本的财产权利，是人得以生存的物质基础。私法自治则是指私主体在民法领域内可根据个体意愿处分私法权利与义务，是自由平等法律原则的贯彻。意思自治是私法自治的灵魂，是指当事人有权依据自我意志进行自由抉择，以当事人意志为主旨，但当事人同时亦应对依据自我意志作出的抉择负责。私法自治的价值在于维护私法关系的稳定性，私主体可以预见相应法律行为的后果，有利于形成预期，还有利于迅速解决争议，这可节约交易成本，顺应了经济发展的需求与趋势。

第四节　民事程序法及民事诉讼制度的基本价值

民事程序法是与民事实体法是相对应的概念，也是法律的基本分类方法之一。民事程序法即民事诉讼法，它规定了法律主体在以司法机关为主导的诉讼

① 肖金泉主编：《世界法律思想宝库》，中国政法大学出版社 1992 年版，第 533 页。

② 参见刘凯湘：《论民法的性质与理念》，载《法学论坛》2000 年第 1 期。

关系中的程序性权利及义务；规定了法律主体在社会交往中发生非常态情形（纠纷）下的具体权利与义务，这与民事实体法规定私主体在正常情况（非纠纷）下的社会关系中的本体性权利义务截然不同。

作为民事程序法与民事实体法共同作用的领域，民事诉讼程序有着严格的程序规范要求，它所导致的结果与诉讼经过具有直接联系，不可割裂。民事程序法的价值体现在诉讼活动中，诉讼主体通过诉讼行为满足自身的合理需求。民事程序法的基本价值大致可以分为两类，即程序价值与实体价值。首先，民事程序法有自身的独立价值，体现在诉讼程序的方方面面；其次，民事程序法的主要目的之一即是通过诉讼程序实现私主体的民事实体法律目的。两种价值之间的联系与区别，可以说也是民事诉讼法与民事实体法之间的区别与联系。诉讼结果的正当性，是通过公正、规范、严谨的诉讼程序得以实现的，因此，当事人若欲获得贴近实体价值的诉讼结果，必须仰赖符合程序价值和实体价值的诉讼程序，平等主张权益，充分表达意志，以还原案件的本真事实。

对于民事诉讼制度而言，我国理论界认为其基本价值主要体现在公正与效率两个方面，简要阐述如下：首先，公正价值可进一步分为实体公正与程序公正。实体公正意在强调法院裁判在认定事实与适用法律上是正确妥当的，即实现了实体正义。另外，实体正义的实现还体现了民事诉讼法的工具价值，具体民事诉讼程序与制度的设计、构建与运行也都是为了通过服务于这一工具价值来实现民事诉讼法的基本任务和目的。基于此等价值，民事诉讼法必须设置相应的程序和规则，保障诉讼参与人可以充分参与诉讼过程，以便法院尽可能地发现客观真实，从而正确认定事实，并在此基础上正确适用法律以作出公正裁判。鉴于在我国民事诉讼中曾长期存在的“重实体轻程序”的特点，程序公正更加强调对案件审理者的要求，也是对实现实体正义的手段和过程的要求，更进一步可谓是对司法公正的要求，它强调了要尊重当事人的程序权利，在此基础上法官再进行公正裁决。其次，效率价值也可进一步解释为迅速与经济。[①] 对于迅速而言，法谚云“迟来的正义非正义”，即为其最生动之诠释。具体而言，迅速要求民事诉讼程序在保证公正的基础上，提高审理效率，缩短诉讼周期，尽快

① 参见张卫平：《论民事诉讼制度的价值追求》，载《法治现代化研究》2021年第3期。

推进并完结相关程序，避免诉讼迟延及诉讼程序冗长拖沓。对于经济而言，诉讼程序是需要耗费人力、物力及财力成本的，诉讼程序周期越长，成本耗费越高。成本的耗费既包括当事人成本之耗费，也包括法院司法资源之耗费，故民事诉讼的程序设置应考量诉讼成本因素，以尽量降低当事人及法院之诉讼成本投入为目标，使得诉讼可以尽快启动、尽快推进、尽快终结，这亦符合当前世界各国民事诉讼法发展潮流。

第五节　民事程序法与民事实体法协调实施的理念与方法

我国《民法典》编纂完成后，重在实施与落实，以使其真正富有活力和生命力。实施好《民法典》，需要认真对待权利，创造、完善权利实现的条件，营造良好环境。包括审理和执行在内的诉讼程序并非民事主体实现自身民事权利的必然路径，若通过宣传、教育等手段加深公民对《民法典》的理解与重视程度，可以使懂法、守法、用法成为社会的良好风气和公民的通识，则诸多的民事实体权利无须通过诉讼程序即可得以保障，但这只是一种较为理想的社会状态。因社会生活变化万千以及自然人个体认知各异，在任何时代以及任何社会，民事主体对法律的理解必然会有较大差异，最终不得不诉诸法律，通过诉讼程序解决纠纷。故民事诉讼程序的作用不可小觑，一方面可以定分止争，维护民事权利的稳定状态；另一方面还可以强化诉讼当事人的法律意识，并为其他社会主体提供明确的行为指引。

若要使《民法典》真正得以贯彻落实，重要途径之一即需要使其在具体的案件中得以适用，只有这样才能将抽象的法律条文与具体的社会生活有机结合，才能实现法律对社会生活的规范和指引作用。①《民法典》的正确实施不等于《民法典》和《民事诉讼法》的简单相加，实施好《民法典》必然要求系统整合民事程序法和民事实体法，并以民事实体权利的顺利认定和实现作为《民事诉讼法》由“法”到“典”和民事司法科学化的重要衡量标准。②

---

① 参见张卫平：《民法典的实施与民事诉讼法的协调和对接》，载《中外法学》2020年第4期。

② 任重：《民法典的实施与民事诉讼目的之重塑》，载《河北法学》2021年第10期。

在我国语境下，长期存在“重实体轻程序”之理念。故若欲协调民事实体法与民事程序法之间的关系，不宜从将程序法视为实体法之辅助的角度去理解，这将影响民事诉讼法的发展以及关于民事诉讼法与民事实体法关系的客观把握。[①] 在民事法律领域内，实体法与程序法具有相同之精神内核，两者在本质上不可分割，彼此联动而又互相依存，[②]故协调两者之关系应秉承如下理念：加强互相之间的内在关联性，并尊重各自的独立性。具体而言，首先，在观念上，应不断剥离程序法为实体法服务的传统理念，将程序法发展的过程性与交涉性视为实体法不断发展完善之动力。要正确理解民事程序法的工具性价值，民事主体可以借由诉讼程序主张权利，通过司法裁判获得公正判决，进而保障自身合法权益，故民事程序法具有保障民事实体法的工具价值；但民事程序法自身内在的独立价值亦应得到尊重，民事程序具有内在的程序正义，它是独立存在的，并不依赖于程序之结果，它意在保障诉讼参与者的主体地位，使其可在法律限度内维持独立意识，自由支配自身诉讼行为，进而保障案件处理尽可能接近客观真实，故而若欲协调对接民事实体法与程序法，必须尊重程序法内在之独立价值。其次，在法律适用上，应秉持程序与实体同等重要之标准，不能仅将程序法视为实现实体法上权利之工具，因为两者在民事纠纷处理过程中互相作用，互相渗透，共同决定了纠纷处理之结果。

《民法典》不仅是对过去若干民事法律规范的整合和司法解释规范的提升，亦有新的规范的补充和完善，使得我国的实体规范更加统一、细化和体系化。[③]《民法典》的颁行可谓是实现我国民事实体法与民事程序法全面系统协调与对接的重大历史契机。实现两者的协调与对接需要做到：首先，要统一跨越民事程序法与民事实体法的相关概念之内涵，保持相关概念在两者之间的涵摄界限相一致。其次，要统一跨越民事程序法与民事实体法的相关原则，使得横跨程序法与实体法的相关原则具有相一致的精神内涵，不存在任何互斥现象。再次，要实现横跨民事程序法与民事实体法的现有相关制度的一致性，使得相关制度设计更加合理，可在两法之间平滑衔接适用，满足当前司法实践需求。最

---

① 参见段厚省：《程序法的内在张力》，载《北方法学》2017 年第 2 期。

② 参见赵欢欢：《刍议民法典与民事诉讼法的协同构建》，载《人民法治》2018 年第 17 期。

③ 张卫平：《民法典的实施与民事诉讼法的协调和对接》，载《中外法学》2020 年第 4 期。

后,对于一些民事实体法中尚未明确的制度,可通过民事程序法及其司法解释予以明确、细化;反之,对于民事程序法中尚未明确的制度,亦可通过民事实体法及司法解释予以完善。当然,对于暂时不宜通过立法予以规制的内容,可在总结当前成熟的、切实可行的主流司法实践经验及学理观点的基础上,通过指导性案例、专门解读、会议纪要或司法文件等形式予以明确,待时机成熟后再逐步引入立法。

第六节　本章结论

《民法典》是我国第一部以“法典”命名的法律,是新时代我国社会主义法治建设的重大成果,是人民生活及行为的基本规范,也是市场经济稳定繁荣发展所应遵循的基本法。《民事诉讼法》则是《民法典》贯彻落实与有效施行的保障型法律。民事实体法体现了私权神圣和私法自治,民事程序法则是与民事实体法相对应的概念,当事人若欲获得贴近实体价值的诉讼结果,必须仰赖符合程序及实体正义的诉讼程序。两者协调与对接应秉承“加强互相之间的内在关联性,并尊重各自的独立性”之理念,在具体方法上,要统一跨越两法的相关概念、原则,实现横跨两法现有制度平滑衔接,对于当前立法之盲点,两法也应互相促进、互相细化及完善。

第二章

《民事诉讼法》基本原则与《民法典》基本原则的衔接

第一节 概　述

本章聚焦《民事诉讼法》与《民法典》等实体法在基本原则维度的协调和对接。基本原则具有价值宣示功能，可使法律成为一个由原则和规则共同作用的可供动态演绎的法秩序体系。基本原则也是法律内在体系的外显，这些轻重有别的原则引导着具体问题的解决，为法律调整的事项提供处理标准。[①] 故而，协调与对接《民事诉讼法》与《民法典》之基本原则具有重要意义。

本章将对《民事诉讼法》与《民法典》共通之相关原则的协调与对接进行阐述。其一，本章比较了《民事诉讼法》平等原则与《民法典》平等原则。《民事诉讼法》平等原则强调民事诉讼主体的诉讼权利平等及适用法律平等，即通过保障民事诉讼双方当事人整个诉讼参与过程的平等，进而获得公正的裁决结果，包含了程序平等和实体平等之双重蕴意。《民法典》平等原则强调民事主体在参与民事活动中法律地位之平等，亦包含了形式平等与实质平等之双重蕴意。其二，本章比较了《民事诉讼法》诚信原则与《民法典》诚信原则。《民事诉讼法》诚信原则主要强调裁判者及诉讼参与人在民事诉讼过程中应诚实、善意，不滥用审判权，不滥用诉讼权利。《民法典》诚信原则主要强调民事主体在民事活动中应恪守诚实信用的伦理道德标准，兼顾各方之利益。其三，本章比较了《民事诉讼法》处分原则与《民法典》自愿原则。《民事诉讼法》处分原则主要强调当事人依法享有民事权利和诉讼权利，是否行使以及如何行使由他自己自由支配。《民法典》自愿原则主要强调民事主体可以根据自己的意愿，参与民事活动，自主行使民事权利，设立、变更或终止民事法律关系不受国家和其他主体的干预。其四，本章论述了《民法典》绿色原则在民事程序法上的应然体现。《民法典》绿色原则之内涵包含节约资源和保护生态环境两个方面，节约资源着眼于资源的优化配置和合理利用。而《民事诉讼法》上诉讼效率之价值追求，亦在于节约诉讼资源、控制诉讼成本、优化诉讼程序，争取以最小的诉讼成本实现最

---

① 参见方新军：《内在体系外显与民法典体系融贯性的实现对〈民法总则〉基本原则规定的评论》，载《中外法学》2017 年第 3 期。

大的诉讼效益。

综上可见,两法共通的相关原则之间具有共通的理念和价值追求,此为两者协调对接之法理基础。

第二节　《民事诉讼法》平等原则与《民法典》平等原则

一、《民事诉讼法》平等原则概述

我国《民事诉讼法》的平等原则,体现在第 8 条:“民事诉讼当事人有平等的诉讼权利。人民法院审理民事案件,应当保障和便利当事人行使诉讼权利,对当事人在适用法律上一律平等。”对于该条文,学界多将其称为当事人诉讼权利平等原则和当事人适用法律一律平等原则。民事诉讼是当事人双方与法官共同形成的等腰三角形场域,在这个场域中,双方当事人能否平等对抗,取决于双方是否具有平等地位,是否享有平等的诉讼权利,以对抗性的姿态进行诉讼活动。实践中因当事人经济实力不平等因素导致诉讼能力不对等的现象普遍存在,故保障当事人参与诉讼的整个过程的实质平等,是保障民事诉讼程序和实体正义的前提条件。

民事诉讼法平等原则的发展经历了从“形式平等”到“实质平等”的过程,这也是从“自由竞争”到“国家干预”时代背景的生动体现。古罗马法谚“任何审案法官不得偏听任何一方”是民事诉讼平等原则的最早体现,也是英国法上自然公正原则(Natural Justice)之源头。资产阶级革命胜利后,自由主义思想主导了社会意识形态,它强调权利平等。自由主义的思潮同样深刻影响着法律制度与法律思想,程序法亦不例外。自由主义下的平等观念决定了民事诉讼中的当事人平等原则。[①] 在此时代背景下,传统英美法系秉持裁判者消极中立之立场,导致了将法官视为竞赛裁判者之图像。[②] 民事诉讼平等原则即体现为“形式平等”,具体而言,当事人享有对等的诉讼权利,可以在形式公平的基础上运用诉讼技巧开展诉讼活动。在法官消极中立的情况下,很多时候,诉讼并不以发

---

① 参见江伟主编:《民事诉讼法专论》,中国人民大学出版社 2005 年版,第 89 页。

② 参见黄国昌:《民事诉讼理论之新发展》,台北,元照出版有限公司 2005 年版,第 16 页。

现真实为目标,诉讼活动更像是一场比赛,因此也被称为司法竞技理论(the sporting theory of justice)。实践中,形式平等导致了大量实质不平等,处于弱势地位的当事人只能享有形式上的权利,诉讼结果往往取决于当事人的经济基础及所聘请律师的诉讼技巧。这导致了诉讼制度的合理性及权威性开始受到质疑。

自由主义思潮的局限性,严重制约了实质平等,也促使了诉讼领域的反思与变革。第二次世界大战之后,各国司法领域纷纷掀起了“接近正义运动”。英国高等法院院长 Lord Woolf 被授权对英国民事诉讼制度进行全面调查,最终形成了名为“接近正义”的调查报告。这次行动旨在加强作为司法主体的法院及法官在诉讼活动中的作用,通过倡导简化诉讼程序、增加法律援助等制度,努力在民事诉讼实质平等上取得成果。英美法系的另一个代表国家美国,亦在福利国家理论的影响下,建立了法律援助等一系列制度,推动民事诉讼活动向追求实质公正的方向前进。大陆法系的代表国家德国、法国及日本等,基本奉行职权主义,普遍认为诉讼活动不是竞技比赛,法官不应简单消极中立。正如我国台湾地区学者陈荣宗所言,法官的角色应该是,认定事实的真相,并且对于应得权利之当事人即判其胜诉,而对于不应得权利之人就应判其败诉。故在此就有一指导原则:法官应求客观的真实,而非形式的真实。倘若只求形式的真实,法官很容易就变成了球赛的裁判。① 但随着民事诉讼理念的发展,大陆法系国家既坚持传统对实体正义的始终追求,也增加了对程序正义的不断关注。

二、《民法典》平等原则概述

我国《民法典》第 2 条规定,民法调整平等主体的自然人、法人和非法人组织之间的人身关系和财产关系,体现了民法调整的主体间的平等属性。第 4 条规定了民事主体在民事活动中的法律地位一律平等,体现了当事人的法律地位平等。平等是私法的根本特征,《民法典》中的平等原则指的是民事活动中当事人的法律地位平等,任何他人不得将意志强加给对方,民法对当事人提供平等

---

① 参见我国台湾地区民事诉讼法研究基金会编:《民事诉讼法之研讨(四)》,台北,三民书局 1993 年版,第 189 页。

的保护。古罗马时期已经出现了人人平等的自然理念,认为平等是正义的必然要求,是分配正义的重要体现,公平是正义的核心语境,公平即一视同仁,平等对待。人人平等这个原则从形成之日起,就具有了一种不可逆转的力量,成为社会生活的基本原则。① 民法通过规定所有的私主体都有平等享有权利及承担义务的资格,以实现形式意义上的人人平等。但民法平等原则之内涵不仅限于形式平等,亦包含法律地位的实质平等,民事平等原则以形式平等为核心,属于常态,以实质平等为兼顾,属于非常态。② 通常情况下,民法检视形式平等。但在特殊情形下,能力和资质已经成为当今法律实践的关键词。通过这种方式,弱势当事人应当享有免受强者欺凌的保护思想被补充进立法者的理念当中。③为保护处于相对弱势方的利益,民法通过设计各种异于形式平等理念的制度补足了处于结构性弱势一方的交涉差距,以便对私主体的具体情况、能力差距等作出实质评价,以维护实质平等。

回顾民法平等原则的发展历程会发现,民法平等原则是一项世界性原则。公元212 年的"安东尼亚那敕令"废除了市民与臣民的区别,从而使"平等"观念成为后世罗马法及其研究的基本理念之一。德国学者迪特尔・施瓦布在《民法导论》一书之第二篇"人"的第一章"自由与平等、人(自然人)的权利能力"中就论述了"平等原则"在(德国)民法中的表现:"(1)人享有人格权和为人所有的受保护地位的前提和方式相同;(2)人在行使行为自由时,所应遵守的规定和所受到的限制相同;(3)人所受到的法律保护的方式和程度相同。"④《法国民法典》和《德国民法典》都没有专门规定基本原则,其中的平等、契约自由等原则,基本上是学者们为了便于理论研究从其规范中抽象出来的结果。《日本民法典》虽深受大陆法系民法之影响,却在总则编第 1 章第 1 条与第 2 条较为明确地规定了民法的基本原则:公序良俗(私权服从社会)原则、诚实信用原则和平等原则(其第 2 条规定:本法须以个人的尊严及男女两性本质性平等为宗旨解

---

① [法]雷蒙・布东:《价值观溯源:信念的哲学与社会学追问》,邵志军译,江苏凤凰教育出版社 2014 年版,第 46 页。

② 参见易军:《民法基本原则的意义脉络》,载《法学研究》2018 年第 6 期。

③ 王卫国主编:《荷兰经验与民法再法典化》,中国政法大学出版社 2007 年版,第 35 页。

④ [德]迪特尔・施瓦布:《民法导论》,郑冲译,法律出版社 2006 年版,第 35 页。

释)。王泽鉴在《民法概要》中明确指出,研读“民法概要”乃在于更深刻认识以人为本位的私法秩序,及其所要维护、促进、实践之人的尊严、价值及自由、平等的理念。[①] 我国台湾地区相关立法在调整人身和财产关系方面亦明确体现了平等原则。在我国,平等原则贯穿整部《民法典》,总则编、合同编、物权编、婚姻家庭编等各编均有明确体现。与此同时,在世界范围内,自然法的复兴以及各种具有强烈批判性和反思性特征的当代社会各种思潮,也证实了人们对于平等、自由等基本价值的普遍诉求和真实回归。

三、《民事诉讼法》平等原则与《民法典》平等原则之协调与衔接

我国《民事诉讼法》之平等原则强调民事诉讼主体的诉讼权利平等及适用法律平等,即通过保障民事诉讼双方当事人参与整个诉讼过程的平等,进而获得裁决结果之公正,包含了程序平等和实体平等之双重蕴意。我国《民法典》之平等原则强调民事主体在参与民事活动中法律地位之平等,亦包含了形式平等与实质平等之双重蕴意。在通常情形下,《民法典》之内容可调整平等的民事主体之间的民事法律关系,无须启动诉讼程序;但在双方发生争议情况下,民事法律关系处于不稳定状态,有争议的民事主体可通过《民事诉讼法》启动诉讼程序,通过平等参与诉讼活动,最终使得民事法律关系再次恢复稳定状态。

若欲协调与对接《民事诉讼法》平等原则与《民法典》平等原则,应在厘清两者内在之逻辑连接的基础上,重点从以下几个方面着手分析:

第一,强调民事诉讼主体的诉讼权利平等及适用法律平等的《民事诉讼法》之平等原则与强调民事主体在参与民事活动中法律地位平等的《民法典》之平等原则皆派生于“公民在适用法律上一律平等”的宪法原则,是宪法平等原则在民事法律领域之直接体现与具体化。我国“公民在适用法律上一律平等”的宪法原则,既包括在适用实体法上一律平等,又包括在适用程序法上一律平等。[②] 民事诉讼既是实体法的适用过程,又是程序法的适用过程,只有将当

① 王泽鉴:《民法概要》,中国政法大学出版社 2003 年版,第 123 页。

② 邓辉辉:《论民事诉讼的平等原则》,载《河北法学》2001 年第 6 期。

事人双方置于平等的诉讼地位,才能真正实现适用法律一律平等。我国的社会主义性质为民事实体法与民事程序法之平等原则提供了坚实的基础和保障。可以说,平等原则是社会主义民主和法治原则在民事法律领域中的集中体现,充分反映了我国民事法律的民主性和先进性,其实质在于反对法律上的特权。

第二,《民事诉讼法》平等原则亦是当事人在民事实体法律关系中平等地位的必然要求。《民法典》规定民事主体在民事活动中的法律地位一律平等,可见民法的私法性质决定了平等原则被视为民法领域的一项公理性原则,民事实体法平等原则规定民事主体受平等法律保护,民法的性质决定了平等保护原则必然要在民事纠纷解决领域(民事诉讼)中得到具体体现和延伸,民事程序法只有在平等赋予民事主体双方诉讼权利,要求平等承担诉讼义务,提供充分而均衡的诉讼手段,确保双方武器平等的情形下,才能切实维护民事主体在实体法律关系中的平等地位。在民事法律领域中,程序法与实体法是相互保障、相互依存的关系,离开程序法对民事主体诉讼权利的平等保护,实体法规制的民事法律关系中的平等性将成为镜花水月、空中楼阁;反之,离开实体法对民事法律关系的平等规制,程序法之平等保护亦将成为空谈。

第三,《民事诉讼法》平等原则与《民法典》平等原则之内在逻辑连接亦是民事实体法律关系出现不稳定状态下的不确定性与民事诉讼等腰三角形构造所共同决定的。《民法典》之平等原则要求民事主体法律地位平等,平等享有民事权利与义务。但民事法律关系处于不稳定状态下,也即意味着双方存在争议的情形存在不确定状态,需要通过民事诉讼程序得以确定并恢复到稳定状态,故而为了保证最终的实体公正,民事诉讼程序被设计成了法官居中、当事人分列两边的等腰三角形对抗结构,当事人要平等进行攻防对抗,充分表达诉求,法官平等对待双方,在保证程序正义的情形下最终作出公正裁决,使得民事法律关系恢复稳定性和确定状态,也即最终实现实体正义。

综上可知,协调与对接《民事诉讼法》平等原则与《民法典》平等原则,关键在于保障平等原则在民事主体获得民事法律关系稳定状态过程中的程序平等与实体平等上发挥重要作用。

第三节 《民事诉讼法》诚信原则与《民法典》诚信原则

一、《民事诉讼法》诚信原则概述

我国《民事诉讼法》第13条第1款规定了“民事诉讼应当遵循诚信原则”，此即为我国民事程序法中的诚信原则之体现。江伟教授将民事诉讼法上的诚信原则表述为“在诉讼过程中，人民法院、当事人及其他诉讼参与人应当诚实、善意，不得滥用审判权，不得滥用诉讼权利”。[①] 有日本学者认为，民事诉讼法上的诚信原则对于当事人而言，既是当事人行使诉讼权利、履行诉讼义务的行为准则，同时也是其平衡各种诉讼利益的基准。[②] 本节认为，《民事诉讼法》诚信原则包含以下基本内容：(1)参加民事诉讼的所有主体应当具有诚实的、善意的、无害他人的主观心理状态；(2)民事诉讼所有主体实施的诉讼行为应当是正派、合理的；(3)诉讼行为所产生的利益分配结果应当是公平合理的；(4)对缺乏法律规定的事项及依照现行诉讼法律会导致严重不公平结果的情形，法官享有自由裁量权进行调整。[③]

诚信原则是贯穿整部民事诉讼法及民事诉讼过程的根本性和指导性准则，也是民事诉讼法的基本原则。具体体现如下：第一，诚信原则承载了民事诉讼的基本价值追求和根本目的，诚信原则要求诉讼当事人善意、诚实地行使诉讼权利，履行诉讼义务，要求法官客观公正履职，不偏不倚，以作出公正的裁决结果，实现实质公正。同时诚信原则还要求当事人以正确的态度开展诉讼行为，禁止虚假诉讼，禁止前后言行不一，以积极推动诉讼程序进行，避免拖延，提高诉讼效率。故而诚信原则承载了民事诉讼法追求的公正与效率价值。第二，诚信原则规制了民事诉讼中的基本法律关系，其效力及于所有民事诉讼主体的权利义务，主要从妥善解决诉讼案件的角度对所有诉讼参与人提出相关要求。[④]

---

① 江伟主编：《民事诉讼法典专家修改建议稿及立法理由》，法律出版社2008年版，第11页。

② 张卫平主编：《外国民事证据制度研究》，清华大学出版社2003年版，第388页。

③ 参见杜丹：《论民事诉讼诚实信用原则》，中国政法大学2009年博士学位论文，第13页。

④ 唐力：《民事诉讼构造研究——以当事人与法院作用分担为中心》，法律出版社2006年版，第156页。

第三,诚信原则推动民事诉讼构造从“斗争”向“协同”转化。民事诉讼构造,即以一定的诉讼目的为根据,以诉讼权限配置为基本要素,所形成的法院、当事人三方之间的诉讼地位及相关关系。[①] 诚信原则对过分强调当事人作用或法院作用的“斗争”诉讼构造进行反思,它脱胎于当事人主义同时又受职权主义启迪,要求当事人与法院在诉讼中进行合理的权限配置,并注重通过相互合作来共同推动诉讼的进行,即形成所谓的“协同型”诉讼构造。

诚信原则起源于罗马法,该原则之内容体现在各种具体制度之中,包括诚信诉讼、宣誓制度、虚言罚、裁判官法等,这些制度诞生于诉讼之中,彼此之间亦非孤立存在,而是相互渗透、互相依存、相互补充的关系,都蕴含了诚实、善意、实质正义等诚信原则的核心精神,共同编织了罗马法上的诚实信用制度。关于诚信原则是否应适用于民事诉讼法领域,在大陆法系产生了旷日持久的争论,诸如德国、日本法学界,限于笔墨,不再一一列举。学术上的论战尚在继续之时,从 19 世纪末 20 世纪初开始,很多国家在立法上已经纷纷采信了肯定说的观点,先后将诚信原则的内容引入各国的民事诉讼法之中。奥地利率先在 1895 年颁布的《奥地利民事诉讼法》将诚信原则纳入其中。1933 年修订的《德国民事诉讼法》第 138 条规定:当事人关于事实上之状况,应完全真实陈述之。受德国法的影响,1942 年公布实行的《意大利民事诉讼法》第 88 条规定:当事人关于事实上之状况,应完全且真实陈述之。《日本民事诉讼法》在 1996 年修订时于第 2 条亦明确规定了诚信原则:“法院应为民事诉讼公正并迅速地进行而努力;当事人进行民事诉讼,应以诚实信用为之。”我国《民事诉讼法》的诚信原则非常直接地受到了民法上诚信原则之影响。长期以来,诚信原则一直适用于我国民事实体法领域,并成了民事实体法中的“帝王条款”,经过多年的呼吁,诚信原则终于进入我国《民事诉讼法》,并已经渗透到民事诉讼程序的各个阶段,从起诉、审前程序、开庭审理到执行等各个环节,从有明确条文规定的到尚无明确规定的各种情形,都在诚信原则的效力范围之内。

---

① 唐力:《对话与沟通:民事诉讼构造之法理分析》,载《法学研究》2005 年第 1 期。

二、《民法典》诚信原则概述

我国《民法典》第 7 条规定，"民事主体从事民事活动，应当遵循诚信原则，秉持诚实，恪守承诺"，此为我国民事实体法上诚信原则之具体表述。诚信原则要求当事人在民事活动中应恪守诚实信用的伦理道德标准，兼顾各方之利益。[①]诚实信用系民事实体法之"帝王条款"，不仅是行使债权、履行债务的原则，而且系行使权利、履行义务的共同原则，应系民法之最高指导原则。[②] 关于民法上诚信原则之本质，有观点认为诚信原则是社会生活的最高理想；也有观点认为诚信原则是市场交易中每个人都能够期待的交易道德的基础；还有观点认为诚信原则是双方当事人利益的公平较量。除此之外，社会一般公共利益亦应是诚信原则的考虑范围。[③] 在大陆法系的代表国家德国，诚信原则（见《德国民法典》第 242 条）同样受到重视并掀起激烈争论，时至今日，德国学界的争论逐渐平息，普遍认为诚信原则主要是提供一种由法官补充与发展法律的渠道，百年来，德国司法实务中亦已经有无数判决直接或间接援引该原则。同时，应当指出，在德国所有的法律制度中，诚信原则之司法实践最接近于英美法系的判例法。[④]诚信原则在我国民法学界亦受到了极高评价。也有学者认为，"帝王条款"之称呼本意在于强调诚信原则在民法的成长和发展方面的重大深远意义，并非指诚信原则能够统帅其他所有基本原则。[⑤] 实际上，由于诚信原则在内容上极为概括抽象，内涵和外延具有不确定性，就为法官在司法实践中补充和发展法律留下了极大的空间，以此应对高速发展的现代社会中层出不穷的新兴法律现象。

民法上的诚信原则亦起源于古罗马，罗马法的多项制度中渗透着诚信原则之内容。到了近代，诚信原则正式被明确地写入法律条文。在大陆法系，近代资本主义自由经济时期，立法上奉行自由主义、放任主义精神。这种自由主义精神和当时整个政治、文化背景相吻合，契约自由成为民法的主导原则，"契约

---

① 梁慧星：《民法总论》，法律出版社 2011 年版，第 36 页。

② 黄建辉：《法律漏洞 · 类推适用》，台北，蔚理法律出版社 1988 年版，第 47 页。

③ 史尚宽：《债法总论》，中国政法大学出版社 2000 年版，第 39 页。

④ 朱庆育：《民法总论》，北京大学出版社 2016 年版，第 521 页。

⑤ 邬定伸：《民法精神新诠——以民法基本原则为视角》，载《北华大学学报（社会科学版）》2021 年第 2 期。

即是正义”。1804 年《法国民法典》第 1134 条规定,“依法成立的契约,在缔结契约的当事人之间有相当于法律的效力。非经当事人双方同意或法律的规定,契约不能被取消。前项契约应当以诚信履行之”。1900 年《德国民法典》第 242 条规定“债务人应依义务依诚实和信用,并参照交易习惯,履行给付”,第 157 条规定“契约的解释应按照诚实信用并考虑到一般惯例”,第 226 条规定“权利的行使不得以损害他人为唯一的目的”。与《法国民法典》相比,《德国民法典》已经将诚信原则的适用从契约的履行扩张到了债的履行、契约的解释、权利的行使等领域,但《德国民法典》并未将诚信原则予以一般化。司法实践中,德国法院冲破了禁锢,通过对《德国民法典》第 242 条的具体解释,形成了以诚信原则为核心的、广泛适用于各类纠纷的判例体系,并据此大规模扩展第 242 条的内涵,在诚信原则下又创造了情事变更、禁止权利滥用、根据禁止食言而失权等原则。英美法系国家与大陆法系国家不同,没有统一的民法典,也没有民法这一法律部门的划分,诚信原则并没有被作为一个统帅整个民法领域的一般原则规定在法典中,而是散见于各部门法的具体规定和判例之中。诸如,《美国统一商法典》第 1 – 203 条规定“本法所涉及的任何合同和义务,在其履行或执行中均负有遵守诚实信用原则之义务”。限于篇幅,本节不再一一列举。总体而言,英美法系关于诚信原则之规定并不像大陆法系那样体系清晰,他们关于诚信原则的主要成就不在于其概念性的抽象认识,而在于其大量的实践性和经验性的具体把握。

三、《民事诉讼法》诚信原则与《民法典》诚信原则之协调和对接

《民事诉讼法》诚信原则主要强调裁判者及诉讼参与人在民事诉讼过程中应诚实、善意,不滥用审判权,不滥用诉讼权利。《民法典》诚信原则主要强调民事主体在民事活动中应恪守诚实信用的伦理道德标准,兼顾各方之利益。若欲协调与对接《民事诉讼法》诚信原则与《民法典》诚信原则,应在厘清两者内在之逻辑连接之基础上,重点从以下几个方面着手分析:

第一,民事程序法诚信原则与民事实体法诚信原则具有共同的起源。在古罗马时代,程序法先于实体法存在。同时,罗马法中诉权与实体权混同,并没有程序法意义上的诉权。罗马法中的每一种实体权利或法律关系都有相应的诉

讼形式作为保护措施和救济手段,以至于人们经常以是否存在相应的诉权来判断是否存在特定的实体权利。① 在古罗马,诉权是一个程序法与实体法的混合物,后来实体法权利从诉权中分离出来,诉权才逐步发展成为一个程序法上的概念。故诚信诉讼既包含实体性亦包含程序性,是程序法诚信原则和实体法诚信原则的共同起源。

第二,《民事诉讼法》诚信原则与《民法典》诚信原则共同修正了"自由主义"法治理念。程序法与实体法仅为相对性划分,民事实体法中有程序法性质的规定,民事诉讼法亦非纯粹意义上的程序法,其中亦包含对民事实体权利的某种修正与补充。民事程序法与实体法在内容上的交错与融合必然反映两者内在理念的一定趋同。近代的民法及民事诉讼法皆起源于自由资本主义时期,自由主义法制理念成为了近代民法与民事诉讼法共同的观念基础,但自由主义下只有形式平等,随着社会经济发展,抽象的人格、形式平等和个体自由的正当性基础产生了动摇。诚信原则将自由主义法治理念从"绝对"修正为"相对",在民事诉讼法和实体法中为当事人的权利自治划定了合理界限,当事人在个人利益、与他人利益和社会的公共利益之间必须达到一个合理的平衡。

综上可知,欲协调与对接《民事诉讼法》诚信原则和《民法典》诚信原则,首先,要推进诚信原则在《民事诉讼法》与《民法典》中表达趋同,双方主体应在民事活动或民事诉讼程序中共同致力于保证或恢复民事私权稳定状态之目标,诚信地进行表述,披露真实情况。同时,各主体应诚实善意及时行使权利,避免恶意拖延。其次,《民事诉讼法》诚信原则和《民法典》诚信原则应互相结合,互相补充,互相调整,互相保障。诚信原则之内容是不确定的,不同的时期亦可能有不同的表述。程序法上诚信原则可以为实体法上诚信原则注入新的内容,反之,实体法上诚信原则亦对程序法上诚信原则有相同功效。

---

① 黄风:《罗马法导论》,中国政法大学出版社 2003 年版,第 24 页。

第四节 《民事诉讼法》处分原则与《民法典》自愿原则

一、《民事诉讼法》处分原则概述

我国《民事诉讼法》第13条第2款规定,“当事人有权在法律规定的范围内处分自己的民事权利和诉讼权利”,此即为民事程序法之处分原则于我国《民事诉讼法》中之表述。处分,是指当事人依法享有的民事权利和诉讼权利,是否行使以及如何行使由他自己自由支配。[①] 日本学者谷口安平将处分原则表述为“只有当事者才能以请求一定内容的判决、变更主张或者取消请求等形式行使这项权利;不仅诉讼程序的开始和审理对象的内容只能由当事者(尤其是原告)来决定,而且关于诉讼标的的变更和诉讼的终止,当事人也有决定权”。[②] 有学者对处分原则进一步阐释,主要包括以下几点:(1)只有当事人和类似当事人的人才能享有处分权。没有诉讼行为能力的人在诉讼中行使处分权,必须通过自己的法定代理人才是有效的。委托代理人只能在当事人特别授权的范围内代为行使当事人的处分权。(2)当事人在诉讼中处分民事权利一般是通过处分诉讼权利来实现的。(3)当事人处分民事权利和诉讼权利必须在法律规定的范围内进行。即处分原则是相对的,有限的。如果当事人的处分行为超过了法律的规定,侵害了他人的民事权益,其处分就是无效的。因而,当事人的处分行为应当接受法院的监督和审查。[③]

在民事诉讼过程中,处分原则体现在以下层面:第一,对于诉讼程序启动的处分,即当事人有是否启动诉讼程序的权利,具体主要包括起诉、反诉、上诉、申请再审、申请执行、申请保全、申请先予执行、申请回避、提出管辖权异议等。第二,对于诉讼过程中自身权利的处分,诸如原告可以放弃诉讼请求或者变更诉讼请求,被告可以承认、反驳诉讼请求;双方可以自行和解,也可以提请调解,并

---

① 柴发邦:《民事诉讼法学》,法律出版社1987年版,第90页。

② [日]谷口安平:《程序的正义与诉讼》,王亚新、刘荣军译,中国政法大学出版社2002年版,第136页。

③ 常怡:《民事诉讼法学》,中国政法大学出版社1999年版,第75~76页。

在人民法院的主持下达成调解协议。第三,对于诉讼请求范围的处分,即民事诉讼当事人对于审理范围的确定以及变更的决定权。诸如,民事诉讼当事人没有提出的诉讼请求,法院不能审理并作出裁判。

英美法系中没有关于程序法上处分原则的成文规定,但英美法系具有充分尊重当事人程序主导权的传统,奉行当事人主义,民事诉讼当事人可谓是主导了审理对象的确定、审理程序的始终等。在严格的当事人主义模式下,法院缺乏对诉讼程序的有利控制,也引发了诸多问题。比如,诉讼程序拖延、诉讼效率低下、当事人诉讼成本巨大等。同时,诉讼程序的设置较为繁杂,导致民事诉讼具有较高的复杂性和专业性,以至于知识和经济上处于劣势的当事人无法妥善掌握诉讼技巧,进而无法充分行使诉讼权利,一定程度上导致了诉讼程序和结果的实质性不平等。为了解决这一问题,英美法系国家采取了相应改革措施:其一,探索构建多元纠纷解决机制,提高诉讼效率。1990 年《美国民事司法改革法》敦促各个联邦法院建立法院附属仲裁、法院附属调解等多元纠纷解决机制来保证当事人多渠道解决纠纷。《英国民事诉讼规则》提倡非诉讼纠纷解决方式(Alternative Dispute Resolution)的运用,以便当事人能够对案件达成和解。其二,设置繁简分流程序,并适当限制当事人的处分权。《美国民事司法改革法》强化了案件管理或案件控制,赋予法官管理权,完善法官释明权,对当事人的处分权也作了适当限制。《英国民事诉讼规则》加强了对案件的分流管理,将民事案件划分为小额索赔审理制、快捷审理制和多轨审理制三种。① 大陆法系国家的民事诉讼法历来将处分原则视为一项基本原则,但以德法为例,民事司法实务中同样存在效率与成本的问题。故大陆法系国家亦采取了一些与英美法系国家相类似的改革:其一,加强对民事诉讼主体处分权的保障。《德国民事诉讼法改革法》重在保障当事人行使司法保障请求权,通过降低控诉额,扩大了能够进入联邦最高法院审理的案件的范围,使一些小额诉讼也能进入上告程序。同时,德国还通过商业保险提高了司法救济覆盖程度。法国在民事诉讼法改革中仍然坚持处分权主义的基本要求。其二,亦是强化法官对诉讼程序的控制,并将释明义务的范围扩充至诉讼参加人,还规定了包括指示义务、说明义

---

① 毛玲:《英国民事诉讼的演进与发展》,中国政法大学出版社 2005 年版,第 357 页。

务、发问义务、照顾义务等在内的法官的诉讼促进义务。其三,对当事人处分权进行适当限制,通过规定当事人真实义务、诉讼促进义务,完善和解制度等提高诉讼效率。

二、《民法典》自愿原则概述

我国《民法典》第 5 条规定,“民事主体从事民事活动,应当遵循自愿原则,按照自己的意思设立、变更、终止民事法律关系”,此即为我国民事实体法关于自愿原则之法律表述。民法上的自愿原则系指民事主体可以根据自己的意愿,参与民事活动,自主行使民事权利,设立、变更或终止民事法律关系不受国家和其他主体的干预。在解释论上,学界通常认为自愿原则相当于意思自治原则。[①]在政治上,自由自主强调个人所享有之自由对于社会发展与进步之重要意义,自由主义既有助于个体发展又有助于整体上促进社会进步,故重点保障个体自由处于基石地位。在法律上,特别是民事法律领域中,自由主义以实现民事主体之人格尊严和民事活动自由作为根本宗旨,故自愿原则或意思自治原则是民事实体法上的重要原则之一。民事实体法之自愿原则是建立在平等原则基础上的最重要的民法原则,故自愿原则可谓民事实体法上最具代表性之原则。具体而言,在民事法律调整范围内,对于没有法律强制性规定之领域,具体的权利义务可由民事主体自行设定。当然,民事主体的意思自治限于法律允许之限度内,处于相对自由状态,而非绝对自由状态。故自愿原则亦受到法律之调整与限制,只能在法秩序的框架内行使,可见该原则本身已经包含了对自由之合理限制。[②]

我国《民法典》之自愿原则,具有以下特点:其一,自愿原则之下涵盖了意思自治,注重民事主体真实的意思表示,兼顾了民事法律领域中“形式”与“实质”上之自愿,强调私权保护,注重民法私法属性,充分体现私法自治之理念;其二,将自愿原则设在总则编中,彰显其作为基本原则在《民法典》之地位,同时,《民法典》的体例与结构基本上以权利为主线,在各编所构建的不同制度中均设置

① 参见王利明主编:《民法》(第 5 版),中国人民大学出版社 2010 年版,第 29 页。

② 李锡鹤:《民法哲学论稿》,复旦大学出版社 2009 年版,第 107 页。

了对应法律条文以贯彻自愿原则,可谓前后呼应。私法自治通常被看作意思自治的另一种表达,被经典地阐释为“个人依据其意思自主决定形成法律关系的原则”。[①] 故私法自治原则在世界各国民法中作为核心原则而存在,而我国《民法典》以自愿原则来承载民事实体法私法自治之核心价值理念。私法理念和文化在我国立法史上长期缺位,《民法典》自愿原则意在补齐这一短板,在我国树立私法及私法自治价值观念,确立《民法典》之我国“社会生活百科全书”之地位,维护《民法典》及其他民法基本原则之私法属性。同时,自愿原则可以落实私权保护,贯彻私法自治精神,在全社会弘扬私权本位的民法观,促进民法基本原则与相关具体制度之协调与衔接,进而强化私权保障。

关于民法自愿原则(意思自治原则)之源流与发展,学者普遍认为,意思自治原则源于罗马法,当诺成契约在罗马法中产生时,就意味着意思自治的出现。诺成契约的出现,使商品流通从烦琐的形式中解放出来,标志着罗马法从重视形式转为重视当事人的意志,这是契约史上的一个进步。诺成契约因而成为“私法自治”观念的实践基础和后世“契约自由”原则的历史渊源。[②] 私法自治出现的前提是公、私法的划分,私法规范则是任意性的,可以由当事人的意志而更改,这是意思自治在罗马法中的体现,为后来《法国民法典》关于契约在当事人之间效力的规定、《德国民法典》关于法律行为的规定奠定了基础。[③] 在法国,16 世纪法学家查理 · 杜摩林提出“当事人意思自治说”,被认为是关于意思自治的最早论述,是指当事人可以依其自我意志作出自由选择,当事人的自我意志可以而且应该成为约束其契约关系的准则,当事人也应该对依其自我意志作出的选择负责。《法国民法典》对有关契约之问题,以当事人之合意为准,故法国民法之意思自治原则主要以契约自由为表征,与罗马法之精神一脉相承。法国以实证法的形式明确了意思自治在民法中的主导地位,使意思自治原则成为民法基本原则。在德国,德国法中对意思自治作了高度的概括,达到了精巧化、体系化之高度。在德国学者看来,私法自治原则必然意味着承认个人在私法领域内,就自己生活之权利义务,能为最合理之立法者,在不违背国家法律规

---

① [德]维尔纳 · 弗卢梅:《法律行为论》,迟颖译,法律出版社 2013 年版,第 1 页。

② 吕岩峰:《当事人意思自治原则论纲》,载《中国国际私法与比较法年刊》1999 年第 2 期。

③ 周枏:《罗马法原论》(上),商务印书馆 1994 年版,第 84 页。

定之条件下,皆得基于其意思,自由创设规范,以规律自己与他人之私法关系。1896年《德国民法典》之第三章法律行为的规定基本上是意思自治原则在实证法上之体现。德国法上意思自治原则的工具是法律行为,德国法通过抽象出法律行为之概念,才使意思自治原则在民事法律领域得以充分体现。民事主体通过意思自治原则之工具“法律行为”使法律关系发生变动,从而实现自身所追求的私法目的。

三、《民事诉讼法》处分原则与《民法典》自愿原则之协调和对接

《民事诉讼法》处分原则主要强调当事人依法享有民事权利和诉讼权利,是否行使以及如何行使由他自己自由支配。《民法典》自愿原则主要强调民事主体可以根据自己的意愿,参与民事活动,自主行使民事权利,设立、变更或终止民事法律关系且不受国家和其他主体的干预。就字面意义而言,两者皆涉及了民事权利;就实质意义而言,两者亦均包含了程序意义及实体意义。故若欲协调与对接《民事诉讼法》处分原则与《民法典》自愿原则,应在厘清两者内在之逻辑连接之基础上,重点从以下几个方面着手分析:

其一,《民事诉讼法》上的处分原则不仅包含了程序法领域,还涵摄了实体法领域,而对于实体法上之处分直接与民事实体权利义务相关,此处即与《民法典》自愿原则中民事主体可以根据自己的意愿,参与民事活动,行使民事权利,设立、变更或终止民事法律关系之内涵具有交叉重合之处。

其二,民事程序法上之处分原则亦是贯穿意思自治原则(自愿原则)之需求。意思自治原则,是民事实体法上最重要的原则之一。民事主体可以依据自己意志以设立、变更或消灭民事法律关系的方式处分自己的私法权利,此为意思自治原则的应有之义。鉴于民事法律关系常常可能因为发生一些纠纷或争议而处于不稳定状态,故这种处分的自由显然应从民事实体领域延伸至民事诉讼程序领域。此时的民事主体转化为民事诉讼当事人,当事人在诉讼程序中对民事权利的处分,必然需要通过特定的诉讼行为来实现。民事诉讼旨在解决平等主体之间的私权纠纷,故应允许当事人在法律限度内自由处分自身权利,只有这样,才能既可以充分保障民事诉讼当事人的诉讼权利,又可以贯彻落实民事实体法之自愿原则。

其三,《民事诉讼法》处分原则之下当事人依法享有民事权利和诉讼权利,可自由行使及支配。《民法典》自愿原则之下民事主体可以根据自身意愿,参与民事活动,行使民事权利。综观民事程序法上处分原则与民事实体法上自愿原则之内涵,两者实质皆为民事主体对实体或程序上相关事项之处分权利,故在民事法律领域(包括实体法和程序法)中,相关处分权利并非仅基于实体法上意思自治原则,亦应确保当事人对于程序处分之手段。民事诉讼程序和相关制度的具体设计和运作,须以保障民事诉讼当事人在诉讼中的主体地位和个人尊严为基本目标,要全面、充分地保障当事人行使基本程序权利的自由。这不仅意味着当事人能够有机会通过自己的努力形成令自己满意的诉讼结果,也意味着诉讼程序对作为自主、理性主体的当事人的尊严与价值的充分肯定。[①] 此为实现程序正义和实体正义的基本要求。

第五节 《民法典》绿色原则在民事程序法上的应然体现

一、《民法典》绿色原则概述

我国《民法典》第 9 条规定,"民事主体从事民事活动,应当有利于节约资源、保护生态环境",此即为我国《民法典》对绿色原则之法律表述。故我国《民法典》绿色原则之内涵包含节约资源和保护生态环境两个方面,对于绿色原则之理解,亦应从以下两个方面入手。第一,在节约资源层面,重点在于对"资源"之解读,"资源"包括自然资源和社会资源。对于自然资源,联合国环境规划署将其定义为能够用来为人类创造价值的自然环境中的各因素之和;对于社会资源,应该是指所有可以提供并且可以转化为具体服务内涵以应对社会需求之客体。诸如,徐国栋教授认为"资源"包含民事法律关系中财产关系的客体,不仅包括具有自然属性的土地、矿藏、森林、草原等,也包括人所创造的社会性资源,如房屋资源、医疗资源等。第二,在保护生态环境层面,习近平总书记提出了"绿水青山就是金山银山"的科学论断。在立法层面,我国《环境保护法》将"环

① 李祖军:《论程序公正》,载《现代法学》2001 年第 3 期。

境”定义为影响人类生存和发展的各种天然的和经过人工改造的自然因素的总体,此即为绿色原则所涵摄之保护范围。《环境保护法》亦明确规定了我国法律制度的一项重要任务便是生态环境保护,可见“绿色化”不仅是法律发展之趋势,对于整个社会而言,绿色化发展亦是大势所趋。随着科技和社会发展愈加深入,人类对生态环境的影响或破坏可能也会愈加巨大,保护生态环境、维护生态稳定的迫切程度自然愈加强烈。为保障经济社会的可持续发展,针对当前生态环境恶化的局面和特点,《民法典》通过绿色原则予以回应,推动全社会积极参与生态环境保护。

《民法典》将绿色原则确立为民事活动的基本原则,将资源合理利用、生态环境保护上升到民法基本原则的地位,全面开启环境资源保护的民法通道,有利于构建生态文明下人与自然的和谐关系。① 绿色原则在《民法典》中的确立,具有重要的现实意义,具体阐述如下:其一,提升全社会生态环境保护和资源节约意识。随着科技和社会的不断发展,生态环境恶化、资源枯竭成为人类发展面临的巨大难题。一直以来,对于环境保护,我国一直通过环保法或行政法规等予以规制,且立法保护多为事后救济,缺乏事前防范措施。而《民法典》的颁行引发了强烈的社会反响,它关系到每个公民的日常社会生活,是一部“社会生活的百科全书”,它与每位公民息息相关,对人们日常行为规范和引导起到了巨大作用。同理,在《民法典》中确立绿色原则将产生深远影响,在《民法典》宣传贯彻过程中,将潜移默化地提升全社会的生态环境保护和节约资源意识。绿色原则亦将内化为民事主体的日常行为准则。② 其二,对于促进我国经济结构转型意义重大。“绿水青山就是金山银山”,绿色原则的重要意义在于平衡经济发展与生态环境保护之间的关系。产业将会不断转型升级,以牺牲生态环境进行粗放式发展的企业若不进行根本的绿色环保变革以改变其高污染高能耗的生产模式,将不再单纯只是面临舆论和道德的挞伐,更将面对严重的法律问责。③ 其三,对于完善我国民事法律体系意义重大。《民法典》确立绿色原则,可促进民法体系实现全面化,推动民事法律体系深度参与节约资源与生态保护事业。

---

① 李适时主编:《民法总则释义》,法律出版社 2017 年版,第 32 页。

② 王玮、童克难:《民法典主脉注入绿色基因》,载《中国环境报》2017 年 3 月 13 日,第 8 版。

③ 参见竺效:《论环境侵权原因行为的立法拓展》,载《中国法学》2015 年第 2 期。

绿色原则可以被援引来引导、规范个体的民事行为，实现人与自然的和谐共生，这也与我国秉持的绿色、协调的新发展理念和经济社会可持续发展的要求相契合。[①] 同时，在司法实践中，若相关的民事纠纷涉及环境问题，在现有民事实体规范无明确规定的情形下，可以援引绿色原则作出裁判，进而补充和解释法律漏洞。[②]

二、民事程序法上诉讼效率价值目标之概述

公正与效率是民事诉讼两大价值目标，诉讼效率指诉讼主体在合理的程序规则之下，在程序公正的基础之上，通过良性协同互动，以最低的诉讼成本，最短时间内实现主体间纠纷的解决。民事诉讼效率价值包含两层内涵：第一，效率价值是民事诉讼程序合经济性之体现。当前，法院案多人少矛盾突出，效率价值要求合理地设计民事诉讼程序和科学地配置有限的司法资源，以实现民事诉讼的目的。即通过设计科学合理的诉讼程序和规则，优化司法资源配置，实现司法效率的最大化。司法效率之最大化应作双重理解，因为民事诉讼活动追求的不仅是物质性效果，还涉及精神性效果，诸如对秩序、自由、权利等多方面的追求。同时，诉讼活动是一定程度的交互行为，故理想状态下，合经济性还要求诉讼参与者良性互动，使得诉讼程序成为理性的交互和沟通过程，进而实现民事诉讼程序效率最大化，以节约诉讼成本。第二，效率价值是民事诉讼程序效果合目的性之体现。诉讼效果可分为物质与精神效果两个层面，当事人对于物质与精神层面诉讼效果之满意程度可以充分体现诉讼效率的高低，诉讼效率的最大化或者说最佳化应从满足兼顾国家诉讼制度和公民个人诉求实现两个方面考量，对诉讼效率价值的追求实际上也是对公正、秩序和自由的追求。

民事诉讼效率价值并非仅系技术分析工具，其具有独特价值，简单阐述如下：其一，是实现民事诉讼公正价值的必由之路。民事诉讼以公正和效率为双重价值目标，民事诉讼程序之公正要求程序的迅速与及时，故效率是实现公正的必由之路，只有正确处理两者之间的关系，才能通过民事诉讼实现正义。民

① 赵万一：《民法基本原则：民法总则中如何准确表达？》，载《中国政法大学学报》2016 年第 6 期。

② 参见方新军：《内在体系外显与民法典体系融贯性的实现对〈民法总则〉基本原则规定的评论》，载《中外法学》2017 年第 3 期。

事诉讼的效率价值与正义价值可以互相丰富各自内涵,效率与公正共同作为民事诉讼程序之标准,可以使程序设计和选择更加合理。但是制度设计时亦应考量社会背景,公正和效率之间要保持合理的比例,寻求最佳平衡点,以在追求效率的同时实现公正的最大化,避免过分关注其中一方而导致失衡。其二,是实现民事诉讼目的的必由之路。民事诉讼目的是民事诉讼理论的前提,对于民事诉讼目的,存在不同观点。主要有私法权利保护说、私法秩序维持说、纠纷解决说、程序保障说四种学说。然而,本章认为,民事诉讼最直接的目的还是解决民事争议。为了开展民事诉讼,当事人会不同程度地付出时间、精力或金钱等诉讼成本以实现自己诉求,正所谓"迟到的正义非正义",如果民事诉讼程序过于拖沓而不求效率,当事人的付出将失去现实意义,如果当事人的付出大于最终所获得的诉讼收益,则在当事人有更加经济便捷的途径时就不会选择以民事诉讼手段解决纠纷。对于法院而言,缺乏效率保障的民事诉讼程序和制度将不断侵蚀民众对司法公正的信服力,这将不利于法治社会的形成。其三,是民事诉讼程序发展的必然趋势。在民事诉讼发展过程中,在传统的民事诉讼理论之下,特别是西方主要国家,公正是唯一价值指标,为了实现这一指标,民事诉讼注重细密化,程序不断完善,但亦导致了诉讼程序逐渐臃肿、低效,民事诉讼程序拖沓的现象广泛存在。故而,民事诉讼效率化改革在各国相继开展,各国纷纷简化诉讼程序,促进繁简分流以及纠纷一次性解决等,以不断提高诉讼效率,实现民事诉讼公正与效率之平衡发展。

三、《民法典》绿色原则在《民事诉讼法》上的应然体现

《民法典》绿色原则可谓我国民事立法之一大创新,当前的主流观点是从环境保护角度理解绿色原则,绿色原则亦被称为生态环境保护原则等。然而,绿色原则还有"节约资源"之内涵,如上文所述,此处的"资源"应作广义或者全面理解,包括自然资源和社会资源,即节约所有的资源和财产,使得社会成本最小化或者社会财富最大化,此种即为效率意义上之绿色原则。[①] 节约资源还着眼于资源的优化配置和合理利用,绝不等同于让人们在社会活动中减少使用甚至

---

① 贺剑:《绿色原则与法经济学》,载《中国法学》2019 年第 2 期。

不再去使用资源,因为浪费的形式之一便是资源的大量闲置或低效利用。在经济社会快速发展的过程中,对资源的利用必须高效化、合理化。而《民事诉讼法》上诉讼效率之价值追求,亦在于节约诉讼资源、控制诉讼成本,优化诉讼程序,争取以最低的诉讼成本实现最大的诉讼效益。民事诉讼活动亦是社会活动之一,故而节约诉讼成本、提高诉讼效率从而促进诉讼公正可视为《民法典》绿色原则在《民事诉讼法》价值追求上之应然体现。具体阐释如下:

其一,绿色原则涵摄之节约资源,并非节约特定财产或资源,应是指节约所有资源,包括自然资源和社会资源。故而,某项民事活动或者民事诉讼活动所涉及之一切资源均应纳入考量范畴,即相关民事活动或民事诉讼活动所产生的所有成本和收益均在绿色原则考虑范围之内。在民事活动中,节约资源可促进参与相关活动的成本最小化,避免资源浪费,进而促进相关活动有效利用资源,产生活动结果(效益)或社会财富的最大化之结果。民事诉讼活动亦属于民事活动,在民事诉讼活动中,每一个司法裁判皆意味着司法资源不同程度的消耗,而民事诉讼活动在满足民事主体解决争议实现民事法律关系稳定状态之正义追求的同时,应注意到实体正义的实现不是以无限制的成本付出为代价,故而节约诉讼资源、控制诉讼成本亦可有效推进诉讼程序向前进行,实现诉讼资源的优化配置,避免诉讼成本的盲目浪费,满足当事人对以较少成本换取较高司法效益和公正的追求。

其二,效率是民事程序法之价值追求,诉讼效率要求合理设置诉讼程序,避免程序重复或诉讼成本浪费,要求民事诉讼程序运行过程中体现诉讼过程的经济合理性和诉讼结果的合目的性。前者是指在总体诉讼成本固定的前提下实现资源的有效利用或者最低的成本实现效率最大化,后者是指诉讼程序可以保障当事人诉讼需求的有效实现。故而,诉讼效率价值是民事程序法之重要价值追求,贯穿诉讼过程始终。在民事实体法上,如上文分析,绿色原则之内涵亦包括“效率原则”,效率亦是民事实体法领域一项普遍价值追求,在诸多制度构建上均有直接体现,如降低缔约或交易等民事活动成本等,这与民事诉讼活动中降低诉讼成本具有异曲同工之妙。

第六节 本章结论

基本原则旨在为司法实务中微观具体问题提供宏观指引,对于全书具体问题具有纲领性、指引性作用。欲协调与对接《民法典》与《民事诉讼法》,首先即应统一跨越两法之相关共通原则,使其不存在互斥,进而促进横跨两法的现行相关制度的一致性,确保两法平滑衔接。具体而言,协调与对接《民事诉讼法》平等原则与《民法典》平等原则,内在逻辑在于两法平等原则皆派生于公民在适用法律上一律平等之宪法原则,包括实体法与程序法一律平等。民事法律领域中,程序法与实体法是相互保障、相互依存的关系,离开程序法对民事主体诉讼权利的平等保护,实体法规制的民事法律关系中的平等性将无法保障,离开实体法对民事法律关系的平等规制,程序法之平等保护亦将成为空谈。《民事诉讼法》诚信原则与《民法典》诚信原则具有共同的起源,共同修正了"自由主义"法治理念。协调与对接两法诚信原则,要推进该原则在两法中表达趋同,互相结合,互相补充,互相调整,互相保障。《民事诉讼法》处分原则与《民法典》自愿原则均包含了程序意义及实体意义,实质皆为民事主体对实体或程序上相关事项之处分权利。协调与对接两原则,不仅要确保实现实体法上意思自治原则,亦应确保当事人对于程序处分之手段。《民法典》绿色原则有节约资源之内涵,包括自然资源和社会资源,即节约所有的资源和财产,使得社会成本最小化或者社会财富最大化,此种即为效率意义上之绿色原则。《民事诉讼法》上诉讼效率之价值追求,亦在于节约诉讼资源、控制诉讼成本,优化诉讼程序,争取以最小的诉讼成本实现最大的诉讼效益。民事诉讼活动亦是社会活动之一,故而节约诉讼成本、提高诉讼效率从而促进诉讼公正可视为《民法典》绿色原则在《民事诉讼法》价值追求上之应然体现。

第三章

多数人之债共同诉讼形态的反思与重构

第一节 概 述

本章聚焦《民事诉讼法》与《民法典》等实体法在诉讼主体维度的协调和对接。多数人之债共同诉讼形态的认定,[①]是《民事诉讼法》与《民法典》等实体法在诉讼主体维度进行协调对接时难以回避的问题,相关分歧至今仍未有定论,尤其以连带债务共同诉讼形态问题最为典型。围绕连带债务是否宜统一归入同一种共同诉讼形态,理论与实践中尚存分歧。审判实践对于此类问题的处理亦有诸多模糊之处,诉讼形态认定的同案异判现象客观存在。

相关问题在《民法典》实施后仍有进一步探讨的必要,原因在于:

其一,实体规则承续,旧有困惑未解。在多数人之债的种类设定方面,《民法典》承续《民法通则》《侵权责任法》之规定,以按份之债与连带之债为基本类型,并于侵权责任编等部分具体列举不真正连带责任、补充责任、相应的责任等多数人之债的特殊类型。其中,理论与实务对数人共同致害连带责任的共同诉讼形态分歧较大。

其二,《民法典》对连带之债的涉他效力作出规定,为论证其共同诉讼形态提供了进一步的思路。《民法典》第 519 条、第 520 条、第 521 条新增规定对连带债务的追偿、涉他效力及连带债权的内部关系等方面作出细化规定,对认定共同诉讼中一人实施的诉讼行为对其他共同诉讼人的效力问题提供了规范论据。

其三,特定的多数人之债类型因法典化而定型,从诉讼法角度存在衔接必要。《民法典》第 1064 条对夫妻共同债务三种类型的规定属于新增条文,以往在具体案件处理时对夫妻共同债务的属性存在认定为共同之债抑或连带之债

---

① 在法律规范层面,我国区分债与责任的概念,责任主要系指债之义务不履行时以强制力保障其履行的法律后果。但在民法学理上,对于债与责任的关系曾有争论,二者概念往往难以区分。就本章论题,于诉讼形态,乃关注其多数人之间的关系结构,与义务发生的性质无涉,故本章在表述上不区分债与责任,所称多数人之债与多数人责任同义。关于债与责任的关系,参见王利明:《债法总则研究》(第 2 版),中国人民大学出版社 2018 年版,第 82 ~ 89 页。

的分歧,[①]夫妻共同债务的属性认定与夫妻共同债务的责任财产范围问题交织,反映于相关案件的裁判文书主文,[②]以及对相应共同诉讼形态的认定。[③] 此外,《民法典》合同编新增保理合同作为有名合同,第 766 条规定的有追索权保理存在三方关系,具有共同诉讼的可能性,亦存在探讨空间。

就此,本章将以连带债务的共同诉讼形态为中心展开,在具体论述上兼及按份之债及多数人之债的其他类型,尝试对前述问题加以反思、回应。由于多数人之债中同一方当事人之间各自的请求权利或给付义务兼具独立性与牵连性,本章将采用以下思路展开:

其一,厘清共同诉讼形态的认定标准,即结合我国《民事诉讼法》第 55 条规定的诉讼标的标准,并通过检索裁判文书,提炼审判实践对于共同诉讼形态认定的考量因素,作为诉讼标的标准以外的“介入因素”。

其二,提出共同诉讼形态的归入方案,即结合共同诉讼形态认定的标准重构,将多数人之债按类型区分,分别归入与之契合的共同诉讼形态。

其三,完善共同诉讼形态的转换规则,即厘清静态的共同诉讼形态与动态的证明制度、无独立请求权第三人参加诉讼等制度如何协调对接,以因应流动的案件事实查明需要,妥当回应因多数人之间权利义务的牵连性而产生的案件事实查明、避免矛盾裁判、纠纷一次解决等考量因素。

综上,本章拟以审判为中心,尝试从流动的案件事实中提炼相对稳定的裁判方法,以此建构多数人之债共同诉讼形态的归入方案;并从对案件事实查明需要的动态评估出发重构未被诉债务人参加诉讼的诉讼地位,以此完善未被诉人参加诉讼的程序规则。于此,前者目标在于认定,后者目标在于转换。

---

① 参见缪宇:《走出夫妻共同债务的误区:以〈婚姻法司法解释(二)〉第 24 条为分析对象》,载《中外法学》2018 年第 1 期;杨晓蓉、吴艳:《夫妻共同债务的认定标准和责任范围——以夫妻一方经营性负债为研究重点》,载《法律适用》2015 年第 9 期。

② 参见王轶、包丁裕睿:《夫妻共同债务的认定与清偿规则实证研究》,载《华东政法大学学报》2021 年第 1 期。

③ 案例详见广西壮族自治区南宁市中级人民法院(2019)桂 01 民再 94 号民事判决书,该案经一审、二审及审判监督程序再审,案情为债权人前案仅起诉夫妻中举债一方要求清偿债务,经前案生效判决并经强制执行后未足额清偿,便提起本案后诉,诉讼请求为要求非举债一方清偿余款。在该案三次审理中,法院对夫妻共同债务的共同诉讼形态之认定皆不一致。

第二节　多数人之债共同诉讼形态的分歧之源

一、源起:实体选择权的诉讼实现

连带债务诉讼形态的观点分歧,始于是否以及如何在诉讼中实现债权人请求给付的选择权。我国《民法典》第 178 条等条文规定债权人可以选择向全部或部分连带责任人请求给付,①而诉讼实务却常认为债权人对给付请求负有共同提出的义务,连带债务共同诉讼属于固有必要共同诉讼,于此,诉讼法未能与实体法规定充分衔接。② 就此,围绕《民法典》第 178 条等条文规定的选择权的诉讼实现,便构成了连带债务共同诉讼形态分歧的起点。

(一)选择权分歧

围绕程序法的对接路径,以往存在三种观点(见表 3－1),其机理是对实体法选择权与程序法选择权的关系进行解释,分别呈现为两权异构、两权牵连与两权同构。

表 3－1　连带责任债权人选择权的解释论

序号	核心要素	观点简述	诉讼特征
1	限域行使	(1)限制选择方式:债权人以诉讼方式请求给付的,需以必要共同诉讼方式提出一次给付请求;不以诉讼或仲裁方式请求给付的,则有选择同时或先后向全部或部分连带债务人请求之自由。③ (2)限制选择阶段:债权人可于执行阶段行使选择权,在审理阶段仅可对是否免除部分连带债务人的债务进行选择④	固有必要共同诉讼

---

① 参见《民法典》第 178 条第 1 款、第 518 条第 1 款。

② 参见张卫平:《民法典的实施与民事诉讼法的协调和对接》,载《中外法学》2020 年第 4 期;张卫平:《双向审视:民事诉讼制度建构的实体与程序之维》,载《法制与社会发展》2021 年第 2 期。

③ 参见崔建远:《〈民法典〉所设连带债务规则的解释论》,载《当代法学》2022 年第 2 期。

④ 参见最高人民法院民事审判第一庭编著:《最高人民法院人身损害赔偿司法解释的理解与适用》,人民法院出版社 2015 年版,第 88 页;陈现杰:《共同侵权的立法规制与审判实务》,载《人民司法》2010 年第 3 期。需要注意的是,引文系以共同侵权连带责任为论述对象。

续表

序号	核心要素	观点简述	诉讼特征
2	横向行使	(1)基础观点:债权人在同一次诉讼系属中有权选择起诉全部或部分连带债务人。① (2)加强观点:债权人的选择权在性质上属于形成权,其效果为确定应履行给付责任的中间责任人,其给付后与其他连带责任人的横向关系转为追偿关系②	类似必要共同诉讼
3	纵横并行	债权人有权以诉讼或非诉讼方式选择同时或先后向全部或部分连带债务人请求给付,先后起诉时,后诉不构成重复诉讼,但前诉裁判对连带债务共通事实所作认定,对后诉亦发生效力③	普通共同诉讼

以上三种观点从实体法出发,虽均认可连带债务中债权人有权选择向全部或部分连带债务人请求给付,但对该选择权的解释却有宽窄之别:

其一,观点 1 对选择权的解释系由诉讼实务反向推导,通过限缩选择权行使的场域,使选择权的含义与诉讼实务保持形式一致。但限域行使面临的困惑是,在教义学上,《民法典》第 178 条第 1 款、第 518 条第 1 款条文中的"请求"一词是否可以限缩解释为不包括"以诉讼方式请求"。民法学理认为,诉请履行是债权本就具有的效力,亦即债权的请求力。④ 而在诉讼法学理上,请求权与诉权在历史上同源,德国学者赫尔维格(Hellwig)认为,实体法上的请求权是既存的实体权利,而诉讼法上的请求权则是原告在诉讼程序中所提出的成为法院审判对象的权利主张。⑤ 由此,《民法典》前述条文中的"请求"一词应覆盖"以诉讼方式请求",观点 1 对"请求"的语义进行限缩,与学理不协调,在解释力上存在不足。此外,在实务中,债权人在执行阶段行使选择权亦可能遇到障碍。执行实务曾有观点认为,选择向全部或部分连带债务人请求给付的权利,其性质为诉讼请求权而非执行请求权,该权利仅可于庭审辩论终结前行使,在执行阶段无权行使;原告选定连带债务人,一经诉讼确定便具有确定力、执行力,非经法定程序不可随意变更。⑥

---

① 参见程啸:《侵权责任法》(第 3 版),法律出版社 2021 年版,第 391 页。
② 参见杨立新:《被侵权人对侵权连带责任人的选择权》,载《当代法学》2022 年第 1 期。
③ 参见王利明:《债法总则研究》(第 2 版),中国人民大学出版社 2018 年版,第 192 页。
④ 参见王泽鉴:《民法学说与判例研究》,北京大学出版社 2015 年版,第 387 页。
⑤ 参见江伟主编:《民事诉讼法学》(第 3 版),北京大学出版社 2015 年版,第 17 页。
⑥ 参见邓光扬:《债权人无权任意选择执行连带共同保证人》,载《法律适用》2019 年第 18 期。

其二，相较观点1，观点2强调选择权在同一次诉讼系属中的可行性，但其探讨止于选择权在同一次起诉中行使，表现为债权人在数连带债务人之间进行横向选择，未涉及选择权是否可以在纵向时间序列上先后行使。此外，加强观点将选择权定性为形成权，通过起诉选择与本案判决划定承担连带责任的中间责任的主体范围，并以形成力确定中间责任的客体范围，被选定的连带债务人在履行给付义务后，与其他连带债务人成立追偿关系。由此产生的困惑是，选择权是否是一次用尽的权利，债权人是否可以多次起诉、多次选择。具体表现为，若债权人选择后就本诉得败诉判决，该败诉判决是否对其他连带债务人发生既判力扩张，债权人是否可以继续起诉其他连带债务人；若被选定的连带债务人经强制执行后仍无力清偿，债权人是否可以再次选择，此时后诉是否会因一事不再理而被驳回。就此，观点2未有进一步阐释。

其三，相较观点2，观点3肯认债权人既可在同一次诉讼系属中选择，亦可通过前后诉的方式选择，其选择权行使程度最佳，近乎与程序选择权同构。在债权人通过先后起诉的方式实现选择权时，对于前一诉系属与裁判的效力，观点3倾向于在诉讼系属上持相对效力说，前诉不遮断后诉系属，但在诉讼裁判上持限制的绝对效力说，即以生效判决裁判对象为区分，若其系对连带债务整体关系作出效力认定，则该生效判决对其他连带债务人亦具有效力，若其仅涉及因部分连带债务人自身事由而对其应承担的债务作出效力认定，则该生效判决对其他连带债务人不发生效力。[①] 观点3对选择权诉讼行使的理解最贴近《民法典》文义，与民法学理龃龉最小，但其风险在于如何在分别诉讼时保障裁判统一、避免重复受偿。

（二）分歧之成因

其实，以实体法为视角，产生前述观点差异的原因包括：

1. 诉讼法理论的交互影响。多数人之债的诉讼实现无法回避共同诉讼形态认定。诉讼法与实体法交汇并持续互动，诉讼法理论与实务对多数人之债共同诉讼形态的认识对实体法研究产生了直接影响。

2. 实体法理论的固有难题。连带之债在性质上是单一之债还是复数之债，

---

① 参见王利明：《债法总则研究》（第2版），中国人民大学出版社2018年版，第194页。

民法学说史中对此曾有争论,分别形成债务单一说与债务复数说。简言之,债务单一说认为连带之债中债权人对于其有权请求给付的诸连带债务人在本质上只产生一个共同的债权债务关系;而债务复数说认为,由于选择权的存在,连带之债中债权人实际上对各连带债务人均分别存在债权债务关系,因此总和来看,连带之债存在复数债权债务关系。近代以来,虽然债务复数说在域外大陆法系成为主流,但这场争论的余波至今犹存。目前民法学对于连带之债涉他效力的判断,例如,对连带债务人中一人发生效力的事项对其他连带债务人是否发生效力,以及如何划分发生绝对效力的事项与发生相对效力的事项,受前述债务单一说或债务复数说理论的影响,域外民法有不同立法例,差异显著。[①] 实体法对连带之债涉他效力事项的规定,将对债权人主张权利产生直接影响。[②] 而其对共同诉讼形态认定最直接的影响是,如何认定连带之债中诉讼标的单复数,如何认定连带之债中某一连带债务人所受生效判决对其他连带债务人是否发生效力。对该两个问题的回答将直接影响对连带之债共同诉讼形态的认定。

(三)小结

以《民法典》第 178 条第 1 款、第 518 条第 1 款的规定与诉讼法的衔接为视角,连带之债中债权人享有的选择权虽为实体法所规定,但其内涵却亦具有程序法意义,在探讨衔接问题时无法回避。就此,既往观点受程序法实务做法与实体法固有争鸣的影响,表现出程序选择权与实体选择权在衔接强度上的细微差别,依次呈现为选择权的限域行使、横向行使、纵横并行等意义范围宽窄有异的三种视角。其背后的机理实是对实体法选择权与程序法程序选择权之关系进行差异化解读,三种观点下二者关系分别为两权异构、两权牵连、两权同构。通过从实体法出发对《民法典》第 178 条第 1 款等条文规定的选择权本身进行解释,多数人之债共同诉讼形态问题的实体法之维逐渐明朗。如前所述,将《民

---

① 关于连带之债的债务单一说与债务复数说,参见张定军:《连带债务研究:以德国法为主要考察对象》,中国社会科学出版社 2010 年版,第 47 ~ 53 页;李中原:《连带债务二分法的历史基础》,载陈小君主编:《私法研究》(第 14 卷),法律出版社 2013 年版,第 86 ~ 92 页;崔建远:《〈民法典〉所设连带债务规则的解释论》,载《当代法学》2022 年第 2 期;庄加园:《连带债务理论研究》,清华大学 2005 年硕士学位论文,第 64 ~ 65 页。

② 参见周江洪:《连带债务涉他效力规则的源流与立法选择》,载《法商研究》2019 年第 3 期。

法典》第 178 条第 1 款、第 518 条第 1 款规定的选择权进行限缩解释，限制以诉讼方式选择，与实体法理论存在不协调之处。但仅认可该选择权的程序法特质尚无法消解因选择权行使而引发的诸如是否允许多次诉讼系属、如何划定生效判决的既判力范围等实务困惑。于此，围绕连带之债中债权人选择权的诉讼实现，从诉讼法视角在诉讼场域内对关涉选择权行使的程序规则进行接续研究，便呼之欲出。

二、分途：归入式方案的实践缺陷

如何将债权人选择权嵌入连带债务共同诉讼？以此为目标，以往研究曾有两种方案，分别是检索式归入与建构式归入。

对于多数人之债，我国诉讼法通说中可供选择的共同诉讼形态分为两类三型，即固有必要共同诉讼、类似必要共同诉讼与普通共同诉讼（见表 3－2）。但一般认为我国《民事诉讼法》第 55 条仅规定必要共同诉讼与普通共同诉讼两大类，并不涉及类似必要共同诉讼这一过渡形态，且共同诉讼形态系以诉讼标的共同或诉讼标的同一种类作为区分标准。多数人之债，尤其是连带债务，由于数人债务存在给付目的的一致性与纠纷事实的牵连性，加之诉讼标的含义浮动，[①]在诉讼标的识别上存在不确定性；而在共同诉讼下，法院对于连带之债亦有事实查明的客观需要，故其诉讼形态识别存在较强的不确定性。

表 3－2　两类三型共同诉讼形态对照表

共同诉讼形态		合一确定的必要	共同诉讼的必要	既判力主观范围
必要共同诉讼	固有必要共同诉讼	有（同一诉讼标的）	有（诉讼实施权合一）	全体当事人
	类似必要共同诉讼	有（同一诉讼标的）	无（诉讼实施权分离）	全体当事人
普通共同诉讼		无（同种诉讼标的）	无（诉讼实施权数个）	本诉当事人

（一）检索式归入重选择

以往研究给出的一般性方案是检索式归入，其基本思路是：预设债权人可

---

① 参见王亚新：《诉讼程序中的实体形成》，载《当代法学》2014 年第 6 期。

以选择连带债务数人诉讼的分与合，执此一端，再检索学理通说中的诸种共同诉讼形态，找寻与其效果最接近的共同诉讼类型，将其归入。其结论通常为连带债务数人诉讼应适用类似必要共同诉讼或普通共同诉讼，但也有认为应适用固有必要共同诉讼者。对于审判实践中面临的案件事实查明、避免矛盾裁判、纠纷一次解决等现实考量，支持类似必要共同诉讼或普通共同诉讼的观点常认为，通过使未被诉的连带债务人以证人或无独立请求权第三人的身份出庭参与诉讼，即可满足其要求，但对于如何具体实施却缺乏进一步的指引。①

1. 将连带之债诉讼归入固有必要共同诉讼的观点，其理由主要包括：第一，在实体法上具体适用何种责任，需要以诉讼查明为前提。固有必要共同诉讼有利于在查清事实的基础上适用责任。第二，允许债权人对连带债务人分别起诉，可能造成双重受偿。第三，采用固有必要共同诉讼，在查清连带债务人内部份额的基础上作出判决，有利于避免分别起诉情形下被诉的连带债务人后续发生追偿困难，从而亦可保障连带债务人之间义务承担的均衡。第四，采用固有必要共同诉讼有利于纠纷一次性解决。②

2. 将连带之债诉讼归入类似必要共同诉讼的观点，其理由主要有：第一，在类似必要共同诉讼中，债权人有权根据实体法的规定选择以全部或部分连带债务人作为被告起诉请求清偿债务，并可以通过既判力扩张实现统一裁判，相较于固有必要共同诉讼与普通共同诉讼，类似必要共同诉讼因兼具两者长处而具有比较优势。第二，类似必要共同诉讼有利于降低诉讼拖延，提高审理效率，实现诉讼经济。③

3. 将连带之债诉讼归入普通共同诉讼的观点，其理由主要有：第一，连带之债中债权人可以向全部或部分连带债务人请求全部给付，对各个连带债务人均

---

① 参见张卫平：《双向审视：民事诉讼制度建构的实体与程序之维》，载《法制与社会发展》2021 年第 2 期；任重：《反思民事连带责任的共同诉讼类型——基于民事诉讼基础理论的分析框架》，载《法制与社会发展》2018 年第 6 期；牟逍媛、金权：《论类似的必要共同诉讼在个案中的适用——一起连带债务之诉的思考》，载《法学》2003 年第 7 期等。

② 参见彭熙海：《民事连带责任司法裁判研究》，湘潭大学出版社 2013 年版，第 123 ~ 130 页；彭熙海：《论连带责任案件的诉讼形式》，载《法学评论》2012 年第 3 期。

③ 参见牟逍媛、金权：《论类似的必要共同诉讼在个案中的适用——一起连带债务之诉的思考》，载《法学》2003 年第 7 期；张卫平：《民事诉讼法》（第 5 版），法律出版社 2019 年版，第 152 ~ 153 页；江伟主编：《民事诉讼法学》（第 3 版），北京大学出版社 2015 年版，第 147 页。

具有独立的请求权，总体上呈现为数个实体请求权，故具有复数的诉讼标的。按照我国《民事诉讼法》对共同诉讼的区分标准，只能构成普通共同诉讼。第二，类似必要共同诉讼中生效裁判的既判力及于全体当事人，对于未参加诉讼的连带债务人，没有给予相应的程序保障。第三，根据实体法，连带之债的相对效力事项只对发生该事由的连带债务人发生效力，不对其他连带债务人发生效力，而生效判决也可被认为是相对效力事项，故即便采用必要共同诉讼，可能仍然难以避免相异判决。第四，普通共同诉讼亦可通过共同的法庭审理程序，通过适用证据共通与主张共通原则而尽可能避免矛盾裁判。①

综上，由于两类三型共同诉讼在功能上各有利弊，此之长即为彼之短，对多数人之债诉讼划一地进行检索式归入，难以因应具体案情变化，导出最佳方案。因此，晚近研究在反思检索式归入方法的基础上，开始尝试对债或诉进行类型区分，以类型区分为基础展开诉讼形态归入，形成新的研究路径。

（二）建构式归入重创制

以检索式归入为蓝本，建构式归入主张从立法论角度对我国《民事诉讼法》的共同诉讼、合并审理等诉讼格局进行重新规划，在此基础上再将连带之债归入。其主要思路包括两种：

1. 建构债之分型，分型归入诉讼。连带之债的发生原因复杂，从法律关系同一的共有关系至法律关系迥异的给付责任竞合，②皆可能在责任类型上构成连带责任。典型的如《民法典》侵权责任编对共同侵权、共同危险行为、竞合因果关系的分别侵权均规定为连带责任，但其连带债务人之间的牵连程度却存在强弱差异。据此，部分学者尝试对连带之债进行类型细分，或者以事实查明难度、因果关系类型等作为分型标准，③或者将不真正连带之债、共有关系下的连

---

① 参见卢正敏、齐树洁：《连带债务共同诉讼关系之探讨》，载《现代法学》2008 年第 1 期；任重：《反思民事连带责任的共同诉讼类型——基于民事诉讼基础理论的分析框架》，载《法制与社会发展》2018 年第 6 期。

② 本章使用“给付责任竞合”指代因不同法律关系而产生的连带之债，如不真正连带之债。

③ 例如，将案件事实解释为诉讼标的，卢佩：《多数人侵权纠纷之共同诉讼类型研究：兼论诉讼标的之“案件事实”范围的确定》，载《中外法学》2017 年第 5 期；以因果关系为核心，将纠纷事实解释为诉讼标的，罗恬漩：《数人侵权的共同诉讼问题研究》，载《中外法学》2017 年第 5 期。

带之债等非典型的连带之债析出单独讨论,[①]借助诉讼标的解释论,将连带之债的不同类型归入相应的共同诉讼形态。

2. 建构诉之分型,重构识别标准。与《德国民事诉讼法》《日本民事诉讼法》等域外立法例相比,我国《民事诉讼法》第55条仅以诉讼标的共同或同种类为界分标准,将共同诉讼区分为必要共同诉讼与普通共同诉讼两大类,并不涉及类似必要共同诉讼制度。[②] 该条文未涉及具有"基于同一事实或法律上的原因而享有权利或负担义务"这一牵连型关系的案件。由于诉讼标的含义覆盖了从生活事实、纠纷事实到法律关系、请求权等多重意义,[③]诉讼标的概念的浮动性,使得牵连型关系所涉诉讼标的是否同一,在解释论上存在两可性。就此,部分学者尝试对共同诉讼形态进行类型细分,针对牵连型关系重构共同诉讼的过渡形态,具体路径有两种:其一为建构共同诉讼的过渡形态,重构类似必要共同诉讼的识别标准,将"牵连性"作为补充标准,并重新定义既判力扩张;[④]其二为解构共同诉讼的功能等价,即不再拘泥于对共同诉讼形态的具体归入,而是主张通过重构诉的合并制度,完善诉的合并标准,解构既有的共同诉讼分型,通过将其纳入诉的合并审理等制度,替换本应通过共同诉讼分型实现的功能。[⑤]

(三)小结

检索式归入以连带债务中债权人的选择行使为导向,对诉讼类型衔接问题的诸影响因素加以罗列,于诉讼形态类型探讨不可或缺。但是,检索式归入对于案件事实查明等审判实践考量回应不足,缺乏可操作的裁判方法指引。

建构式归入虽然注意到连带债务共同诉讼形态认定的复杂性,但其论证或者以案件事实或纠纷事实作为诉讼标的,或者以新设规则作为归入前提,超出

① 参见罗恬漩、王亚新:《不真正连带责任诉讼问题探析》,载《法律适用》2015年第1期;段文波:《共有财产涉讼类型化析解》,载《国家检察官学院学报》2016年第2期。

② 参见张卫平:《民事诉讼法》(第5版),法律出版社2019年版,第153页;江伟主编:《民事诉讼法学》(第3版),北京大学出版社2015年版,第147页。

③ 参见王亚新:《诉讼程序中的实体形成》,载《当代法学》2014年第6期。

④ 参见汤维建:《类似必要共同诉讼适用机制研究》,载《中国法学》2020年第4期;汤维建:《论类似必要共同诉讼的制度性导入》,载《中国政法大学学报》2022年第1期。

⑤ 参见袁琳:《多数人之债的诉讼构造与程序规则》,载《中外法学》2021年第6期;尹伟民:《连带责任诉讼形态的选择》,载《烟台大学学报(哲学社会科学版)》2010年第3期。

了司法实践的惯常认识，在立法修正前并非可立即实施的方案。

就此，两种方案尚未消解审理疑难，尚未提供可操作的裁判方法。[①] 但检索式归入聚焦单一目标的实现，注重核心价值的最大化；建构式归入聚焦目标分解后的相对实现，注重目标实现的灵活性。作为研究方法，两种思路均有借鉴价值。

三、重拾：审理型思维的方法回归

诉讼法学研究无法脱离实体法，亦无法脱离审判实践，[②]于多数人之债共同诉讼形态问题亦然。以连带之债共同诉讼形态为例，无论是实体选择权的诉讼实现，抑或归入式方案的实践检验，其背后均是对诉讼法与实体法、学说论理与审判实践的交流互现，对本章论题的进一步研究亦然。

对连带之债共同诉讼形态的认定，实际反映了债权变现效率与诉讼秩序安定以及诉讼实施权与诉讼指挥权之间的张力。而如何界定裁判合一确定必要性，如何判断共同诉讼必要性，审判实践展现了更为具象的分析过程，诉讼形态分析的考量亦更加细致。例如，在审判实践中，对诉讼标的共同的认定有多元面向，审判实践亦有观点认为数行为人分别侵权造成同一损害，亦可构成诉讼标的共同；而对共同诉讼必要性的判断，除根据诉讼标的共同外，尚有避免矛盾裁判、保护当事人利益等法政策因素。[③]

我国《民事诉讼法》第 55 条规定，在静态意义上，共同诉讼形态区分仅以诉讼标的为标准，数人之间诉讼标的共同者为必要共同诉讼，诉讼标的同种类者为普通共同诉讼。然而，审判活动却是面对流动的案件事实的动态变化过程，与静态的诉讼标的标准有所不同，审理者在诉讼的不同阶段可能面临不同的抉择。审判实践对于共同诉讼形态认定的考量因素，可谓对以诉讼标的为基准的共同诉讼分型标准的“介入因素”（见表 3－3）。

---

① 认定连带责任诉讼形态的审理抉择，参见姜强：《〈侵权责任法〉中的连带责任、不真正连带责任及其诉讼程序》，载《法律适用》2010 年第 7 期。

② 参见张卫平：《对民事诉讼法学贫困化的思索》，载《清华法学》2014 年第 2 期。

③ 参见最高人民法院（2021）知民辖终 183 号民事裁定书。

表3-3　连带之债与共同诉讼的衔接要素

<table>
<tr><th>程序阶段</th><th>实体法要素</th><th>诉讼法要素</th><th>要素功能</th><th>介入因素</th></tr>
<tr><td rowspan="3">本诉起诉阶段</td><td rowspan="3">债权人的选择权</td><td>管辖权</td><td rowspan="3">审查起诉条件</td><td rowspan="3">诉权保障程度</td></tr>
<tr><td>当事人适格</td></tr>
<tr><td>诉讼标的</td></tr>
<tr><td rowspan="3">本诉审理阶段</td><td rowspan="3">连带债务的涉他效力(抗辩)</td><td>诉讼标的</td><td>确定审理对象</td><td rowspan="3">事实查明需要及一次解纷程度</td></tr>
<tr><td rowspan="2">共同诉讼一人诉讼行为的涉他效力</td><td>确定诉讼资料</td></tr>
<tr><td>确定诉讼进程</td></tr>
<tr><td>本诉执行阶段</td><td>连带债务的涉他效力(判决)</td><td>共同诉讼一诉判决的执行力</td><td>确定执行措施</td><td>避免重复受偿</td></tr>
<tr><td rowspan="2">后诉阶段</td><td rowspan="2">连带债务的涉他效力(判决)</td><td rowspan="2">共同诉讼一诉判决的既判力</td><td rowspan="2">确定后诉处理</td><td>诉权保障程度</td></tr>
<tr><td>避免矛盾裁判</td></tr>
</table>

具体而言,在审判实践中,对多数人之债共同诉讼形态的认定实际体现为以审判为中心,对起诉条件、诉讼行为效力、追加必要共同诉讼人等实体程序交错事项的审查认定之中。具体而言,在审理阶段,案件事实查明是最主要的"介入因素",直接影响共同诉讼形态的认定。

第三节　多数人之债共同诉讼形态的现状分析

本节拟以连带责任为例,梳理其诉讼实践,找寻司法实践中影响连带责任共同诉讼形态认定的相关因素。案例检索研究显示,连带责任共同诉讼形态的认定,仍以诉讼标的作为基本标准,但审判权评估下案件事实查明的需要构成诉讼标的标准以外的"介入因素"。规范检索分析显示,实体法规定的连带责任种类繁多、差异较大,诸种连带责任发生原因不一,划一地归入某一特定的共同诉讼形态并非合宜之选。

一、诉讼现状:"事实查明需要"对形态认定的介入

(一)诉讼形态的认定

1.形态认定的两分:共同诉讼必要性的微观审视

本章分别以"连带之债"、"连带责任"或"连带债务"复合"共同诉讼"作为

检索关键词对中国裁判文书网登载的最高人民法院裁判文书进行检索，显示共计133份裁判文书，进行必要筛选后存29例，归集为表3－4。①

表3－4　检索案例所示连带责任共同诉讼认定情况

案由类型	关联原因	必要共同诉讼	裁判理由	数量（件）
合同纠纷	数人作为不可分合同的同一方	是	社团贷款合同属于内容不可分割的单一性合同，数人之间诉讼标的是共同的，②诉讼不可分	2
	数人作为可分合同的同一方	皆可	数人共同作为股权转让方与受让方签订同一份股权转让合同，约定转让各自所持股权： （1）受让方起诉全体转让人，请求确认合同解除、各转让人分别返还股款、共同赔偿损失，因当事人共同签订同一份股权转让合同，其诉讼标的共同，③或者其诉讼标的系同一种类④，为必要共同诉讼或普通共同诉讼。 （2）各转让人分别起诉受让方，请求支付各自股权转让款，因各自诉讼中均已追加其他转让人为第三人，保护了各方的诉讼权利，符合共同诉讼规定⑤	3
	共同借款或约定共同还款责任	否	债权人可以选择部分债务人起诉请求清偿⑥	1
	联合共同承包体	否	联合共同承包体内部对工程款收款权限有约定的，共同体内被授权的一方可对外单独诉讼，不构成必要共同诉讼⑦	1
	连带责任保证	否	债权人有权选择起诉全部或部分连带债务人，属于可分之诉，⑧但一旦债权人合并起诉全部连带债务人，则不可再分离诉讼⑨	7

---

①　筛选方法为：剔除与共同诉讼认定不相关者，以及对因同一纠纷事实发生的数份裁判文书（包括系列案件、同一案件不同审理阶段等情形）仅计为一件案件。

②　案例详见：最高人民法院（2016）民辖终166号民事裁定书、最高人民法院（2019）民终39号民事判决书。

③　案例详见：最高人民法院（2019）民辖终248号民事裁定书。

④　案例详见：最高人民法院（2014）民四终字第32号民事裁定书。

⑤　案例详见：最高人民法院（2017）民终48号民事判决书、最高人民法院（2016）民终672号民事判决书、最高人民法院（2019）民申538号民事裁定书、最高人民法院（2019）民申544号民事裁定书。

⑥　案例详见：江苏省高级人民法院（2016）苏民申6127号民事裁定书。

⑦　案例详见：最高人民法院（2020）民申207号民事裁定书。

⑧　案例详见：最高人民法院（2020）民再31号民事判决书（此时追加保证人为第三人亦无必要，不予准许）。

⑨　案例详见：最高人民法院（2013）民二终字第106号民事裁定书，认为一旦债权人合并起诉全体连带债务人，即属于必要共同诉讼，不可再行分离诉讼。

续表

案由类型	关联原因	必要共同诉讼	裁判理由	数量（件）
合同纠纷	数份合同的债务给付内容同一	否	质押合同质押人与质物监管合同监管人就质物价值向质权人承担的连带债务不属于同一法律关系，债权人可分别主张①	1
	承运人与实际承运人连带责任	否	实际承运人并非必要共同诉讼当事人②	1
	债权人向数人主张连带责任	是	尽管判决最终没有认定构成连带责任，但因原告诉讼请求系要求数被告连带清偿，故属于必要共同诉讼③	1
侵权纠纷	共同侵权	是	因构成共同侵权可能承担连带责任，故为必要共同诉讼④	3
		否（视情况而定）	实体法规定的共同侵权与程序法规定的必要共同诉讼不等同，即便承担连带责任，根据具体案情仍可能为可分之诉⑤	1
	分别侵权	是	分别侵权但造成同一损害，仍可基于诉讼标的的同一性以及防止判决冲突、保护当事人利益等政策原因构成类似必要共同诉讼⑥	1
		否	具有过错联系的数人分别侵权，原告仅起诉部分侵权人，拒绝追加共同被告，不是必要共同诉讼⑦	1

---

① 案例详见：最高人民法院（2019）民终1528号民事判决书。

② 案例详见：最高人民法院（2017）民申1755号民事裁定书。

③ 案例详见：最高人民法院（2021）民终373号民事判决书。

④ 案例详见：其一，涉及电商平台与经营者共同侵权，如最高人民法院（2021）知民辖终350号民事裁定书、（2021）知民辖终255号民事裁定书；其二，涉及证券虚假陈述共同侵权责任，如最高人民法院（2020）民申2391号民事裁定书（认为属于共同侵权连带责任）、云南省高级人民法院（2019）云民终340号民事判决书（认为属于分别侵权连带责任）。

⑤ 案例详见：最高人民法院（2020）知民终1360号之一民事裁定书（涉及共同侵犯商业秘密），北京市第三中级人民法院（2021）京03民终8436号民事裁定书（涉及投资合同共同侵权纠纷）。

⑥ 案例详见：最高人民法院（2021）知民辖终183号民事裁定书等系列案件裁判文书。

⑦ 案例详见：最高人民法院（2013）民抗字第20号民事判决书。

续表

案由类型	关联原因	必要共同诉讼	裁判理由	数量（件）
跨法律关系性质	票据连带责任	否	持票人可以根据票据关系、保证关系或者原因关系分别或合并起诉①	2
	建设工程连带责任②	否	原告有权选择起诉对象，可以分别起诉各连带责任人	2
	营利法人出资人连带责任	否	诉讼标的种类不同，不属于必要或普通共同诉讼，但可以基于同一事实或牵连性而合并审理③	2

表3－4显示，审判实践对于连带债务共同诉讼形态的认定并不统一，固有必要共同诉讼远不是唯一诉讼形态。在前述检索案例中，可能适用固有必要共同诉讼的案型包括：其一，数人作为不可分合同的同一方，具有共同的权利义务；其二，共同侵权或分别侵权，造成同一损害结果。此外，还有少量裁判文书仅根据连带责任便认定构成必要共同诉讼，而未作更多说理。对于第一种情形，大陆法系民法一般认为此种情形属于协同之债，不属于连带之债，④案例裁判文书最终亦未将其认定为连带之债。而对于第二种情形，在典型的共同侵权案件中，因数侵权人之间存在过错联系而可将数人实施的侵权行为拟制为同一侵权行为，具有构成同一法律关系或诉讼标的的可能性，但分别侵权却属于数个独立侵权行为之并和，难以将该数个侵权行为视同一个侵权行为，难以构成同一法律关系或诉讼标的。于此，虽然共同侵权或分别侵权在司法实务中均可能被认定为构成必要共同诉讼，但其认定标准并不一致。

① 裁判文书虽不认为票据连带责任属于必要共同诉讼（有时甚至也不认为属于普通共同诉讼），但却承认此类连带责任存在合并审理的需要，参见最高人民法院（2017）民终718号民事裁定书，此时为不属于共同诉讼的合并审理。

② 建设工程连带责任包括：（1）对建设工程质量，承包人、分包人、实际施工人向发包人承担连带责任；（2）对建设工程款，发包人在欠付工程款范围内对转包人、违法分包人所负工程款债务向实际施工人承担责任。

③ 案例详见：最高人民法院（2015）民一终字第185号民事裁定书、河南省高级人民法院（2021）豫民终533号民事判决书、湖南省湘潭市人民法院（2021）湘03民终2404号民事裁定书。

④ 参见李中原：《多数人之债的类型建构》，载《法学研究》2019年第2期。

进一步，若以案由类型划分，侵权型连带责任较合同型连带责任更可能被认定为必要共同诉讼：

(1)合同型连带责任在共同诉讼形态认定上更加遵循《民事诉讼法》第55条规定的诉讼标的标准，且其诉讼标的识别标准较窄，即通常以具体而特定的法律关系抑或更细一层的实体请求权作为诉讼标的。因此，跨同种数份合同或跨合同与非合同法律关系所形成的连带责任，一般不被认为构成同一诉讼标的，不属于必要共同诉讼。而且，即便数人系根据同一份合同而形成连带责任，亦可基于该合同项下实体请求权的可分割性而被认为具有数个诉讼标的，从而构成类似必要共同诉讼或者普通共同诉讼；在该等实体请求权不属于同一种类时，甚至可能被认为不构成共同诉讼，而仅属于根据《民诉法解释》第221条规定的事实牵连型的合并审理。

(2)侵权型连带责任在共同诉讼形态认定上对诉讼标的的识别标准较宽，甚至可能逾越通常的诉讼标的识别标准认定为必要共同诉讼，如以较抽象的同一法律关系或纠纷事实作为诉讼标的。具体而言，数人分别侵权但因损害结果的同一而可能被认定为必要共同诉讼，而跨不同性质法律关系而产生的侵权型连带责任，也有可能基于案件事实查明等因素而被认定为构成必要共同诉讼。

综上，我国《民事诉讼法》第55条将诉讼标的作为区分共同诉讼形态的唯一标准，但在审判实践中，对于合同型与侵权型连带责任，却可能适用宽窄有异的诉讼标的识别标准，并且，侵权型连带责任甚至可能超出诉讼标的识别的通常标准。于此，《民法典》连带责任规则与《民事诉讼法》共同诉讼规则本为统一适用，并不区分债之类型。借鉴控制变量法的思路，仅就共同诉讼形态的认定而言，在"诉讼标的合一确定"的标准之外，尚存在其他影响因素的介入，而债之类型的异同反映"介入因素"的强弱差异。于此，该类"介入因素"可能包括案件事实查明需要、避免矛盾裁判、纠纷一次解决等，并且，在诉讼不同阶段，各项影响因素各有侧重。本章认为，从诉讼进程看，案件事实查明的需要可能是推动审理阶段共同诉讼形态认定的主要"介入因素"。

2. 参加诉讼的必要:必要共同诉讼人的范围扩张

为进一步厘清前述“介入因素”的范围,本章以“连带责任”与“共同诉讼”作为检索关键词,检索中国裁判文书网登载的侵权责任纠纷案由民事裁定书,显示来自各级人民法院的民事裁定书共146份;以相同关键词及案由检索2021年、2022年中级人民法院作出的民事判决书,显示共109份。[①]以上合计共255份裁判文书,进行必要筛选后存55份,作为分析样本(见表3-5)。[②]

表3-5 检索案例所示侵权型连带责任共同诉讼认定情况

纠纷事实	所涉法律关系	必要共同诉讼	裁判理由	数量(件)
因合同履行产生的侵权纠纷	责任来源法律关系不一,例如: ①投资合同直接产生的侵权关系与营利法人出资人连带责任、承销商虚假陈述连带责任; ②装修合同直接产生的侵权责任与不合格装修产品的产品质量责任	否	以“诉讼标的是否同一或同种类+原告是否有选择权”作为认定标准: ①数人的责任形式、法律关系、适用法律均不同,并非必要共同诉讼;[③] ②赔偿权利人有权选择起诉对象,但亦承担选择风险:若败诉,其仍可就同一侵权事实向其他侵权主体主张;若胜诉,则被诉连带责任人可向其他侵权人基于各自法律关系主张求偿[④]	2

① 结合我国《民事诉讼法》的规定,以下情形可能涉及对共同诉讼形态进行认定:(1)根据《民事诉讼法》第122条、第126条及《民诉法解释》第208条对起诉条件进行审查、裁定;(2)根据《民事诉讼法》第135条及《民诉法解释》第73条对必须共同进行诉讼的人没有参加诉讼时是否通知其参加或依申请追加进行审查、通知或裁定;(3)根据《民事诉讼法》第177条第1款第4项对是否存在原判决遗漏当事人等二审发回重审事由进行审查、裁定;(4)根据《民事诉讼法》第211条第8项对是否存在应当参加诉讼的当事人因不能归责于本人或者其诉讼代理人的事由而未参加诉讼的再审事由进行审查、裁定。如上主要涉及民事裁定书,但若法院经审查后认定相关情形不存在而未作裁定,此时便可能涉及在民事判决书中阐明,但以相同关键词及案由类型检索中国裁判文书网裁判文书,显示民事判决书共1798份,样本量较大,故仅以其中中级人民法院2021年、2022年作出的109份民事判决书作为补充样本。

② 案例筛选方法同表3-4。

③ 案例详见:北京市高级人民法院(2021)京民终483号民事裁定书。

④ 案例详见:江西省高级人民法院(2018)赣民终309号民事判决书。

续表

纠纷事实	所涉法律关系	必要共同诉讼	裁判理由	数量（件）
受雇者因从事受雇活动遭受损害产生的侵权纠纷	责任来源法律关系不一：雇主、雇主的挂靠单位、受雇活动所服务的项目发包人等，分别因雇佣关系、挂靠关系、承揽或承包关系等法律关系而对侵权损害赔偿负连带责任	否	以“诉讼标的是否同一或同种类＋原告是否有选择权＋实体结果预期偏离度”作为认定标准：①法律规定承担连带责任的，被侵权人有权请求部分或者全部连带责任人承担责任，故不构成必要共同诉讼。少数裁判文书进一步明确提及属于普通共同诉讼；① ②受雇者系以受雇关系为基础提起本案诉讼，受雇关系以外的连带责任人并非必要共同诉讼人；② ③现有证据不足以证明被申请追加者为赔偿义务人，其不参加诉讼亦不影响本案事实及责任认定③	19
		是	以“实体结果预期偏离度”为认定标准： ①虽原告未向其起诉，但该未被诉人可能为雇主或其他应承担连带责任者，直接影响侵权责任承担，应作为当事人参加诉讼，以便查明案件相关事实；④	6

① 案例详见：山东省青岛市中级人民法院（2021）鲁 02 民终 15359 号民事判决书、安徽省淮北市中级人民法院（2021）皖 06 民终 78 号民事判决书。此外，不真正连带责任裁判理由亦与此类似，参见吉林省延边朝鲜族自治州中级人民法院（2022）吉 24 民终 284 号民事判决书、广东省深圳市中级人民法院（2020）粤 03 民终 17943 号民事判决书（认为雇主与第三人构成普通共同诉讼）、辽宁省大连市中级人民法院（2021）辽 02 民终 4651 号民事判决书（认为雇主与工程分包人构成普通共同诉讼）、广东省广州市中级人民法院（2020）粤 01 民终 2718 号民事判决书。

② 案例详见：重庆市高级人民法院（2017）渝民申 742 号民事裁定书、山东省聊城市中级人民法院（2021）鲁 15 民申 64 号民事裁定书、江苏省无锡市中级人民法院（2021）苏 02 民终 7474 号民事判决书、贵州省六盘水市中级人民法院（2021）黔 02 民终 1723 号民事判决书、山东省德州市中级人民法院（2021）鲁 14 民终 2952 号民事判决书、江苏省徐州市中级人民法院（2021）苏 03 民终 7048 号民事判决书、贵州省遵义市中级人民法院（2021）黔 03 民终 7297 号民事判决书、宁夏回族自治区石嘴山市中级人民法院（2021）宁 02 民终 1094 号民事判决书。

③ 案例详见：重庆市高级人民法院（2014）渝高法民申字第 01380 号民事裁定书、陕西省高级人民法院（2018）陕民申 1743 号民事裁定书、山东省青岛市中级人民法院（2020）鲁 02 民再 172 号民事判决书、河南省周口市中级人民法院（2021）豫 16 民终 5539 号民事判决书、陕西省安康市中级人民法院（2021）陕 09 民终 470 号民事判决书。

④ 案例详见：山东省高级人民法院（2019）鲁民申 7290 号民事裁定书、广西壮族自治区来宾市中级人民法院（2016）桂 13 民终 921 号民事裁定书、重庆市第三中级人民法院（2015）渝三中法民终字第 00833 号民事裁定书、江苏省南京市中级人民法院（2020）苏 01 民终 8859 号民事裁定书、吉林省四平市中级人民法院（2020）吉 03 民终 1222 号民事裁定书。

续表

纠纷事实	所涉法律关系	必要共同诉讼	裁判理由	数量（件）
			②未被诉人为直接侵权人，原告仅以雇主责任起诉，仍应基于程序保障追加该未被诉人参加诉讼①	
交通事故损害赔偿纠纷	①责任来源法律关系不一：机动车驾驶员、驾驶员雇主、受害人雇主、营运机动车挂靠单位、问题机动车前手转让人、运输活动组织者、保险公司等主体分别因直接侵权关系、雇佣关系、挂靠关系、买卖关系、经营者安全保障义务、保险合同关系等法律关系而可能对侵权损害赔偿负连带责任； ②责任来源法律关系在侵权关系范围内同一：赔偿权利人仅以肇事车辆驾驶人数人为共同被告时	否	以“诉讼标的是否同一或同种类＋原告是否有选择权”作为认定标准： ①被侵权人对连带责任人的数个请求权分别独立，符合不真正连带债务特征，被侵权人合并起诉的，符合普通共同诉讼的规定；② ②未被赔偿权利人起诉者与直接侵权人不属于同一法律关系，不是必要共同诉讼人；③ ③二人以上依法承担连带责任者，权利人有权请求部分或者全部连带责任人承担责任，共同侵权责任并非必要共同诉讼；④ ④起诉挂靠人或被挂靠人系由原告选择确定⑤	14

① 案例详见：重庆市第四中级人民法院（2019）渝 04 民终 793 号民事裁定书。

② 案例详见：广西壮族自治区高级人民法院（2019）桂民申 5498 号民事裁定书。

③ 案例详见：贵州省高级人民法院（2018）黔民申 2135 号民事裁定书、云南省曲靖市中级人民法院（2014）曲少民终字第 104 号民事裁定书、四川省广元市朝天区人民法院（2017）川 0812 民申 4 号民事裁定书、湖南省邵阳市中级人民法院（2021）湘 05 民终 146 号民事判决书、广西壮族自治区南宁市中级人民法院（2020）桂 01 民终 11607 号民事判决书、江苏省常州市中级人民法院（2021）苏 04 民终 1380 号民事判决书、云南省大理白族自治州中级人民法院（2021）云 29 民终 754 号民事判决书。

④ 案例详见：河南省南乐县人民法院（2021）豫 0923 民申 4 号民事裁定书，但该案并不是典型的共同侵权案件；山东省德州市中级人民法院（2022）鲁 14 民终 75 号民事判决书。

⑤ 案例详见：福建省漳州市中级人民法院（2021）闽 06 民终 2610 号民事判决书。

续表

纠纷事实	所涉法律关系	必要共同诉讼	裁判理由	数量（件）
		是	以“实体结果预期偏离度”作为认定标准： 不属于典型的共同侵权案件，赔偿权利人起诉负连带赔偿责任的数人，但经审理其中部分被诉人可能错误或者被诉人申请追加其他未被诉人，法院认为为查清本案基本事实，正确确定承担责任的主体，依法公正作出判决，应追加对应的案外人为本案当事人①	7
			以“是否属于共同侵权”为认定标准： 两车相撞，赔偿权利人仅起诉其中一名肇事车辆驾驶员，法院认为两车驾驶员构成共同侵权，应为必要共同诉讼，若放弃追加，则被诉人免除相应份额赔偿责任②	1
保全错误损害赔偿纠纷	责任来源法律关系在侵权关系范围内同一	否	以“原告是否有选择权”作为认定标准： 同一保全的数申请保全人属于共同侵权人，对共同侵权行为应承担连带责任，但赔偿义务人有权选择任何一名共同侵权行为人主张赔偿责任，未被诉者并非本案必要的共同诉讼人③	1

① 案例详见：山西省高级人民法院（2019）晋民再193号民事裁定书、江苏省宿迁市中级人民法院（2019）苏13民再42号民事裁定书、湖南省长沙市中级人民法院（2020）湘01民终1980号民事裁定书、新疆生产建设兵团第八师中级人民法院（2018）兵08民再19号民事裁定书、湖北省鄂州市中级人民法院（2020）鄂07民终835号民事裁定书、内蒙古自治区赤峰市中级人民法院（2017）内04民终1952号民事裁定书、江苏省南京市中级人民法院（2021）苏01民终2104号民事裁定书、江西省宁都县人民法院（2019）赣0730民申18号民事裁定书。

② 案例详见：吉林省通化市人民法院（2021）吉05民申21号民事裁定书。

③ 案例详见：甘肃省高级人民法院（2019）甘民终324号民事判决书。

续表

纠纷事实	所涉法律关系	必要共同诉讼	裁判理由	数量（件）
产品质量侵权责任	责任来源法律关系不一：赔偿权利人以产品的生产者与销售者为共同被告时	否	以“原告是否有选择权”作为认定标准： 赔偿权利人对于产品质量侵权可以选择分别或一并起诉产品生产者、销售者，审理后何者承担责任不影响起诉阶段当事人适格①	2
典型共同侵权	责任来源法律关系在侵权关系范围内同一	是	以“是否属于共同侵权”作为认定标准： 共同侵权为必要共同诉讼，各侵权人应作为必要共同诉讼当事人参加诉讼，一并作出处理②	3

（1）认定结果呈现三类问题

表3－4及表3－5反映，在判断侵权型连带责任是否构成必要共同诉讼时，我国司法实务的认识并不统一，具体表现为：

其一，共同侵权必要共同诉讼扩张。典型的共同侵权连带责任，不论是人身侵权抑或财产侵权，甚至部分损害结果同一的分别侵权，均被认定为固有必要共同诉讼，但亦有裁判文书认为典型的共同侵权不一定必然是固有必要共同诉讼。

其二，数人责任竞合诉讼形态两可。交通事故侵权纠纷、受雇者因从事受雇活动遭受损害纠纷中，存在数类主体赔偿责任的竞合，审判实践中常因各责任主体所负赔偿责任依据的法律关系相异而认为不属于必要共同诉讼，但仍有不少裁判文书基于宽泛认定共同侵权或者因事实查明、责任认定等实体考量而将该类诉讼认定为必要共同诉讼。

其三，未被诉债务人诉讼地位模糊。未被诉连带责任人的身份在证人、无独立请求权第三人、共同被告之间频繁切换，其诉讼地位界定模糊、参加诉讼的方式并不相同。例如，《民事诉讼法》第135条规定追加共同诉讼人，该条所称

① 案例详见：江苏省苏州市中级人民法院（2020）苏05民终5421号民事裁定书、北京市第二中级人民法院（2017）京02民辖终547号民事裁定书。但也有法院认为只能分别起诉，若一并起诉应驳回起诉，参见辽宁省铁岭市银州区人民法院（2021）辽1202民初319号民事裁定书。

② 参见重庆市第一中级人民法院（2019）渝01民终5237号民事裁定书、陕西省渭南市中级人民法院（2018）陕05民终323号民事裁定书、四川省宜宾市中级人民法院（2021）川15民终2496号民事判决书（反向论证）。

应追加的共同诉讼人并不包括无独立请求权第三人,[①]《民诉法解释》第 73 条等条文对追加程序加以细化。但审判实践中,不乏依据该条文追加无独立请求权第三人的情形,以实现案件事实查明等审理目标。

(2)认定标准反映两类考量

表 3－5 显示,在认定侵权诉讼是否构成必要共同诉讼时,裁判文书在论证说理上实际存在四项导向要素:诉讼标的、原告的选择权、共同侵权、实体结果预期偏离度。

其一,诉讼标的仍是判定基准。前述四项要素中,原告选择权与诉讼标的往往联结,原告是否有选择权往往以诉讼标的是否共同为依据,数人共同侵权则常被认为因数人间诉讼标的的共同而属于必要共同诉讼。[②] 因此,前三者实质均为诉讼标的标准,或者由诉讼标的标准派生,而实体结果预期偏离度却是诉讼标的标准以外的实务考量因素。

其二,事实查明亦为判定要素。由此,前述四项要素可以分为两类:一类为诉讼标的及其派生标准;另一类为实体结果预期偏离度。结合表 3－5 检索案例,“实体结果预期偏离度”作为共同诉讼形态认定标准时,在追加必要共同诉讼人的情形中,其主要含义为,对于未被诉的连带责任人:①如其未参加诉讼将影响本诉基本事实与侵权责任认定的,则应被追加为必要共同诉讼人,本诉构成必要共同诉讼;②如其未参加诉讼不影响本诉基本事实与侵权责任认定的,则尊重原告的选择权,本诉不构成必要共同诉讼。于此,“实体结果预期偏离度”标准,实与审理者对于案件事实查明需要的评估密切相关,而是否追加必要共同诉讼人也正基于此。

3. 发回重审的必要:原判遗漏当事人的实体之维

进一步,在因遗漏必要共同诉讼人而发回重审的案件中,案件事实查明的需要与必要共同诉讼认定的联系更加清晰。

虽然曾有裁判文书在说理部分提及类似必要共同诉讼这一过渡形态,但一般认为我国《民事诉讼法》第 55 条等条文仅规定必要共同诉讼与普通共同诉讼两种共同诉讼形态。我国《民事诉讼法》规定的必要共同诉讼,常被认为与大陆法系的

---

① 参见王胜明主编:《中华人民共和国民事诉讼法释义》,法律出版社 2012 年版,第 317 页。

② 参见最高人民法院民事审判第一庭编著:《最高人民法院人身损害赔偿司法解释的理解与适用》,人民法院出版社 2015 年版,第 79 页。

固有必要共同诉讼等同。因此,如必要共同诉讼未由全体共同诉讼人一并参加诉讼,该诉讼便属于当事人不适格,应驳回起诉。若在二审阶段发现原判决遗漏必要共同诉讼人,我国《民事诉讼法》第 177 条第 1 款第 4 项规定,"原判决遗漏当事人或者违法缺席判决等严重违反法定程序的",应裁定撤销原判,发回重审。于此,《民事诉讼法》第 177 条第 1 款第 4 项的事由被定位为"严重违反法定程序"。但在实践中,其却与案件事实查明等实体考量因素存在一定关联度。

将表 3 - 5 案例中因共同诉讼形态认定错误而发回重审的案件进行归集(见表 3 - 6),其中,并存型未被诉人是指被二审法院认为应予追加的未被诉人是与原判决被诉人并存承担连带责任的人,而替代型未被诉人是指二审法院认为原判决认定的连带责任人可能存在错误,实际责任者可能是案外的未被诉人。

表 3 - 6　检索案例所示侵权型连带责任共同诉讼发回重审情况

<table>
<tr><th>案件类型</th><th>未被诉人</th><th>裁判理由</th><th>裁定依据</th><th>数量(件)</th></tr>
<tr><td rowspan="2">除典型共同侵权、因果关系竞合的分别侵权以外的其他存在数个连带责任人的侵权纠纷</td><td>并存型未被诉人①</td><td rowspan="2">①有新的证据证实原判决遗漏必要共同诉讼的当事人,以致对案件基本事实未能查明;(11 件)
②未被诉人可能承担侵权责任,本案若在其未参加诉讼的情况下判决,影响对其的程序保障;(1 件)
③连带债权债务是共同权利义务的一种表现形式,其诉讼标的共同;(1 件)
④未被诉人构成共同侵权,为必要共同诉讼,应予追加以便查明法律关系及侵权事实(1 件)</td><td rowspan="2">《民事诉讼法》第 177 条第 1 款:
(1)单独援引第 3 项(2 件);
(2)单独援引第 4 项(11 件);
(3)合并援引第 3 项、第 4 项(1 件)</td><td>13</td></tr>
<tr><td>替代型未被诉人②</td><td>1</td></tr>
</table>

① 案例详见:江苏省宿迁市中级人民法院(2019)苏 13 民再 42 号民事裁定书、湖南省郴州市中级人民法院(2019)湘 10 民终 917 号民事裁定书、新疆生产建设兵团第八师中级人民法院(2018)兵 08 民再 19 号民事裁定书、重庆市第四中级人民法院(2019)渝 04 民终 793 号民事裁定书、广西壮族自治区来宾市中级人民法院(2016)桂 13 民终 921 号民事裁定书、重庆市第三中级人民法院(2015)渝三中法民终字第 00833 号民事裁定书、江苏省镇江市中级人民法院(2017)苏 11 民再 8 号民事裁定书、湖北省鄂州市中级人民法院(2020)鄂 07 民终 835 号民事裁定书、福建省宁德市中级人民法院(2018)闽 09 民终 464 号民事裁定书、内蒙古自治区赤峰市中级人民法院(2017)内 04 民终 1952 号民事裁定书、江苏省南京市中级人民法院(2020)苏 01 民终 8859 号民事裁定书、江苏省南京市中级人民法院(2021)苏 01 民终 2104 号民事裁定书、吉林省四平市中级人民法院(2020)吉 03 民终 1222 号民事裁定书。

② 案例详见:湖南省长沙市中级人民法院(2020)湘 01 民终 1980 号民事裁定书。

续表

案件类型	未被诉人	裁判理由	裁定依据	数量（件）
典型共同侵权	并存型未被诉人	共同侵权人为必要共同诉讼人，原判决遗漏当事人，存在重大程序违法，使得案件事实待查清①	《民事诉讼法》第 177 条第 1 款第 3 项	1

对表 3－6 案件裁判理由的进一步分析显示，虽然相关裁判文书援引条文多为《民事诉讼法》第 177 条第 1 款第 4 项“严重违反法定程序”，但细究其裁判理由，实以严重违反法定程序嵌套或缀连“案件事实未查明”。甚至也有部分裁判文书的说理部分虽然以本诉是否属于必要共同诉讼为前提对原判决是否应当追加必要共同诉讼人进行评判，但却单独或合并援引《民事诉讼法》第 177 条第 1 款第 3 项“原判决认定基本事实不清的”。由此，对于必要共同诉讼，案件事实查明的需要似乎是难以回避的实务认定标准，与本案诉讼是否被认定为必要共同诉讼以及应否追加必要共同诉讼人关系密切。

（二）判决效力的界定

结合审判实践，连带责任共同诉讼的生效判决对债权人提起后诉的约束力的性质与强度，受到法院对连带责任共同诉讼形态认定的影响。对于固有必要共同诉讼、类似必要共同诉讼和普通共同诉讼，其生效判决的约束力存在差异：

1. 固有必要共同诉讼的生效判决对全体当事人具有既判力，既具有消极效力，即根据“一事不再理”驳回后续起诉的效力，又具有积极效力，即后续裁判实质受到该生效判决拘束，不得为不一致的认定。因此，固有必要共同诉讼通过生效判决固定债务人范围，即便经强制执行后债权人仍未获得足额受偿，纵使后续发现在被诉人以外尚有其他连带责任人或债权人欲再行起诉前案诉讼中未被诉的其他潜在连带责任人，其也无法另行起诉，而只能通过审判监督程序撤销生效判决，于再审阶段追加当事人重新审理认定事实后得出新的执行依据。② 并且，固有必要共同诉讼在实务中并不限于被适用于典型的意思联络型

① 案例详见：重庆市第一中级人民法院（2019）渝 01 民终 5237 号民事裁定书。

② 案例详见：陕西省渭南市中级人民法院（2018）陕 05 民终 323 号民事裁定书、陕西省西安市中级人民法院（2017）陕 01 民终 10809 号民事裁定书。

共同侵权案件，[①]亦可能被适用于由数类责任主体基于各自相异的法律关系而对赔偿权利人承担连带责任的侵权案件。[②]

2. 类似必要共同诉讼的当事人有权选择共同或分别起诉或被诉，但生效判决既判力扩张至未被诉连带债务人，其生效判决效力在逻辑上等同于固有必要共同诉讼。但基于程序保障考虑，有观点认为，类似必要共同诉讼生效判决既判力扩张应限于既判力的积极效力扩张，消极效力不扩张，亦即不产生遮断后诉诉讼系属的效果，但后诉的裁判结果要受前诉相关认定遮断。[③] 尽管如此，如将前诉判决效力扩张定性为既判力扩张，若后诉受案法院经审理后认为前诉裁判文书对于基础法律关系认定有误，由于前诉生效裁判既判力扩张至后诉，后诉法院无法作出与前诉裁判不一致的认定。此时逻辑上的解决方案只能是中止后诉，同时通过审判监督程序先行纠正前诉裁判，但出于诉讼效率考量，在前诉的再审阶段有可能将前后诉合并，而使类似必要共同诉讼重归于固有必要共同诉讼。

3. 普通共同诉讼是同种诉讼标的个别诉讼的集合，其生效判决既判力具有相对性，并无既判力扩张。如果认定为普通共同诉讼，则在债权人选择起诉部分连带债务人后，若经申请强制执行未得足额受偿，仍可再次起诉其他连带债务人，此时前诉对后诉的效力仅系事实预决力。根据《民诉法解释》第 93 条，有相反证据足以推翻时，亦可作出与前诉判决不同的事实认定。因此，若后诉经审理认为前诉对基础法律关系认定有误，理论上法院可以根据后诉诉讼资料仅就后诉当事人的诉讼请求作出判决，后续可再根据审判监督程序纠正前诉。于此，因后诉在理论上有与前诉分别认定与判决的可能性，故债权人求偿时间可能缩短。

（三）小结

我国司法实务对连带责任共同诉讼形态的认定具有如下特征：

---

① 案例详见：陕西省渭南市中级人民法院（2018）陕 05 民终 323 号民事裁定书。

② 案例详见：江苏省宿迁市中级人民法院（2019）苏 13 民再 42 号民事裁定书、（2020）苏 13 民终 1784 号民事判决书、江苏省沭阳县人民法院（2016）苏 1322 民初 11441 号民事判决书、（2019）苏 1322 民初 12459 号民事判决书、（2020）苏 1302 执恢 915 号执行裁定书、（2018）苏 1302 执 4770 号执行裁定书。

③ 参见汤维建：《类似必要共同诉讼适用机制研究》，载《中国法学》2020 年第 4 期；罗恬漩、王亚新：《不真正连带责任诉讼问题探析》，载《法律适用》2015 年第 1 期。

1. 诉讼标的仍是认定共同诉讼形态的基础。但诉讼标的的含义却可以因连带责任所处的法律关系性质而存在宽窄差异。侵权型连带责任较合同型连带责任更易被认定为必要共同诉讼。

2. 在"诉讼标的合一确定"标准之外,实体结果预期偏离度是实务中认定共同诉讼形态的"介入因素",其背后反映案件事实查明的需要。在原告选择起诉部分连带责任人时,如未被诉人未参加诉讼将可能影响案件事实查明与责任认定,则法院较有可能认为本诉属于必要共同诉讼,从而依据被告申请追加必要共同诉讼人。尽管如此,"案件事实查明需要"难以归入"诉讼标的合一确定"标准,案件事实或纠纷事实本身难以构成诉讼标的。其原因为:其一,"事件说"在我国诉讼标的识别理论与实务中尚属于少数说,前述检索案例裁判文书中亦未有类似论证;其二,将案件事实或纠纷事实本身作为诉讼标的,将可能导致本诉审理范围过大;其三,现有可能以"事件说"作为诉讼标的识别标准的连带责任案件类型,或许亦可通过认可度更高的"法律关系说"加以解释。

3. 追加必要共同诉讼人与追加无独立请求权第三人、通知证人出庭作证等制度界限模糊。为案件事实查明目的,案外未被诉连带责任人的身份在三者之间切换,导致实务中必要共同诉讼的实际适用范围扩张。

由此,本章认为,对于共同诉讼形态的认定,亦可尝试从以下思路展开:

其一,以"案件事实查明需要"对涉及连带责任的案件类型进行检视,将各种连带责任区分为案件事实结合紧密、案件事实部分重叠、案件事实相对独立三种类型的连带责任案型;

其二,将"案件事实查明需要"与诉讼标的进行衔接,对于案件事实结合紧密、案件事实部分重叠的连带责任案型,尝试在传统诉讼标的理论框架下将其解释为法律关系或实体请求权同一,以便与诉讼标的共同的标准相衔接,以此纳入固有必要共同诉讼或类似必要共同诉讼;

其三,以"案件事实查明需要"重新审视连带责任共同诉讼的证明活动,探讨证明制度、第三人制度与必要共同诉讼制度的衔接,通过适当运用前两者制度疏解对必要共同诉讼的宽泛认定。

二、规范现状："事实牵连程度"对连带责任的分型

结合《民法典》第 178 条、第 518 条的规定，连带之债由当事人约定或法律规定。具体来看，连带责任或连带债务的发生原因多样，不同案型下各连带债务人之间的事实牵连程度存在较大差异，并非每一种连带责任均形成必要共同诉讼。本章尝试对现行有效的法律中含有"连带责任"字样的条文加以归纳、整理（见表 3－7）。[①] 表格中位置越向下，连带责任人之间的联结程度越低，从审理者的视角看，其案件事实查明需要亦趋于降低，相应地，其共同诉讼联结程度亦降低。

表 3－7　我国法律条文提及连带责任的简况表

依据	产生基础		规范条文
法律规定	人格关系（民事主体的分立、牵连或穿透）		《民法典》第 67 条（《公司法》第 223 条、《农民专业合作社法》第 47 条、《税收征收管理法》第 48 条）
			《民法典》第 83 条（《公司法》第 23 条、第 63 条）
			《民法典》第 1211 条，《建筑法》第 66 条，《消费者权益保护法》第 42 条，《经济纠纷涉及经济犯罪嫌疑的规定》第 4 条、第 5 条、第 6 条
			《药品管理法》第 38 条
	共同关系	共有关系	《民法典》第 307 条
		合伙关系	《民法典》第 973 条（《合伙企业法》第 2 条、《注册会计师法》第 23 条），《民法典》第 75 条（《公司法》第 44 条），《公司法》第 50 条、第 99 条
		事业共同体	《民法典》第 786 条、第 932 条，《信托法》第 32 条，《个人信息保护法》第 20 条，《建筑法》第 27 条，《招标投标法》第 31 条，《政府采购法》第 24 条
	共同致害	共同侵权	《民法典》第 164 条、第 167 条（《拍卖法》第 58 条）、第 1168 条，《证券投资基金法》第 145 条，《海商法》第 169 条，《劳动合同法》第 91 条（《劳动法》第 99 条）
		共同危险	《民法典》第 1170 条
		分别侵权	《民法典》第 1171 条（因果关系竞合）

---

① 利用威科先行数据库，使用"连带"一词为全文检索关键词对法律进行检索，将检索结果中不涉及连带责任或连带之债的条目予以剔除，将剩余条目加以分类归集，检索时间：2022 年 5 月 19 日。

续表

依据	产生基础		规范条文
法律规定	共同致害	竞合侵权	《民法典》第 1195 条(《电子商务法》第 42 条、第 45 条)、第 1197 条、第 1241 条,《消费者权益保护法》第 44 条(《电子商务法》第 38 条)、第 45 条,《广告法》第 56 条,《安全生产法》第 92 条、第 103 条,《旅游法》第 54 条,《食品安全法》第 122 条、第 123 条、第 130 条、第 131 条、第 138 条、第 139 条、第 140 条,《民用航空法》第 159 条,《固体废物污染环境防治法》第 37 条,《土壤污染防治法》第 90 条,《产品质量法》第 57 条、第 58 条,《证券法》第 163 条、第 183 条,《证券投资基金法》第 106 条,《环境保护法》第 65 条
	给付责任竞合		《民法典》第 791 条(《建筑法》第 29 条、第 55 条、第 67 条,《招标投标法》第 48 条)、第 834 条(《民用航空法》第 136 条),《海商法》第 63 条、第 163 条,《劳动合同法》第 92 条、第 94 条,《票据法》第 68 条,《建筑法》第 35 条、第 69 条,《证券法》第 24 条、第 44 条、第 85 条,《证券投资基金法》第 93 条,《海商法》第 229 条
	行为穿透		《民法典》第 1214 条、第 1215 条
当事人约定	明确约定		《民法典》第 552 条、第 688 条,《票据法》第 50 条、第 51 条

第四节　多数人之债共同诉讼形态的损益辨证

一、共同诉讼形态的界分标准

将多数人之债归入共同诉讼形态,首先应明确各类共同诉讼形态的优势与不足。

从诉讼法出发,按照经借鉴日本共同诉讼理论而形成的我国通说,可供选择的共同诉讼形态共两类三型,即我国《民事诉讼法》明文规定的必要共同诉讼与普通共同诉讼,以及借鉴域外经验对必要共同诉讼进一步细分而形成的类似必要共同诉讼。然而,需要指出的是,对于作为固有必要共同诉讼与普通共同诉讼之间过渡形态的类似必要共同诉讼,其界定标准并不清晰,由此影响整个共同诉讼体系的厘定。

我国民事诉讼理论一般认为,必要共同诉讼与普通共同诉讼的区分标准为是否存在“合一确定”的必要,而为给共同诉讼的过渡形态留出空间,对如何理解“合一确定”的含义,目前存在“诉讼标的合一确定”与“判决合一确定”两种略有差异的观点,①此外,也有观点从“程序(诉讼资料、程序进行)合一确定”进行认识。② 目前较多学者认为连带责任诉讼属于类似必要共同诉讼,但不同学者界定的“类似必要共同诉讼”的范畴却并不完全一致,有认为其仍以诉讼标的共同为基准的,也有认为其不以诉讼标的共同为基准的。为厘清这一界定差异,本章尝试梳理共同诉讼形态理论发展脉络(见图 3－1 至图 3－4)。

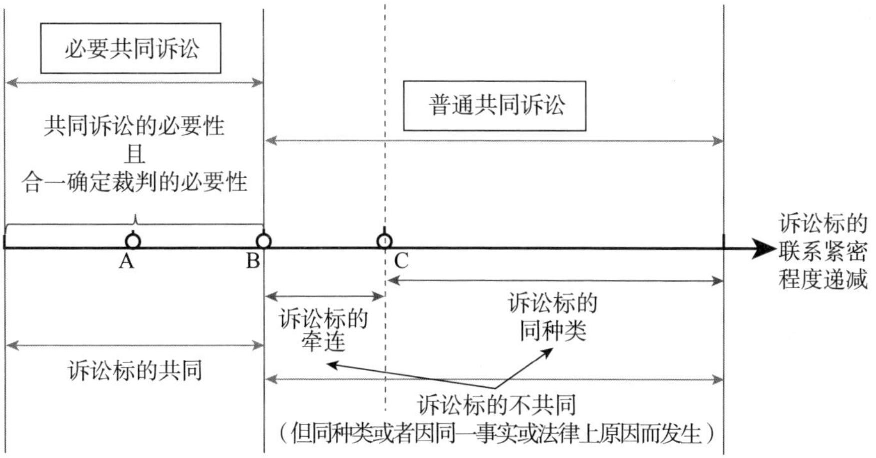

图 3－1　共同诉讼形态区分的第一阶段

① 参见[日]中村英郎:《新民事诉讼法讲义》,陈刚等译,法律出版社 2001 年版,第 76～77 页;段文波:《德日必要共同诉讼“合一确定”概念的嬗变与启示》,载《现代法学》2016 年第 2 期;卢佩:《多数人侵权纠纷之共同诉讼类型研究——兼论诉讼标的之“案件事实”范围的确定》,载《中外法学》2017 年第 5 期。

② 参见[日]高桥宏志:《民事诉讼法重点讲义》,张卫平、许可译,法律出版社 2021 年版,第 209～210 页。

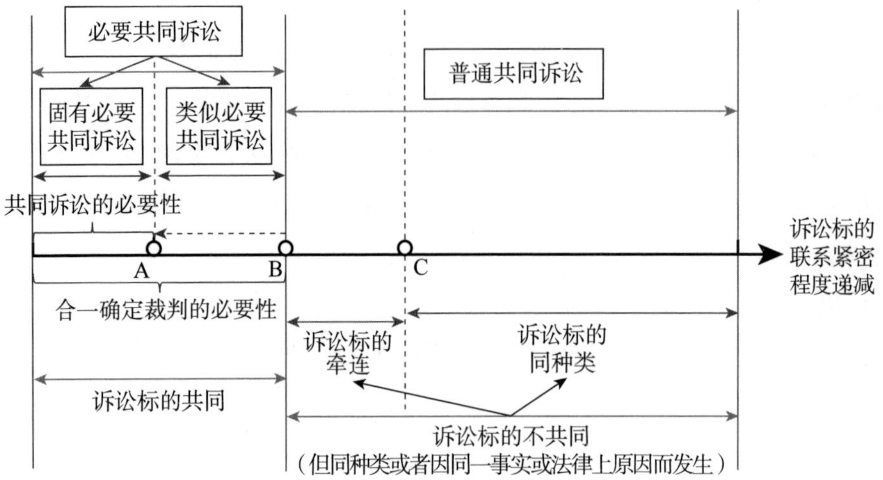

图 3-2　共同诉讼形态区分的第二阶段

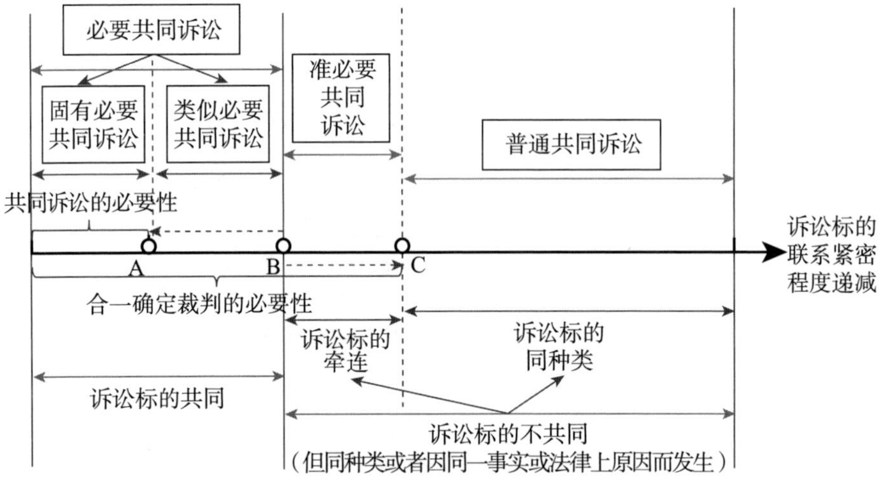

图 3-3　共同诉讼形态区分的第三阶段

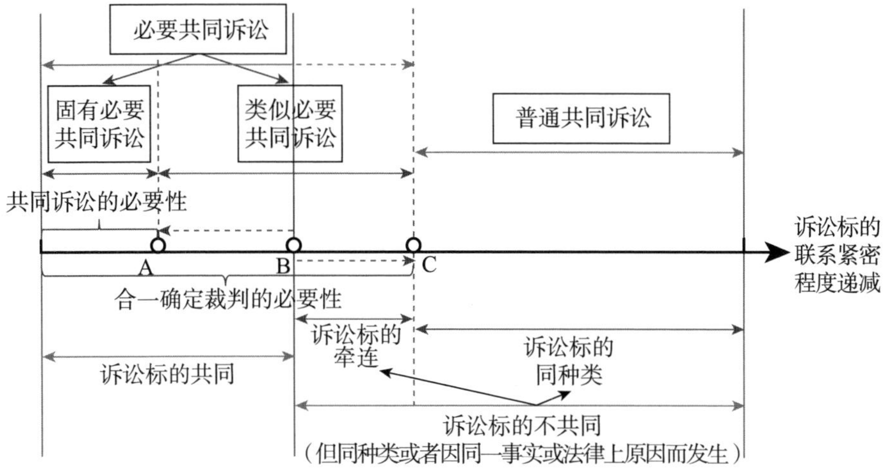

图 3－4　共同诉讼形态区分的第四阶段

图 3－1 至图 3－4 的图片上方标注共同诉讼形态，而下方反映诉讼标的情况。从图 3－1 至图 3－3，诉讼标的是否共同，均作为必要共同诉讼与普通共同诉讼的界分标准。所不同者，在第一阶段，如图 3－1，必要共同诉讼以共同诉讼的必要与合一确定判决的必要为共同条件。在第二阶段，如图 3－2，共同诉讼的必要从 B 点收缩至 A 点，由此在 AB 两点之间产生类似必要共同诉讼，此时，合一确定判决的必要为两型必要共同诉讼的共同特征，也与诉讼标的共同的判断标准相契合。[①] 而如图 3－3、图 3－4，在共同诉讼的必要由 B 点收缩至 A 点的同时，合一确定判决的必要亦由 B 点扩张至 C 点，扩及诉讼标的虽不共同但却因同一事实或法律上原因而发生牵连性的情形。于此，图 3－3 与图 3－4 存在分歧，图 3－3 将 BC 两点之间定义为准必要共同诉讼，其性质不属于必要共同诉讼，由此在必要共同诉讼与普通共同诉讼的区分标准上维持了“诉讼标的共同”作为必要共同诉讼认定标准的地位；[②]而图 3－4 将 BC 两点之间也定义

① 以诉讼标的是否共同作为两型必要共同诉讼与普通共同诉讼的界定标准的相关理论，参见段厚省：《共同诉讼形态研究——以诉讼标的理论为方法》，载陈光中、江伟主编：《诉讼法论丛》（第 11 卷），法律出版社 2006 年版，第 246～270 页。

② 参见［日］中村英郎：《新民事诉讼法讲义》，陈刚等译，法律出版社 2001 年版，第 80～81 页；章武生、段厚省：《必要共同诉讼的理论误区与制度重构》，载《法律科学（西北政法学院学报）》2007 年第 1 期。

为类似必要共同诉讼,由此打破了将“诉讼标的共同”作为必要共同诉讼认定标准的地位。[①] 综上,在图3-1至图3-3中,“合一确定”的必要既指合一确定判决的必要,又指合一确定诉讼标的的必要,二者均属于诉讼标的共同,是一体两面,而由于必要共同诉讼内部的分化,此时共同诉讼的必要不再作为“诉讼标的共同”的核心特征;而在图3-4中,由于合一确定判决的必要发生扩张,故而与“诉讼标的共同”标准相分离,此时必要共同诉讼的认定标准也发生了转换。学界对“合一确定”的含义界定的分歧,以及对类似必要共同诉讼适用范围的认识差异,根源便在于此。

因此,在辨析两类三型共同诉讼适用于多数人之债诉讼时各自的优势与不足及探讨其解决方案时,应预先确定三种共同诉讼形态的界分标准。本章认为,根据我国《民事诉讼法》第55条,诉讼标的是否共同,仍是界定必要共同诉讼的标准,故我国实体法的界分标准尚在图3-1的阶段。而实践中对共同诉讼的区分标准,由于对案件事实查明需要等前述介入因素的考量,实际上分散处于图3-2至图3-4的不同阶段,学理研究亦如此,即既往观点所指称的“类似必要共同诉讼”或“必要共同诉讼”概念外延或许并不一致。对于图示BC两点之间所称诉讼标的牵连的案型,客观上存在案件事实查明及避免矛盾裁判的需要。在我国实体法坚守诉讼标的共同的标准下,其归入难题主要通过灵活解释诉讼标的得以实现,但在持连带之债诉讼标的不同一的观点时,对前述介入因素的顾虑则需要通过适用证明制度与第三人制度进行功能替代。于此,为便于表述、明确所指,本章在进行类型辨析时,对两类三型共同诉讼的含义系以图3-2所示为基准。

就此,两类三型共同诉讼比之分离诉讼,对于案件事实查明均有助益,但结合案件事实查明与纠纷一次解决程度等功能看,两类三型共同诉讼实有所差异。固有必要共同诉讼要求全体当事人参加诉讼,于案件事实查明与纠纷一次解决最佳;类似必要共同诉讼在起诉阶段尊重当事人选择权,但既判力却扩张至诉讼标的全体当事人,于案件事实查明功能上弱于固有必要共同诉讼,但纠纷一次解决程度却强于普通共同诉讼。而普通共同诉讼系数个个别诉讼的集

---

① 参见汤维建:《类似必要共同诉讼适用机制研究》,载《中国法学》2020年第4期。

合，当事人可以合并诉讼亦可以分离诉讼，在分离诉讼时，于案件事实查明与纠纷一次解决程度均弱于前两者。

承前，对多数人之债与共同诉讼的衔接，其龃龉之处实在于图 3－1 至图 3－4 中 BC 两点之间应适用何种诉讼形态。原因在于，在诉讼标的虽不同但系因同一事实或法律上原因而发生时，由于诉讼标的的牵连性而存在案件事实查明、避免矛盾判决的需要。就此，最直接的方式即为要求数人参加诉讼或者判决效力扩张。由此，损益之辩的判断即从当事人选择权行使的自由度与程序保障的契合度两要素展开，具体表现为：其一，若要求当事人必须参加诉讼，则是否与实体法上当事人的选择权相悖；其二，若要求裁判对未被诉人产生较强效力，则为当事人提供的程序保障是否契合。

二、固有必要共同诉讼本于共益而失于便宜

（一）源于管理处分一体

固有必要共同诉讼是最典型的必要共同诉讼类型，其特征为共同诉讼人之间诉讼标的共同，必须共同起诉或共同应诉，方为当事人适格，否则应驳回起诉或追加必要共同诉讼人。[①] 对于固有必要共同诉讼，裁判亦应对所有共同诉讼人统一，即同胜或同败。

虽然对固有必要共同诉讼成立与否的判断可能复合实体法与程序法两方面考量，综合具体如诉讼标的权利性质、纠纷解决实效性、原被告之间的利害关系调整、当事人与非当事人的利害关系人之间的利害关系调整、诉讼程序的进行状况等因素加以认定。[②] 但固有必要共同诉讼的本质特征还是源于实体法层面，其成立系由作为当事人适格的管理处分权或法律上利益的归属形态决定。[③] 与此相呼应，固有必要共同诉讼的典型案件类型即为实体法上的管理权、处分权或者形成权由全体权利人共同行使。[④] 典型的如共有关系中涉及共有物处分的诉讼，以及数个继承人之间发生的共同继承诉讼。固有必要共同诉讼的实体

---

① 参见张卫平：《民事诉讼法》（第 5 版），法律出版社 2019 年版，第 148 页。

② ［日］新堂幸司：《新民事诉讼法》，林剑锋译，法律出版社 2008 年版，第 540 页。

③ ［日］伊藤真：《民事诉讼法》，曹云吉译，北京大学出版社 2019 年版，第 436～437 页。

④ 江伟主编：《民事诉讼法》（第 3 版），北京大学出版社 2015 年版，第 146 页。

法渊源，也与我国《民事诉讼法》第 55 条第 1 款“诉讼标的是共同的”、第 2 款“共同诉讼的一方当事人对诉讼标的有共同权利义务的”，以及我国诉讼标的采旧实体法说为通说的立法、司法实践相契合。

正是基于此，将连带责任完全归入固有必要共同诉讼，便难以回避来自实体法方向的体系冲突，这也是不支持连带责任为固有必要共同诉讼相关观点的主要论据。冲突源自连带责任给付主张的可分性与裁判主文的可异性。

1. 请求可分性

连带债务人数人之间并不存在紧密的共同管理、共同处分的联结，债权人可以选择主张债权的对象。我国《民法典》第 178 条、第 518 条均规定，连带债务的债权人可以选择向全部或部分连带债务人主张全部债权，亦即求偿请求可以分开主张，而非共同主张，债权人对此有选择权。

2. 主文可异性

连带债务的抗辩事由既有属于全体连带债务人共通者，也有属于部分连带债务人独有者，客观上判决主文有时对于数个连带债务人难以实现同胜同败。我国《民法典》第 519 条规定，在部分债务人向债权人清偿后向其他债务人追偿时，“其他连带债务人对债权人的抗辩，可以向该债务人主张”。该条所称“抗辩”既可能是专属于其自身的抗辩，也可能是全体债权人共通但清偿债务人未主张的抗辩。在追偿之诉中，如抗辩成立，追偿权诉讼与前诉对于债权成立与否或者债权金额便可能产生不一致的认定。

3. 事实共通性

其实，在审理中，对于连带责任，需要统一的是对主债权之认定，反映为对共通事实的认定，而非对各个连带债务人的裁判主文之认定。因为裁判文书主文系针对被请求的连带债务人作出，由于连带债务抗辩的存在，裁判文书主文对各个连带债务人承担债务的认定可能不一致。而对主债权之认定一般形成于裁判文书事实查明部分，而定型于裁判文书本院认为部分。

因此，仅从形式上看，无论是从当事人适格还是从既判力范围分析，连带责任诉讼均与典型的固有必要共同诉讼存在一定距离。

（二）难于安放选择权利

在前述因素中，正如本章第二节所述，连带债务中债权人的选择权如何在诉讼程序中安放，是相关共同诉讼形态分歧的起点，也是争议的焦点。其背后反映当事人程序处分权与法院诉讼指挥权之间的张力，具体表现为：其一，未起诉部分连带债务人，是否符合诉讼当事人适格，是否应追加必要共同诉讼人；其二，如经追加必要共同诉讼人，法院裁判的范围是否受到原告诉讼请求约束，是否可以依职权对被追加的人作出裁判；其三，选择权在诉讼程序中的实现方式与阶段。

1. 选择权与追加必要共同诉讼人

若原告未起诉全部债务人，则本诉未满足当事人适格，法院可裁定驳回起诉或通知追加必要共同诉讼人，其条文依据是《民事诉讼法》第 122 条及第 135 条，此无疑义。于此，在选定起诉对象方面，于固有必要共同诉讼，原告虽在形式上可以仅起诉部分连带债务人，但因裁定驳回起诉与通知追加必要共同诉讼人等相关规定的存在，原告实质上无法决定仅起诉部分连带债务人。

2. 选择权与必要共同诉讼的裁判

法院追加必要共同诉讼人后，若经释明，原告坚持不对被追加者提出诉讼请求，此时法院处理是判决驳回诉讼请求，还是依职权对被追加者与被起诉者共同作出合一确定的判决，我国《民事诉讼法》对此似乎未作相关规定。

但是，对于因人身伤害共同侵权形成的必要共同诉讼，2022 年《人身损害赔偿解释》第 2 条规定，“赔偿权利人在诉讼中放弃对部分共同侵权人的诉讼请求的，其他共同侵权人对被放弃诉讼请求的被告应当承担的赔偿份额不承担连带责任”。有观点将该款的含义解读为，赔偿权利人不起诉、不追加连带责任人就视为被侵权人放弃对其的请求权。[①]

然而，本章认为，仅从该款条文无法直接得出该观点。该观点的证成实涉及两个前提条件：其一，追加必要共同诉讼人是否以原告同意为前提；其二，此处条文表述的“放弃”是否包括默示的“放弃”。就前者，结合我国《民事诉讼法》第 135 条及《民诉法解释》第 73 条，法院可以依职权通知或依申请追加必要共同诉讼人，仅从文义看，对于固有必要共同诉讼，追加必要共同诉讼人并不需要征得原告的同意。而根据《民诉法解释》第 74 条，此时只需征询被追加者的

---

① 参见杨立新：《被侵权人对侵权连带责任人的选择权》，载《当代法学》2022 年第 1 期。

同意,但第 74 条并不涉及追加被告的情形。由此,一旦法院依职权通知或依申请追加必要共同诉讼人,无论原告是否同意,只要其不符合《民诉法解释》第 74 条必要共同诉讼原告放弃权利的情形,未被诉人均会被列为本诉的共同被告。但实践中,也存在因原告不同意追加而未予追加并将该不同意视为原告放弃对被追加者的诉讼请求的情况。就后者,我国《民事诉讼法》《民诉法解释》《人身损害赔偿解释》均未规定《人身损害赔偿解释》第 2 条所称"放弃"可以默示方式进行。于此,实务处理存在一定差异。在原告未明确表示放弃对被追加的共同被告的求偿主张或对追加提出异议时,有裁判观点认为原告不同意追加共同诉讼被告即构成放弃对其的诉讼请求,因而发生连带债务部分免除的效果。① 在原告对被追加的共同被告未提出诉讼请求时,有裁判观点认为若原告在对是否追加以及是否判决被追加者承担责任上均未提出异议,即视为认可,法院可以据此判决被追加人承担责任,不违反不告不理原则。② 在原告明确表示不对被追加共同诉讼人主张债权时,也有裁判观点认为其行为不构成放弃诉讼请求,仍可全额支持原告仅对被诉的连带责任人提出的诉讼请求。③

尽管《人身损害赔偿解释》系专门针对人身侵权案件,但在审判实务中,其第 2 条的规定却亦被部分法院扩展至人身侵权以外的其他侵权连带责任,从而形成实务中处理侵权连带责任案件时"不追加即视为放弃相应份额"的处理方式。本章认为,仅从相关条文含义出发,在固有必要共同诉讼下,法院依职权或依申请决定通知必要共同诉讼人参加诉讼时似乎不需经过原告同意,但若要判决被追加人承担责任,则需要根据原告是否对被追加的共同被告提出诉讼请求而定。亦即对于连带责任,原告在起诉谁上有选择权,而在谁需要被追加参加诉讼上无选择权,但在谁可能被本案判决承担责任上仍有选择权。简言之,原告对向谁提出诉讼请求始终具有选择权,如此在形式上可与《民法典》第 178

---

① 案例详见:吉林省通化市中级人民法院(2021)吉 05 民申 21 号民事裁定书。

② 案例详见:安徽省淮南市中级人民法院(2021)皖 04 民终 2361 号民事判决书,该案最终认定为分别侵权的按份责任,但却采用了追加必要共同诉讼被告的方式,形成固有必要共同诉讼。

③ 案例详见:广东省广州市中级人民法院(2020)粤 01 民终 2718 号民事判决书,该案涉及分包人与雇主对雇员从事受雇活动遭受损害侵权赔偿责任的竞合,承担连带责任,但是否构成固有必要共同诉讼,实践中认定比较模糊。该案由被告申请追加案外人为共同被告,但原告不同意追加为共同被告,只同意追加其为第三人,并明确表示不要求被追加人承担责任。

条、第518条保持一致。

3.选择权的行使与诉讼程序阶段

选择权行使反映原告对其债权变现效率的考量。“连带债务服务于债权人的利益，使其得以依据自己的选择，挑选出最为省心以及最有偿付能力的债务人。”①从两造攻击防御的角度看，共同诉讼抗辩亦为双方攻击防御范围，原告是否选择一并起诉，也有诉讼策略等的考量。在本章检索案例中，大部分案件均为被告方主张构成必要共同诉讼或者由被告方向法院申请追加必要共同诉讼人，其迟滞诉讼进程及使自身脱离或减轻债务责任的意图较为明显。

表3－8　审判实践中当事人是否主张共同诉讼的考量因素

<table>
<tr><th></th><th>原告</th><th>被告</th></tr>
<tr><td rowspan="3">共同诉讼</td><td>争取充分求偿</td><td rowspan="3">主张追加必要共同诉讼人，以便法院查明案件事实，从而使自己脱离或减轻责任</td></tr>
<tr><td>规避仲裁管辖</td></tr>
<tr><td>改变地域或级别管辖</td></tr>
<tr><td rowspan="4">不共同诉讼</td><td>潜在共同诉讼人身份不明</td><td rowspan="4">主张本诉不构成必要共同诉讼，原告应分离起诉，从而使被告自身脱离本诉管辖</td></tr>
<tr><td>碍于与部分债务人的亲缘、业缘、友缘等社会关系而不愿起诉</td></tr>
<tr><td>债务人给付能力参差不齐，起诉有资力者利于债权兑现</td></tr>
<tr><td>与部分债务人已达成清偿承诺，故对该部分债务人撤回起诉或不起诉</td></tr>
</table>

因此，对于债权人，就其选择目标的实现而言，只有尽可能在裁判作出前的诉讼阶段行使该选择权，才更可能降低诉讼迟延以提高债权变现效率。如果选择权后置于执行阶段行使，其一，此时执行依据已作成，执行阶段较之诉讼阶段，是否选择执行依据记载的全部抑或部分连带债务人申请执行，其执行程序差异并不明显，可供压缩的程序空间更少，相应地，原告通过选择被执行人以降低债权变现成本的效率动机并不明显，选择权行使的必要性降低；其二，执行部门系按照执行依据进行执行，既然执行依据已记载全部债务人，也就存在不允

① ［德］彼得·温德尔：《多数债务人与债权人》，李佳盈译，载《交大法学》2020年第3期。

许债权人选择执行对象的可能性。[①]

综上,连带责任中债权人的选择权,因其背后所包含的加快债权变现效率的目标,而更宜于在诉讼外及诉讼阶段行使,后置于执行阶段,可能面临选择必要性与选择可能性的隐忧。

三、类似必要共同诉讼本于兼蓄而失于两难

(一)复合两型之长

如前所述,我国学界在论述类似必要共同诉讼时,其所指称的案件类型范围实位于图 3 -2 至图 3 -4 之间,类似必要共同诉讼的概念外延具有一定的浮动性。

本章认为,区分必要共同诉讼与普通共同诉讼的标准仍在于对诉讼当事人是否具有合一确定诉讼标的的必要。以诉讼程序进行为视角,合一确定诉讼标的的必要包含三层意义:其一,共同诉讼的必要,体现为全体共同诉讼人一并参加方符合当事人适格,反映起诉阶段特征;其二,程序合一确定的必要,体现为诉讼资料和程序进行的统一,反映审理阶段特征;其三,裁判合一确定的必要,体现为既判力拘束,反映裁判阶段特征。[②]

仅从共同诉讼的必要与裁判合一确定的必要来看,类似必要共同诉讼在形式上复合了固有必要共同诉讼与普通共同诉讼各自的长处。亦即类似必要共同诉讼不要求当事人必须一同起诉或应诉,而是由当事人选择,但一旦选择一并起诉或应诉,则法院裁判应对全体共同诉讼人合一确定而不能分别裁判。[③] 而即便当事人选择分别诉讼,法院对其中一人的起诉或应诉所作判决,其效力也及于未在本诉中参加诉讼的其他本可作为必要共同诉讼人的当事人。[④] 亦即类似必要共同诉讼无共同诉讼的必要,但有合一确定裁判的必要。

---

① 参见邓光扬:《债权人无权任意选择执行连带共同保证人》,载《法律适用》2019 年第 18 期。

② 关于共同诉讼的必要与合一确定的必要及共同诉讼的两型区分,参见[日]高桥宏志:《民事诉讼法重点讲义》,张卫平、许可译,法律出版社 2021 年版,第 208 ~211 页。

③ 参见江伟主编:《民事诉讼法》(第 3 版),北京大学出版社 2015 年版,第 147 页;张卫平:《民事诉讼法》(第 5 版),法律出版社 2019 年版,第 151 页。

④ 参见张卫平:《民事诉讼法》(第 5 版),法律出版社 2019 年版,第 148 页。

与之相应,我国学理对于类似必要共同诉讼的界定亦主要立足于无共同诉讼的必要而有合一确定裁判的必要,而对于是否有程序合一确定的必要却论述不多,并未单独述及。① 但实际上,在审判实践中,程序合一确定的必要,尤其是诉讼资料在共同诉讼人之间的统一,以及未参加诉讼的人对本诉的参与程度,却与案件事实查明紧密相关,是裁判合一确定的基础,其反映的程序保障功能亦具有保障裁判合一确定正当性的功能。也正是由于学理对程序合一确定的必要之忽视,使得审判实践中追加必要共同诉讼人与追加第三人相互交织,与证明制度功能混淆,既影响类似必要共同诉讼无"共同诉讼的必要"之实质实现,也使得连带责任的共同诉讼形态归入标准更为模糊。

(二)隐含裂解张力

1. 裁判统一与程序保障的张力

若以言词辩论终结为时间点将诉讼阶段二分,类似必要共同诉讼在该时点之前更多地具有普通共同诉讼的特征,即共同诉讼人不必全部参加诉讼即具备当事人适格,而在该时点之后,则更多地具有固有必要共同诉讼的特征,裁判既判力将扩张至未参加诉讼的必要共同诉讼人。无须共同诉讼,但裁判合一确定,这本是类似必要共同诉讼的优势,但也隐含着对未参加诉讼的人程序保障不足的隐忧。若连带责任诉讼适用类似必要共同诉讼,如债权人未合并起诉全部连带债务人,而未被诉人在不知晓诉讼系属的情况下未申请参加诉讼,但本诉裁判的既判力却要向其扩张,倘若该裁判对连带债务人不利,则未参加诉讼的人可能在未获得充分程序保障的情况下承受不利裁判,与诉讼法程序保障理念不合。因此,有观点认为,在可以分别诉讼的多数人之债中,应考虑前诉裁判是否对案外债务人有利并考虑案外债务人独立的程序保障的实现程度,以认定前诉判决对案外债务人的效力,为实现判决效力扩张,宜通过追加共同诉讼人或第三人的方式预先提供程序保障。② 但如果因为要向未参加诉讼的人提供程

---

① 参见江伟主编:《民事诉讼法》(第 3 版),北京大学出版社 2015 年版,第 147 页;张卫平:《民事诉讼法》(第 5 版),法律出版社 2019 年版,第 151 页;王亚新等:《中国民事诉讼法重点讲义》(第 2 版),高等教育出版社 2021 年版,第 165 页、第 168 页。

② 参见陈晓彤:《多数人债务判决对案外债务人的效力》,载《华东政法大学学报》2019 年第 5 期。

序保障而一概依职权追加未参加诉讼的人为当事人参加诉讼,[①]则类似必要共同诉讼在诉讼审理程序上实又回归至固有必要共同诉讼。于此,类似必要共同诉讼的长处可能会被消解,但如果未提供程序保障而扩张既判力,则扩张既判力又缺乏合理性。因此,认定案件构成类似必要共同诉讼时,可能陷入两难境地,并且极易再度转换为固有必要共同诉讼。类似必要共同诉讼作为一种共同诉讼的过渡形态,如适用于多数人之债,其稳定性可能存在不足。

2. 既判力扩张与形成力对世效力的联结

在域外大陆法系,类似必要共同诉讼当事人分别起诉或应诉时,前诉裁判的既判力扩张通常与形成力的对世效力相联系,在形成力经由诉讼行使或确认存在时,才发生既判力扩张。例如,日本民事诉讼中适用类似必要共同诉讼的典型案件是公司合并无效之诉、公司设立无效之诉、股东总会决议撤销或无效确认之诉等公司关系诉讼或者以身份关系的存否或确认为目的的人事诉讼,诉的类型为形成之诉或确认之诉。对于前述公司关系诉讼,仅支持判决的既判力扩张及于第三人,而驳回判决的既判力不扩张,即片面的既判力扩张;而对于人事诉讼,则无论支持或驳回的判决均发生既判力扩张。[②]在德国,宣告股东大会或股东会决议无效之诉亦为片面的既判力扩张,即仅支持判决发生既判力扩张。[③] 也正因如此,前述类型的诉讼中前诉裁判对未参加诉讼的必要共同诉讼人产生效力,其性质究竟是既判力扩张还是形成力的对世效力,存在一定争议。[④]

在多数人之债中,债权人行使的是请求权,而债权请求权之行使一般只具有相对效力,与形成权行使所具有的对世效力大相径庭。例如,连带债务诉讼在德国、日本民事诉讼法通说中均属于普通共同诉讼,对部分连带债务人作出

---

① 追加为无独立请求权第三人与追加为共同被告,在未参加诉讼人的诉累上实区别不大。

② [日]伊藤真:《民事诉讼法》,曹云吉译,北京大学出版社 2019 年版,第 441 页。

③ 参见[德]莱奥·罗森贝克等:《德国民事诉讼法》,李大雪译,中国法制出版社 2007 年版,第 309~310 页。

④ 参见陈晓彤:《我国生效民事裁判既判力主观范围的解释学分析》,载《当代法学》2018 年第 3 期。

的一诉裁判的既判力并不扩张。[①] 但在我国民事诉讼实务中，连带责任诉讼却常被认为属于类似必要共同诉讼，甚至固有必要共同诉讼。且如前述图 3－2 至图 3－4 所示，我国学理对类似必要共同诉讼范畴的理解存在一定差异，相较于理论较为成熟的域外实践，我国类似必要共同诉讼存在更多扩张适用的情形。而且，连带责任适用类似必要共同诉讼时，既判力是全面扩张（支持或驳回请求判决均发生既判力扩张）还是片面扩张（仅支持或仅驳回请求判决发生既判力扩张），我国法规目前未有述及，学界探讨也不够充分。但是，如果在类似必要共同诉讼下，一诉判决的既判力发生全面扩张，即驳回请求判决亦发生既判力扩张，对于连带债务的债权人较为不利，此时债权人可能倾向于一次起诉全体债务人，以降低败诉风险。

（三）难辨判决效力

从主观范围看，给付之诉并不存在形成力的对世效力，无法据此对类似必要共同诉讼下个案裁判的既判力主观范围扩张加以论证。

从客观范围看，如果采连带之债债务复数说，债权人与各连带债务人均分别成立债权债务关系，则关于连带债务的效力、总额的认定属于对被诉的个别连带债务人债务认定的前提及共通事实，可能构成案件争点，对其认定多位于判决书的事实查明或裁判理由部分。若不考虑争点效理论，如仅按照既判力通说观点，既判力客观范围仅及于判决主文。

从拘束效果看，既判力具有消极效力，即遮断后诉的起诉以避免重复诉讼，以及积极效力，即拘束后诉实体裁判以避免矛盾裁判。若认定类似必要共同诉讼所扩张的既判力兼具二者效力，则后诉应被驳回起诉。但又可能与《民法典》第 178 条等规定的连带责任债权人的选择权相冲突，且对未参加诉讼的人的程序保障反不如固有必要共同诉讼。如果所扩张者仅为既判力的积极效力，则后诉可以进入实体审理阶段，但即便经实体审理认为后诉应作不一致的实体认定，由于既判力积极效力遮断后诉，后诉亦无法作不一致的认定，这又与连带债务人可以分别主张抗辩的规定存在龃龉。

---

① 参见［德］莱奥·罗森贝克等：《德国民事诉讼法》，李大雪译，中国法制出版社 2007 年版，第 311 页；［日］高桥宏志：《民事诉讼法重点讲义》，张卫平、许可译，法律出版社 2021 年版，第 253 页。

四、普通共同诉讼宽于诉讼分合而难于裁判统一

(一)共同诉讼时裁判统一的机制

普通共同诉讼是数个相对独立诉讼的集合,当事人可以选择共同诉讼,也可以选择分别诉讼,其选择权实现程度最佳。由于诉讼标的不共同,普通共同诉讼对各名被告的裁判不具有合一确定的必要,即数人的裁判结果具有相异的可能。在共同诉讼时,由于全体当事人共同参与同一审理程序,当事人的举证、主张等诉讼资料在同一审理空间开示,裁判者得以一览案件全貌。域外大陆法系学理认为,普通共同诉讼虽以当事人相互独立为基础,但适用证据、主张共通原则,基于法官的自由心证,综合全案诉讼资料,而不拘泥于当事人相互之间的独立性,以认定案件基本事实,亦即一人提出的证据资料也可被用于认定不负证明责任的他人所主张的事实,不负主张责任的当事人提出的主张亦可被作为裁判的基础。① 我国学界观点与此类似。② 因此,在共同诉讼时,由于诉讼资料在同一审理程序中收集、质辩,裁判对数名当事人之间共通的事实更可能作出一致的认定。

1. 全体当事人共同诉讼时的普通共同诉讼

当事人保有《民法典》第 178 条、第 518 条规定的选择权,且由于全体当事人在同一审理程序中参加诉讼,诉讼资料一并开示于法庭,法院对于案件事实的查明、纠纷解决的程度等均可以统一把握。于此,基于普通共同诉讼下当事人相互独立的属性,法院仍可以对各被告作出主文相异的裁判,但亦不妨碍对于当事人之间共通的事实作出统一的认定。此时,普通共同诉讼既保有当事人的选择权,又在共通事实认定上可以达到固有必要共同诉讼的效果。

2. 部分当事人共同诉讼时的普通共同诉讼

虽不及全体当事人选择共同诉讼,但亦不同于一对一之分别诉讼。此时,

---

① 参见[日]高桥宏志:《民事诉讼法重点讲义》,张卫平、许可译,法律出版社 2021 年版,第 255 ~ 259 页。

② 参见张卫平:《民事诉讼法》(第 5 版),法律出版社 2019 年版,第 155 ~ 156 页;王亚新等:《中国民事诉讼法重点讲义》(第 2 版),高等教育出版社 2021 年版,第 170 页。但亦有采有利共通说者,参见江伟主编:《民事诉讼法》(第 3 版),法律出版社 2015 年版,第 151 页。

普通共同诉讼亦保有当事人的选择权,并在参加诉讼的部分当事人之间保持共通事实认定的一致,在审理效果上与类似必要共同诉讼相似。但在需要其他当事人参加诉讼方可查明案件事实以及认定责任分配时,普通共同诉讼亦将面临与类似必要共同诉讼相同的问题,而根据《民事诉讼法》第 135 条,追加共同原告或共同被告乃限于必要共同诉讼,故普通共同诉讼下仅可以通过通知无独立请求权第三人参加诉讼或者通过证明制度加以解决。此外,普通共同诉讼中一诉生效裁判对于后续诉讼一般不发生既判力扩张,因此对于未参加诉讼的当事人,前诉判决仅产生具有推翻可能性的事实预决力,此时与类似必要共同诉讼有所不同。

(二)分别诉讼时裁判统一的可能

对于普通共同诉讼,若全体或大部分当事人共同参加诉讼,由于参加诉讼的当事人之间适用同一审理程序,尚有裁判统一的可能。较难处理的问题在于,适用普通共同诉讼但当事人分别诉讼时,如何保证在分别进行的数个诉讼中裁判仍能保持统一,现行法条件下可探讨适用的机制主要包括:

1. 依职权合并审理,使审理程序重归统一

这一路径的困惑在于,普通共同诉讼中是否有法院依职权合并审理的空间。我国《民事诉讼法》第 55 条规定普通共同诉讼是法院认为可以合并审理并且当事人同意,如当事人执意分别诉讼,根据第 55 条,似乎没有依职权合并审理的可能。而《民诉法解释》第 221 条规定:“基于同一事实发生的纠纷,当事人分别向同一人民法院起诉的,人民法院可以合并审理”。《民诉法解释》第 221 条规定的是事实共同型合并审理,与《民事诉讼法》第 55 条规定的普通共同诉讼合并审理并不等同。但是,在当事人坚持分别诉讼时,是否可以跳过《民事诉讼法》第 55 条而直接适用《民诉法解释》第 221 条,客观上存在可能性,但如此将模糊普通共同诉讼合并审理与事实共同型合并审理的界限,并且实质上架空《民事诉讼法》第 55 条第 1 款“并经当事人同意”的要求。

2. 适用事实预决力,使共通事实认定统一

《民诉法解释》第 93 条第 1 款第 5 项将生效裁判确认的事实列为免证事实,但允许对方当事人通过相反证据推翻。适用事实预决力,前提是分别诉讼中至少有一个诉讼的裁判先于其他数个诉讼的裁判作出并生效。如果数个诉

讼分别同时进行，且又不允许合并审理，实质效果便是各个诉讼分别对债权债务关系是否成立进行认定，存在裁判对共通事实认定不一致的风险。

综上，若连带责任属于普通共同诉讼，其难题实在于当事人分别同时诉讼时法院如何保证对共通事实的裁判统一。此时，依职权合并审理可能存在理论障碍，而事实预决力因生效判决尚未形成而难以发挥作用。

五、共同诉讼与执行程序的衔接

固有必要共同诉讼下，全体连带责任人共同参加诉讼，成为案件当事人，记载于裁判文书主文，与执行程序衔接最紧密。类似必要共同诉讼与普通共同诉讼下，部分连带责任人未记载于裁判文书主文，且根据执行相关规定，连带责任通常并不构成在执行阶段可以直接变更、追加当事人的情形，故对于前诉未被诉连带责任人，类似必要共同诉讼、普通共同诉讼均有通过后诉再取得对前诉未被诉连带债务人的执行依据的必要。但在前诉判决拘束效力上，类似必要共同诉讼为既判力扩张拘束，前诉判决效力非经再审变更而不可推翻，而普通共同诉讼多适用事实预决效力，若后诉中相反证据的证明标准达到时即可以推翻前诉事实认定。于此，二者既相似又有所区别。

综上，两类三型共同诉讼各有特点，适用于连带责任时亦各有损益，不区分连带责任类型而试图将各类连带责任简单地统一归入某一种特定类型的共同诉讼形态，难以因应连带责任与共同诉讼各自内部的形态差异。

第五节　多数人之债共同诉讼形态的范式重构

一、形态认定：回应事实查明差异

（一）细分案件事实查明需要

以连带责任为例，连带责任的发生原因不一，以承担连带责任的数人之间责任来源事实的结合程度划分，可以区分为责任事实结合紧密、责任事实部分重叠、责任事实相对独立三种案型（见表3-9）。

表 3－9　基于事实查明需要的连带责任类型区分表

<table>
<tr><th>依据</th><th colspan="3">产生基础</th><th>诉讼标的数量</th><th>事实结合程度</th><th>事实查明需要</th></tr>
<tr><td rowspan="12">法定</td><td colspan="3" rowspan="2">人格关系(民事主体的分立、牵连或穿透)</td><td>分立、牵连为共同</td><td>分立、牵连为较紧密</td><td>分立、牵连为较高</td></tr>
<tr><td>穿透为数个</td><td>穿透为部分重叠</td><td>穿透为中</td></tr>
<tr><td rowspan="3">共同关系</td><td colspan="2">共有关系</td><td>共同</td><td>紧密</td><td>高</td></tr>
<tr><td colspan="2">合伙关系</td><td>共同</td><td>较紧密</td><td>较高</td></tr>
<tr><td colspan="2">事业共同体</td><td>共同</td><td>较紧密</td><td>较高</td></tr>
<tr><td rowspan="5">共同致害</td><td rowspan="2">共同侵权</td><td>人身</td><td>可解释为共同</td><td>紧密</td><td>高</td></tr>
<tr><td>财产</td><td>可解释为共同</td><td>较紧密</td><td>较高</td></tr>
<tr><td colspan="2">共同危险</td><td>数个</td><td>较紧密</td><td>较高</td></tr>
<tr><td colspan="2">分别侵权</td><td>数个</td><td>紧密</td><td>高</td></tr>
<tr><td colspan="2">竞合侵权</td><td>数个</td><td>部分重叠</td><td>中</td></tr>
<tr><td colspan="3">给付责任竞合</td><td>数个</td><td>相对独立</td><td>低</td></tr>
<tr><td colspan="3">行为穿透</td><td>数个</td><td>相对独立</td><td>低</td></tr>
<tr><td>意定</td><td colspan="3">合同明确约定</td><td>共同或数个</td><td>查证难度较低</td><td>低</td></tr>
</table>

表 3－10　合同型连带责任与侵权型连带责任的事实查明难度对照表

<table>
<tr><th colspan="2">连带责任类型</th><th colspan="2">责任形态情况</th><th>事实查明需要</th></tr>
<tr><td colspan="2">合同型连带责任</td><td colspan="2">责任形态外显于合同记载中,预定于纠纷发生前</td><td>低</td></tr>
<tr><td rowspan="4">侵权型连带责任</td><td>共同侵权</td><td rowspan="4">案件外观相似,责任形态相异,责任形态确定于案件事实查明后</td><td>数人原因力合一</td><td>高</td></tr>
<tr><td>分别侵权</td><td>数人原因力竞合</td><td>高</td></tr>
<tr><td>共同危险</td><td>数人原因力不明</td><td>高</td></tr>
<tr><td>竞合侵权</td><td>数人原因力牵连</td><td>中</td></tr>
</table>

(二)分型归入共同诉讼形态

以当事人之间的诉讼标的是否共同或同种类作为基本标准,以审判权评估下的案件事实查明需要作为补充标准,可以将表 3－9 中不同类型的连带责任数人诉讼作如下归入:

1. 人格关系:以类似必要共同诉讼为原则,以普通共同诉讼为例外。在人格关系连带责任中,人格分立与人格牵连诉讼标的为共同,案件事实查明的需要程度较高,故可归入类似必要共同诉讼;人格穿透的诉讼标的为数个,案件事实查明的需要程度中等,故可归入普通共同诉讼。

2. 共同关系:以固有必要共同诉讼为原则,以类似必要共同诉讼为例外。共同关系的连带责任人之间诉讼标的是共同的,案件事实查明的需要程度位于较高与高之间,宜为固有必要共同诉讼。但作为例外,若合伙关系、事业共同体(如共同委托、共同承揽、共同信托人、投标联合体、联合共同承包等)内部对合伙或事业的管理权限有约定,并且外部相对方亦知晓其内部的权限分工的,可例外地归入类似必要共同诉讼,而不要求全体当事人共同诉讼。

3. 合同型连带责任中诉讼标的共同的案件:适用类似必要共同诉讼,并依次以证明制度、追加无独立请求权第三人制度等作为事实查明的辅助手段。由于该类案件事实查明的需要较低,可适用类似必要共同诉讼。在事实查明的辅助手段上,对于未被诉连带责任人,证明制度在适用上宜优先于追加无独立请求权第三人制度,以适当保障类似必要共同诉讼下原告的选择权。

4. 共同侵权:人身侵权归入固有必要共同诉讼,财产侵权归入类似必要共同诉讼。典型的共同侵权案件中各共同侵权人的行为在对外关系上具有整体性,故在侵权法律关系范畴内具有构成同一法律关系的可能性,可解释为诉讼标的共同,且其事实查明的需要程度处于较高与高之间,亦可归入必要共同诉讼。但财产侵权案件相比人身侵权案件,事实结合的紧密程度有所差异,财产侵权案件损害结果通常可分,而人身侵权案件损害结果通常不可分,故结论相应修正为:人身侵权案件归入固有必要共同诉讼,财产侵权案件归入类似必要共同诉讼。此外,应对"共同侵权"的含义采严格认定,数人分别侵权但损害结果同一的案件、数人对同一侵权损害结果赔偿责任竞合的案件均不宜认定为共同侵权,而应界定为分别侵权、竞合侵权,按下文标准归入相应类型的共同诉讼。

5. 诉讼标的不共同的诸种连带责任:适用普通共同诉讼,综合适用证明制度、追加第三人制度等辅助事实查明。共同危险、分别侵权、竞合侵权、给付责任竞合、行为穿透以及合同型连带责任中的诉讼标的不共同的情形,由于其诉讼标的在法律关系以及实体请求权层面均难以解释为共同,故不宜归入必要共同诉讼,而宜归入普通共同诉讼。但共同危险、分别侵权案件事实查明的需要较高，在适用普通共同诉讼的基础上尚需综合适用证明制度、追加第三人制度等辅助手段。

二、形态转换：厘清牵连制度关系

在诉讼标的不共同的案件中，案件事实查明的需要呈现梯度差异，从分别侵权、共同危险等事实查明需要程度较高的案型递减至给付责任竞合等事实查明需要程度较低的案型。因此，在通过前述方法实现共同诉讼形态的初步归入后，尚需厘清证明制度、追加第三人制度与共同诉讼制度等之间的转换关系，在共同诉讼形态初步归入的基础上进一步回应案件事实查明的需要。就此，需要重新认识未被诉连带责任人在证明制度、第三人制度与共同诉讼制度之间的身份切换。

（一）未被诉连带责任人的身份辩证

1. 并非典型证人

未被诉连带责任人不应作为典型的证人。较多学者认为，在连带责任不适用固有必要共同诉讼时，可以使未被诉连带责任人以证人身份出庭作证。本章认为，在我国证据法规范中，证人系指案件当事人以外的以其亲历性感知对案件待证事实进行证明陈述的人。未被诉连带责任人虽未参加诉讼，但其与本诉处理本身具有法律上的利害关系，可能被追加为共同被告或第三人，是潜在的当事人，实与证人身份有所拮抗，不是典型的证人。

2. 可予庭外调查

未被诉连带责任人可由合议庭或其委派的法官、法官助理进行庭外事实核实。未被诉连带责任人不是典型的证人，但合议庭可以结合案件事实查明的需要，委派合议庭成员或法官助理就连带责任诉讼所涉基础关系中有争议的事实对未被诉连带责任人进行庭外调查核实，作成庭外调查核实笔录。该笔录应作为书证接受本诉双方当事人质证。

3. 可作言词证据

未被诉连带责任人可作为利害关系型证人出庭作证。在仅通过庭外调查核实仍无法澄清案件事实时，如有必要，法院可根据当事人申请或依职权通知未被诉连带责任人作为利害关系型证人出庭作证，其言词证据的证明力根据法官心证，近于当事人的陈述。在该种情况下，未被诉连带责任人参与庭审系主要为证明目的。

（二）未被诉连带责任人的身份转换

对于未被诉连带责任人而言，其在三者制度下程序保障程度不同，呈现递进关系（见表3－11）。本章认为，随着案件事实查明需要程度的递增，未被诉连带责任人的身份也从案外关系人依次转为利害关系型证人、无独立请求权第三人、共同诉讼被告。

表3－11　三种制度下未被诉债务人的权利义务对照表

	对未被诉债务人的程序保障程度依次提高		
替代制度	证明制度	无独立请求权第三人	必要共同诉讼
基础效果	未被诉债务人知晓诉讼系属	未被诉债务人知晓诉讼进程	未被诉债务人知晓诉讼进程
共同功能	案件事实查明	案件事实查明	案件事实查明
诉讼权利	无，负有真实陈述义务	有较完整的诉讼权利	有完整的诉讼权利
上诉权利	无	限制情形的上诉权	不限情形的上诉权
判决效力	不适用	参加效	既判力

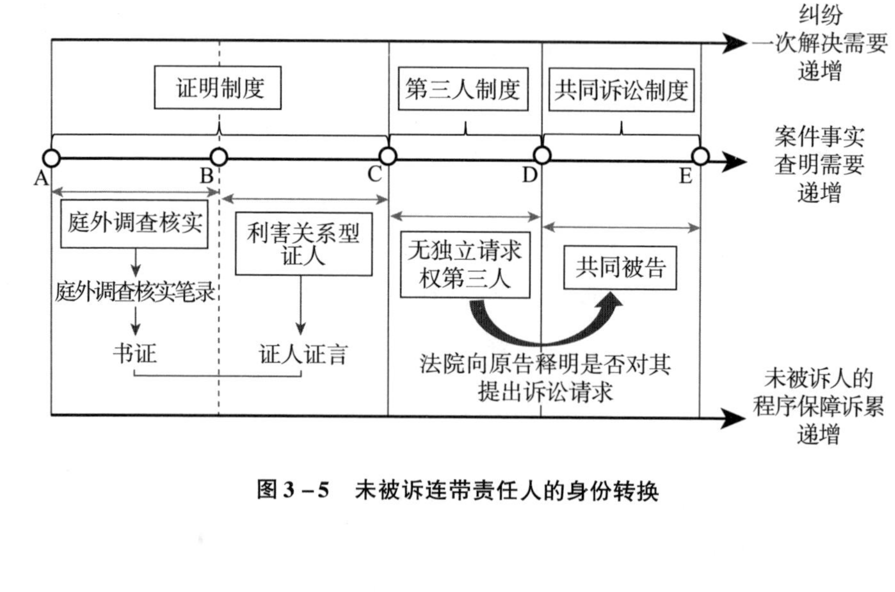

图3－5　未被诉连带责任人的身份转换

三、责任形态确定前宽待当事人适格

将连带责任与共同诉讼进行对接，除了考虑静态层面以外，尚需注意案件事实查明系审判权的动态认知过程。对于固有必要共同诉讼，需全体当事人参加诉讼方构成当事人适格，否则法院可基于当事人不适格而驳回起诉。于此，在事实查明程度达到责任形态认定要求前，在诉讼法上宜宽待共同诉讼的当事人适格。亦即对于连带责任诉讼，建议在起诉阶段一般不将连带关系一方未全体共同参加诉讼作为当事人不适格的事由裁定驳回起诉；在审理阶段应结合事实查明程度，并与释明追加必要共同诉讼人相衔接，确定当事人不适格的后果。

第六节　本章结论

本章主要以连带责任为例对多数人之债共同诉讼形态的认定问题进行了路径反思与范式重构。其基本思路是以审判为中心，在诉讼形态认定中回应案件审理所面临的事实查明需要，具体思路包括：

1. 提炼裁判方法

通过对各种连带责任进行类型区分，以《民事诉讼法》第 55 条第 1 款规定的诉讼标的是否共同或同种类作为基本标准，以审判实践体现的案件事实查明需要作为补充标准，将各项连带责任分别归入对应的共同诉讼形态。其原因在于，我国法律规定或合同约定的各种连带责任发生原因不一，事实结合程度有异，诉讼标的情况不同，仅以《民法典》第 178 条第 1 款、第 518 条第 1 款为据将其统一归入某一特定的共同诉讼形态，并非合宜之选。

(1)在诉讼标的的认定上，诉讼标的的含义宜维持在具体且特定的法律关系或具体且特定的实体请求权层面，而不宜将诉讼标的的含义扩大至笼统的法律关系、案件事实或纠纷事实层面。以此减少扩张认定固有必要共同诉讼，以与《民法典》第 178 条第 1 款、第 518 条第 1 款衔接。

(2)在事实查明需要的评估上，宜根据各个连带责任人之间责任来源事实结合的紧密程度对我国法律规定或合同约定的各种连带责任进行类型区分，即

责任事实结合紧密、责任事实部分重叠、责任事实相对独立，再根据案件事实查明需要的梯度，分别归入相应类型的共同诉讼。

2. 明确衔接机制

鉴于事实查明需要系动态评估过程，实体法上责任形态的认定有待案件事实查明，故起诉阶段宜宽待共同诉讼的当事人适格，而在审理阶段应理顺证明制度、追加无独立请求权第三人制度与追加必要共同诉讼被告制度三者的关系，结合案件事实查明进程及原告提出的诉讼请求依次适用三者，实现未被诉连带责任人的诉讼地位切换。

(1) 在适用证明制度时，未被诉连带责任人不是典型的证人，其所陈述言词证据可通过庭外调查核实转换为调查核实笔录等书证，或者通过以利害关系型证人的身份出庭作证，转换为证明力近似于当事人陈述的证人证言。

(2) 在适用《民事诉讼法》第 135 条的规定追加必要共同诉讼人时，结合《民事诉讼法》第 59 条及《民诉法解释》第 73 条的规定，未被诉连带责任人列为无独立请求权第三人抑或共同被告，法院有最终决定权。但是，如原告自始或经法院释明后仍未对被追加的当事人提出诉讼请求，建议一般不宜直接判令被追加的当事人承担责任，以此体现《民法典》第 178 条第 1 款、第 518 条第 1 款在民事诉讼中的适用。

在诉讼主体维度上，《民事诉讼法》与《民法典》等的衔接主要呈现为程序法的诉讼形态与实体法的责任形态的衔接。以连带责任为引，在处理其他责任形态的共同诉讼问题时，亦宜立足审判实践，秉持审理型思维，找寻诉讼形态衔接的最优解。

第四章

《民法典》第 996 条解释论视域下诉讼标的与请求权的重新厘定

第一节 概　　述

本章聚焦《民事诉讼法》与《民法典》在诉讼客体维度的协调与对接，所谓诉讼客体，即指诉讼标的。诉讼标的系实现诉之相互区别的功能性要素，但长期以来因对诉讼标的认知不清，而致重复起诉的判断混乱。《民法典》第996条规定，因当事人一方的违约行为，损害对方人格权并造成严重精神损害，受损害方选择请求其承担违约责任的，不影响受损害方请求精神损害赔偿。因该条文引起的精神损害赔偿能否在违约责任中适用之问，更是暴露出诉讼标的与请求权长期不协调的矛盾，实质反映的是《民法典》与《民事诉讼法》不相衔接的矛盾。本章将统合民事实体法与民事程序法的视角，尝试探寻诉讼标的及请求权的深层联系，剖析精神损害赔偿在违约与侵权之诉中的程序运作。

第二节 精神损害赔偿司法适用的一夕之变

精神损害赔偿在《民法典》颁行前，非属可获支持的违约责任形式。但在《民法典》颁行后，即有认为第996条将原本属于侵权之诉请求的精神损害赔偿扩展适用于违约之诉中。[①] 最高人民法院亦是认为此条系责任竞合下的违约精神损害赔偿责任规则，[②]审判实务中更是多有援引第996条而支持违约精神损害赔偿的判决（见表4－1）。第996条彻底改变了精神损害在合同类纠纷中的基本规则。

---

① 肖建国、丁金钰：《程序法视域下民法典违约精神损害赔偿制度的解释论》，载《苏州大学学报（哲学社会科学版）》2020年第4期。

② 最高人民法院民法典贯彻实施工作领导小组主编：《中华人民共和国民法典人格权编理解与适用》，人民法院出版社2020年版，第80页。

表 4-1　引用《民法典》第 996 条的示范案例

序号	案号	裁判理由摘录
1	(2021)桂 09 民终 1146 号	本案是《民法典》施行前的法律事实引起的民事纠纷,根据当时的法律规定,违约之诉对精神损害抚慰金一般不予支持。根据《民法典时间效力规定》第 3 条……故对王某请求赔偿精神损害抚慰金的问题,本院根据《民法典》第 996 条……王某的该项请求于法有据
2	(2021)苏 0509 民初 11352 号	本案事故发生于 2020 年 7 月 11 日,当时实行的《合同法》虽未明确规定违约方应赔偿对方精神损害抚慰金,但《民法典》第 996 条规定……《民法典时间效力规定》第 3 条规定……故依据该规定,被告公交公司应当赔偿原告何某海精神损害抚慰金
3	(2021)晋 0802 民初 6545 号	被告……行为已经构成违约,应当承担违约责任。根据《民法典》第 996 条……被告违约虽然未给原告造成直接的经济损失,但主要是对其身体健康的期待权和合同履行过程中体现的平等人格尊严造成了损害,被告应当对原告承担一定的精神损害赔偿

一、违约精神损害赔偿的法律解释思维定式

《民法典》第 996 条"受损害方选择请求其承担违约责任的,不影响受损害方请求精神损害赔偿"之表述,容易产生立法承认违约精神损害赔偿之感,此结果源生于对《民法典》第 186 条责任竞合的理解。责任竞合系指同一法律事实同时满足两个以上民事责任的构成要件,导致多个民事责任均能成立的法律现象,若从权利人的角度,即谓请求权竞合。① 但因在违约与侵权竞合之中,长期认为原告选择主张其中一个责任,另一责任即告消灭("择一行使,择一消灭"),不允许当适用一种责任失败或者不足后,又补充适用另一种责任,②从而致第 996 条仅能解释为违约精神损害赔偿。具体思维呈现如下(见图 4-1):

① 叶名怡:《〈合同法〉第 122 条(责任竞合)评注》,载《法学家》2019 年第 2 期。
② 王德新:《〈民法典〉中请求权竞合条款实施研究》,载《法学杂志》2021 年第 5 期。

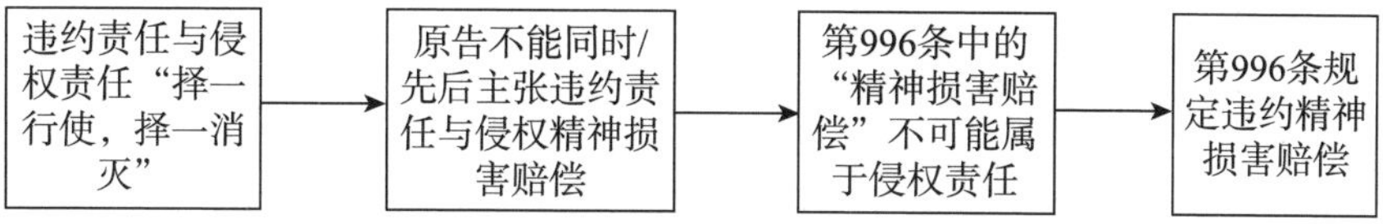

图 4－1　论证违约精神损害赔偿的法律解释思维定式

如仅就民事实体法的角度而言,因多年来违约精神损害赔偿适用研究的积淀,前述论证定式看似无懈可击,实则存在如下问题:

(一)审判实务通说的冲突

《民法典》第 186 条继受自《合同法》第 122 条的规定,旨在避免债务人因请求权的重叠而承担双重责任,①但此二条文均仅规定“受损害方有权选择请求承担违约责任或者侵权责任”,并未规定受损害方在作出选择后,另一请求权即告消灭。“择一行使,择一消灭”与不支持违约精神损害赔偿相似,系长期司法实践积累而逐渐形成的审判实务通说。上述论证定式的实质是以一实务通说驳斥另一实务通说,在思维逻辑上实欠妥当。

(二)思维论证基础的薄弱

合同上的请求权与侵权上的请求权“择一行使,择一消灭”是思维定式的论证基础,但因我国不实行强制代理制度,选择何种请求权更有利于受害方,对法学专家而言尚且困难,强制原告必须就“哪一个请求权最有利于自己”作出判断并择一主张,无异于强人所难。② 第 186 条的初衷仅在于避免重复受偿,若强制受害方作出选择,似有悖法律规定精神。鉴于违约责任与侵权责任的要件判断、法律效果均不相同,“择一行使,择一消灭”可能使受害人不能获得或者不能完全获得赔偿,民法学与诉讼法学对此批判良多。但因审判实务与学术研究的脱节,允许原告基于同一事实再次主张,将加重审判负担,故请求权竞合的实际运行效果并未变化。《民法典》的制定并非过往民事规则的简单总结,更在于为民事实体权益提供更全面的体系化保障,若以“择一行使,择一消灭”作为论证基础,将与《民法典》的立法目的相悖。

---

① 胡康生主编:《中华人民共和国合同法释义》,法律出版社 2012 年版,第 214 页。

② 王德新:《〈民法典〉中请求权竞合条款实施研究》,载《法学杂志》2021 年第 5 期。

（三）适法统一机制的违背

《民法典》制定前，我国民事立法尚处在搭建“四梁八栋”阶段，凸显粗放型立法特征，对《合同法》等民事实体法未尽规定或有待细化之处，鼓励通过审判实践形成通说予以填补，从而延展民事实体法体系。但《民法典》作为一部固根本、稳预期、利长远的基础性法律，在起草阶段便被寄予精细化、体系化的期望，此时若通过审判实践解释条文内容，则切不能超越文义，更不可任性解释，《民法典》颁行后出台的《关于完善统一法律适用工作机制的意见》即体现了此要求。

《民法典》第996条并未明确规定违约精神损害赔偿，但因“择一行使，择一消灭”深入裁判者内心，加之近年来关于违约精神损害赔偿的学说与判决[①]逐渐丰富，第996条更是首次将违约责任与精神损害赔偿牵连一起，以致裁判者不假思索地认为第996条首次认可违约精神损害赔偿。但在适法统一机制的统领下，就法律未予明确的内容，或遵循严格程序（如上级法院职能部门论证等）予以统一，或加强释法说理。对第996条而言，除从实体公平的角度论证之外，更应从诉讼合法的角度予以加持，不得当然地认为第996条即为违约精神损害赔偿的法律依据，并通过审判实践的积累掩盖思维论证的短板。

二、诉讼标的与请求权的调和之问

《民法典》第996条存在另一条解释路径，即把“不影响受损害方请求精神损害赔偿”解释为“受损害方有权基于侵权上的请求权主张精神损害赔偿”。但在“择一行使，择一消灭”的影响之下，将导致与审判通说矛盾，故裁判者自然而然地把这一解释路径排除于外。违约精神损害赔偿的论证定式确存局限性，片面将“择一行使，择一消灭”作为请求权竞合的法律效果，体现出对请求权竞合的认知存在偏差，而更深层次反映的是请求权与诉讼标的的不协调。

依实体法原理，请求权竞合中仍存在两个相互独立的请求权，但在诉讼法

---

① 如《民法典》颁行前生效的江苏省镇江市中级人民法院（2019）苏11民终2969号民事判决书。法院认为，根据《民法通则》第111条及《合同法》第107条的规定，当事人一方不履行合同义务或履行合同义务不符合约定的，另一方有权要求赔偿损失，赔偿损失应当包括物质损失和精神损失，故对精神抚慰金予以支持。

上，是存在一个诉讼标的抑或两个诉讼标的，则确具争端。因此，诉讼标的与请求权的调和对判断受害人可否同时或先后主张违约责任与侵权精神损害赔偿具有根本价值，也是认定我国违约精神损害赔偿的立法是否发生变更的根源所在。

第三节 诉讼标的与请求权的关系归整

"请求权"一词由德国学者温德沙伊德（Windscheid）在研究罗马法上 actio 制度的基础上而创制，是指债权、物权、知识产权、人格权、身份权等基础权利的救济权。[①] 但如从概念法学言之，诉讼标的至今未有统一的定义，从而导致诉讼标的与请求权间的关系混淆不清。

一、诉讼标的的基础辩驳

民事诉讼中予以审理和判断的对象即是诉讼标的，[②]此一理念并无争议，但就何谓审理对象却难以判断。自赫尔维格（Hellwig）首次从诉讼法角度阐述诉讼标的含义以来，在一百多年间，大陆法系逐渐形成多种学说，对我国审判实践存在深刻影响，其中具有代表性的包括以下四类：

（一）旧实体法说

《德国民事诉讼法》最初的立法者直接将诉讼标的界定为请求权，[③]实体法学亦是认为请求权可使特定人通过诉讼来主张和执行，而就原告的诉讼可否受理的依据即在于请求权基础，[④]从而将请求权约等同于诉讼标的。按照我国学界的传统定义，当事人争议的实体法律关系即为诉讼标的，[⑤]其实质系将请求权转化为法律关系的视角（如合同上的请求权与合同法律关系），内涵仍为旧实体

---

① 王德新：《〈民法典〉中请求权竞合条款实施研究》，载《法学杂志》2021年第5期。

② 张卫平：《民事诉讼法》，法律出版社2021年版，第197页。

③ 赵秀举：《论请求权竞合理论与诉讼标的理论的冲突与协调》，载《交大法学》2018年第1期。

④ ［德］卡尔·拉伦茨：《德国民法通论》（上册），王晓晔等译，法律出版社2003年版，第322～323页。

⑤ 肖建国、丁金钰：《程序法视域下民法典违约精神损害赔偿制度的解释论》，载《苏州大学学报（哲学社会科学版）》2020年第4期。

法说。旧实体法说将使请求权与诉讼标的一一对应，诉讼标的较易固定，法院可仅就当事人在诉讼中提出的实体权利主张集中审理，当事人亦可围绕请求权集中辩论，裁判的既判力范围相对明确。但其缺陷甚是明显，诉讼除传统给付之诉之外，还包括确认之诉以及形成之诉，若将诉讼标的界定为请求权，则致此二类诉讼出现无诉讼标的的境地。① 在旧实体法说下，若一行为同时符合违约责任与侵权责任要件，则受害方可分别提起违约之诉与侵权之诉，通过前后两次胜诉判决，获得两次损害赔偿。②

（二）一分肢说

诉的声明系指原告向法院提出的请求内容。③ 于司法实务中，常将诉的声明与诉讼请求混淆使用，但在诉讼法学中，却将诉讼请求界定为"诉的声明与案件生活事实的结合"。④ 诉的声明系诉讼请求去除事实基础后，原告期望通过诉讼获得的结果，并割裂与请求权间的联系。例如，原告诉请法院判决被告赔偿12万元，该12万元之赔偿即为诉的声明，其既不考虑系基于何种请求权，亦不考虑损害的类型和纠纷的基础事实，仅依原告诉的主张而作为一个诉讼标的。一分肢说虽可解释确认之诉与形成之诉的诉讼标的，但因彻底与请求权脱钩，而致法院难以判断诉的声明所依据的请求权基础。在一分肢说下，若一行为同时符合违约责任与侵权责任要件，在受害方主张不同的诉的声明时，如请求赔偿财产损害8万元，并请求赔偿精神损失4万元，则将构成两个诉讼标的，且两个诉的声明可基于不同的请求权，而致分别主张违约财产损害赔偿与侵权精神损害赔偿具有可行性。

（三）二分肢说

二分肢说认为诉讼标的在内容上由原告的申请和生活事实所决定，如果诉的声明以单一的案件事实为基础时，仅存在一个诉讼标的；当原告提出多个申请或者原告的一个申请以多个生活事实为基础时，则存在多个诉讼标的。⑤ 此

---

① 赵秀举：《论请求权竞合理论与诉讼标的理论的冲突与协调》，载《交大法学》2018年第1期。
② 毕玉谦主编：《民事诉讼法学》，中国政法大学出版社2021年版，第46页。
③ 毕玉谦主编：《民事诉讼法学》，中国政法大学出版社2021年版，第46页。
④ 任重：《论我国民事诉讼标的与诉讼请求的关系》，载《中国法学》2021年第2期。
⑤ 赵秀举：《论请求权竞合理论与诉讼标的理论的冲突与协调》，载《交大法学》2018年第1期。

说最早由罗森贝克(Rosenberg)提出,旨在克服旧实体法说的缺陷。[①] 诉的声明对诉讼标的的判断仍居于重要之位,当存在两项诉的声明时,仍作为两个诉讼标的。但与一分肢说不同的是,若一个诉的声明基于不同事实,如请求被告承担连带责任,既基于"人格混同",又基于连带责任保证合同的签订,则因一项声明系基于两个生活事实,而致每一个生活事实与诉的声明的匹配,构成两个诉讼标的。但二分肢说并非天衣无缝,一方面,允许当事人基于不同事实支持诉的声明,易致滥诉现象,尤其在离婚诉讼中,有多个离婚的"原因事实"就构成多个诉讼标的诚非合理。另一方面,二分肢说亦将放任当事人处分权及辩论权的滥用,即经前述判决已经确定的事实,在变更诉的声明后,还可再受裁判,从而招致疑问。在二分肢说下,诉讼标的亦会割裂与请求权的关系,当一个侵害事实同时符合违约责任与侵权责任要件时,若受害方先请求赔偿财产损失8万元,即便法院胜诉判决确认侵害事实并支持受害方的请求,但当受害方基于同一事实而请求赔偿精神损失4万元时,因构成另一诉的声明,故系属另一诉讼标的,如此导致受害方可分别主张违约财产损害赔偿与侵权精神损害赔偿。

(四)新实体法说

一分肢说与二分肢说系纯粹从诉讼角度论证诉讼标的,故可统称为"诉讼法说",但因仅立足于诉讼法,忽视实体法律关系而易致滥诉,一些学者开始重回实体法视角研究诉讼标的问题。德国学者尼克逊(Nikisch)便提出"新实体法说",并认为凡基于同一事实关系所发生的以同一给付为目的的数个请求权存在时,实际上只存在一个请求权,因发生请求权的事实关系是单一的,并非真正的请求权竞合,不过是请求权基础的竞合。[②] 请求权基础系可供支持原告得向被告有所主张的法律规范,[③]在新实体法说下,存有实体请求权与诉讼请求权之别,民事事件的多寡是新实体法说识别诉讼标的的唯一因素,[④]与英美法系依据

---

① 毕玉谦主编:《民事诉讼法学》,中国政法大学出版社2021年版,第47页。

② 肖建国、丁金钰:《程序法视域下民法典违约精神损害赔偿制度的解释论》,载《苏州大学学报(哲学社会科学版)》2020年第4期。

③ 王泽鉴:《民法思维:请求权基础理论体系》,北京大学出版社2015年版,第41页。

④ 毕玉谦主编:《民事诉讼法学》,中国政法大学出版社2021年版,第48页。

"纠纷事件"识别诉讼标的多有相似。[①] 在同一侵害事实之下,若能同时满足违约责任与侵权责任的要件,则因构成请求权基础竞合,仅存在一个诉讼请求权,当原告提起违约之诉后,若再以同一事实提起侵权之诉,则难以获得支持,其结果与实务中的"择一行使,择一消灭"多有类似。

二、诉讼标的理论的发展规律

诉讼标的的学说发展总体呈现如下规律:

(一)循环往复的填补式发展

最早的诉讼标的含义采旧实体法说,但因旧实体法说难以回答确认之诉与形成之诉的诉讼标的,遂以诉的声明为基础,发展出诉讼法说,并依是否考虑案件生活事实分化为一分肢说与二分肢说。又因诉讼法说将致诉讼标的泛滥,当事人可通过改变诉的声明,而致重复诉讼的规制程序实质失效,滥诉现象频发。遂为缓解滥诉,再次以请求权为出发点,提出新实体法说,但此说所涉概念尚未成熟,将纠纷限制于一个诉,对原告有失公允。由此可见,各学说均在尝试填补前说的缺陷,并以"能解决前说的困境"作为本学说的主要支撑。

(二)驻足不前的矛盾式发展

虽然诉讼标的的学说理论呈扩展之势,但各学说本身又存在难以自洽之处,顾此失彼。诉讼标的业已经过一百多年的研究,但学说间的冲突却愈加激烈,相互矛盾,彼此比较之间也并无更妥当的观点。如此导致各学说对诉讼标的所下的定义被异化为驳斥前说的"利益性"概念,诉讼标的的内涵更加模糊,重复起诉的判别与实现各诉之间的区别愈加困难,诉讼标的的理论发展越来越背离诉讼标的的功能价值,而致目前仍处在驻足不前的状态。

(三)要素单一的片面式发展

各学说对诉讼标的的识别除二分肢说之外,均仅局限于单一要素,如旧实体法说仅依请求权、一分肢说仅依诉的声明,期望仅通过一个要素实现对各类诉讼的全覆盖式识别。但如此或是有所遗漏,或因宽泛式解构而助长滥诉,又

---

① 陈杭平:《诉讼标的理论的新范式——"相对化"与我国审判实务》,载《法学研究》2016 年第 4 期。

或因严格限制起诉而损害受害人的正当权益。即便二分肢说在原一分肢说的基础上增加“案件生活事实”，但也仅是增加一个“选择因素”，一分肢说的局限并未根本改变。各学说的论述相对片面，仅能回答诉讼标的的部分应用问题。

三、诉讼标的的相对化应用

大陆法系通常有其固有的论证逻辑，坚持诉讼标的概念在诉讼各阶段统一性的标准，即在诉讼系属、诉讼合并、诉讼变更、既判力、重复起诉以及执行阶段，都坚持统一内涵的诉讼标的概念，四类代表学说即为典型，但又因识别因素单一，而左右不能相顾。故有提出诉讼标的概念内涵可在诉讼不同阶段允许先后不一致的观点，[①]此即“诉讼标的相对论”。诉讼标的的概念正逐渐背离逻辑上的统一，这在我国裁判实践中更是明显，并呈现以下五项特征：

（一）注重政治效果与社会效果

因各学说彼此冲突且均有失衡之处，故在审判实务中难以直接依据学说理论判断诉讼标的。2015 年《民诉法解释》第 247 条首次规范“一事不再理”原则，对既判力遮断效力的判断标准明确为三个要素，[②]并将诉讼标的与当事人、诉讼请求并列，但仍未回答可操作的诉讼标的判断基准，并割裂诉讼标的与当事人、诉讼请求间的联系，承办法官对诉讼标的愈加捉摸不透。法律概念不清，将使裁判者对诉讼系属、诉讼合并和变更、重复起诉等涉诉讼标的之问题，更偏重于政治效果与社会效果，即将以诉讼标的为要点的裁判结果是否能够被当事人和社会公众所接受作为裁判的主要考量因素，而易致自由裁量权滥用。

（二）确认审判对象的诉讼标的多采“旧实体法说”

在案多人少矛盾之下，民事诉讼程序繁简分流改革以及《民事诉讼法》修订均体现以效率为导向的诉讼程序修改。效率是现今承办法官推进诉讼程序展开的重要引导，对诉讼标的确定办法的考量，更多是基于一个诉讼究竟应当以

---

① 梁开斌：《民事诉讼标的：逻辑、经验与本土化资源》，载《东南学术》2020 年第 6 期。

② 依据《民诉法解释》第 247 条的规定，若同时符合以下条件，则构成重复起诉：（1）后诉与前诉的当事人相同；（2）后诉与前诉的诉讼标的相同；（3）后诉与前诉的诉讼请求相同，或者后诉的诉讼请求实质上否定前诉的裁判后果。

何种方式在程序上能够便于操作、便于结案。[①] 而在旧实体法说中，诉讼标的与实体请求权或者法律关系相对应，简便易行，法院审理范围较为明确，诉讼程序秩序稳定，当事人攻击防御目标集中。有学者通过收集大量案例，也发现在多数案件中旧实体法说能够得到贯彻。[②]

笔者应用中国裁判文书网，检索裁判理由引用“诉讼标的”的最高人民法院民事裁判文书，经剔除无关或观点不甚清晰的案例，共有 131 个相关案例（见表 4－2）。在样本案例中，多使用“本案的诉讼标的是……请求权/法律关系”[③]等类似表述，故多以旧实体法说界定审判对象的诉讼标的。但因缺乏请求权的体系研究，而致实务中的实体请求权或法律关系呈现出多个层次。比如，若将人身上的请求权与财产上的请求权作为第一层次，则财产上的请求权又可包括合同上的请求权和侵权上的请求权等，而作为第二层次，合同上的请求权又能涵盖买卖合同上的请求权、借款合同上的请求权等，并作为第三层次。因此即便采旧实体法说，实体请求权或法律关系的多义性致给付之诉的识别标准在司法实践中也会出现任意性。[④]

表 4－2　最高人民法院检索案例中诉讼标的识别因素统计

识别因素	采纳数量	典型案例示范
请求权/法律关系	54	(2021)最高法民申 55 号：《民诉法解释》第 247 条第 1 款第 2 项规定的“诉讼标的”，主要以实体法上的请求权作为界定依据，指的是原告在诉讼上所为一定具体实体法之权利主张
		(2018)最高法民终 898 号：诉讼标的应当以原告在诉讼中所主张的实体法律关系为衡量标准。本案原告东泽兴公司以有独立请求权第三人的身份起诉三被告，请求确认案涉合同效力及侵权赔偿，主张的实体法律关系是建立在合同法律关系基础上的
标的额	37	(2019)最高法民辖终 456 号：本案诉讼标的为 26,395,077.20 元，根据《最高人民法院关于调整高级人民法院和中级人民法院管辖第一审民商事案件标准的通知》的规定，西藏自治区高级人民法院对该案具有管辖权

① 梁开斌：《民事诉讼标的：逻辑、经验与本土化资源》，载《东南学术》2020 年第 6 期。

② 梁开斌：《民事诉讼标的：逻辑、经验与本土化资源》，载《东南学术》2020 年第 6 期。

③ 在样本案例中，有一案例依案由识别诉讼标的，但案由反映案件所涉及的民事法律关系性质，如买卖合同纠纷，即对应于买卖合同法律关系，故本质仍采“旧实体法说”。

④ 任重：《论我国民事诉讼标的与诉讼请求的关系》，载《中国法学》2021 年第 2 期。

续表

识别因素	采纳数量	典型案例示范
案件事实	19	(2020)最高法民再62号:前诉所涉的诉讼标的是大润发公司在全国范围内实施的商标侵权以及不正当竞争行为,而本案所涉的诉讼标的是永嘉公司在"江夏店"范围内实施的商标侵权行为
		(2020)最高法民申5622号:本案中虽主张赔偿经济损失,但从本案再审申请人起诉状的事实和理由看,本案仍是因工程款而发生的争议,两案的诉讼标的相同
诉讼请求(诉的声明+基础事实)	8	(2018)最高法民申3708号:诉讼标的是王某成基于其与某某之间的转包法律关系而提出的关于解除合同、判令某某支付土地承包费等诉讼请求
诉的声明	6	(2016)最高法民申147号:诉讼标的是当事人关于要求对方履行给付行为而作出的诉讼声明;在确认之诉和变更之诉中,诉讼标的是当事人请求法院关于确认或变更法律关系的诉讼声明
争议焦点	3	(2017)最高法民申4812号:本案诉讼标的是杰奥公司对涉案专利是否享有普通许可实施权
标的物	2	(2017)最高法民申4031号:余某志虽两次提起诉讼,但其诉讼标的均为案涉股权转让金
以请求权/实体法律关系为一般标准,但在请求权竞合时依据案件事实	1	(2021)最高法民申3694号:民事诉讼实务中对诉讼标的识别以实体法律关系为一般标准,但在给付之诉中,如果不同的实体法律关系基于同一事实,当事人基于此提出了数个实体请求权,就发生了请求权竞合。根据《合同法》第122条……在此情形下,当事人以一个请求权提起诉讼即意味着通过诉讼程序吸附了其他的请求权,在人民法院对已提出的请求权作出实体判决后,不能再以另外的请求权提起诉讼。新疆兵团公司基于建设工程施工合同请求权提起了诉讼即(2017)藏民初8号案件,后基于同一建设工程施工的事实,又以侵权损害赔偿请求权作为诉讼请求的具体理由,提起本案诉讼,前后两案诉讼标的具有同一性
案由	1	(2019)最高法民申660号:本案系债权人代位权纠纷,1687号案系洲际公司解散纠纷,两案诉讼标的也不相同

（三）诉讼标的的部分应用存在认知错误

在依诉讼标的额判断级别管辖的管辖类案件中,大多将诉讼标的与诉讼标的额混淆使用。在131个样本案例中,有37个案例将诉讼标的等同于诉讼标的额,比例高达28.24%。另有多个案例认为诉讼标的是案涉标的物、争议焦点。前述理解明显有悖于诉讼标的作为法院审理与裁判范围依据的功能定位,更不能用于确定既判力的客观范围，故存在根本认知错误。这也反映出因诉讼标的长期界定不清，而在实务中错误使用诉讼标的的现象并非偶然。

（四）判断重复起诉的诉讼标的认定不一

效率导向下，除追求当下之诉的高效处理，更希冀能够实现案结事了，尽可能减少当事人再次提起诉讼的次数。若完全按照旧实体法说，当事人可在同一事实下基于不同请求权而再次起诉，不利于纠纷的一次性解决。但若迫使当事人在一次诉讼中实现纠纷的完全处理，则将损害当事人的实体权益。彼此博弈之间，导致判断重复起诉的诉讼标的认定不一。故若以实体公平为主导，则法院或以请求权/法律关系，①或以诉的声明，②或以诉讼请求③界定诉讼标的，并作为重复起诉的识别标准。而若以程序效率为主导，则法院以案件事实④为重复起诉的识别标准。价值主导不一致使判断重复起诉的诉讼标的认定不同。

（五）请求权竞合的诉讼标的实采"新实体法说"

最高人民法院认为，对于旧实体法说中遭到批评的请求权竞合情况下出现复数诉讼标的的问题，应结合实体法的规定，通过诉讼法上的特别处理加以解决。但因包括《民法典》第 186 条（《合同法》第 122 条）等在内的实体法表述不清，诉讼法上更无请求权竞合的特别规定，而致承办法官难以依据法律固定请求权竞合时的诉讼标的。但就通采的"择一行使，择一消灭"操作模式而言，其肇始于最高人民法院《全国沿海地区涉外、涉港澳经济审判工作座谈会纪要》

---

① 如最高人民法院（2021）民再 55 号民事裁定书：本案与 86 号案的诉讼标的不同。《民诉法解释》第 247 条第 1 款第 2 项规定的"诉讼标的"，主要以实体法上的请求权作为界定依据，指的是原告在诉讼上所为一定具体实体法之权利主张。本案中，蓝星公司系以杨某田非法占有蓝星公司支付给建工集团的工程款构成不当得利为由提起诉讼。蓝星公司提起诉讼的请求权基础在于，杨某田无正当理由占用蓝星公司向建工集团支付的工程款构成不当得利。而 86 号案则是建工集团作为原告，因蓝星公司欠付工程款而提起的诉讼。在 86 号案中，建工集团提起诉讼的请求权基础，系其与蓝星公司之间的建设工程施工合同关系。据此，本案与 86 号案当事人之间的法律关系不同，原告据以提起诉讼的请求权基础不同，故本案的诉讼标的与 86 号案的诉讼标的并不相同。

② 如最高人民法院（2018）民再 183 号民事判决书：就诉讼标的而言，3618 号案件系新月公司起诉请求判令化某、来某退还新月公司超支工程款 256，293.06 元。本案系化某、来某起诉要求新月公司支付工程款 1，681，560.81 元及利息……本案的受理并不违反"一事不再理"原则。

③ 如最高人民法院（2017）民再 61 号民事裁定书：本案系基于船舶碰撞侵权行为及船舶搜救行为，向侵权人及受益人提出的民事损害赔偿，前案系工伤损害赔偿，两案诉讼标的亦不相同。

④ 如最高人民法院（2018）民终 135 号民事裁定书：从诉讼标的来看，本案与前三次诉讼实质上均是围绕《交易价款支付协议》及 7.02 亿元股权转让款等问题进行，诉讼标的相同。

(法[经]发〔1989〕12号),其中规定"当事人不得就同一法律事实或行为,分别以不同的诉因提起两个诉讼"。而样本案例中(2021)最高法民申3694号,更是印证对于请求权竞合的诉讼标的,实质采新实体法说。如此导致受害人一旦选择某一种请求权,其余请求权将终局消灭,而不论被选择的请求权是否获得满足。①

第四节 诉讼标的的本真回归

旧实体法说在我国实务中的应用呈现出以下"三难":其一,难以确定依哪一层次的请求权识别诉讼标的;其二,难以处理因请求权竞合而产生的复数诉讼标的;其三,难以解释形成之诉与确认之诉的诉讼标的。而包括一分肢说与二分肢说在内的诉讼法说,其显著的缺陷在于当事人可就同一争议提起多次诉讼,若当事人对首次起诉的裁判结果不满,可通过改变案件相关事实或者诉的声明反复起诉,裁判的既判力亦受损,并将因不能实现案结事了而大幅减损法院的裁判效率,从而体现为对当事人权益的片面维护。新实体法说却将诉讼标的与案件事实紧密关联,以"纠纷的一次性解决"为主导向,但以诉讼专家的标准寄予当事人期待,要求当事人的诉请一次性陈述完毕,不免过于严苛,从而体现为对裁判效率的片面追求。主流学说的发展以填补前说的缺陷为基础,这并无不妥,但因均存捉襟见肘之处,故难以满足实务需求。探究诉讼标的真实内涵的关键在于能够真正填补各学说的缺陷,并因能兼顾各方当事人权益以及裁判现实困境而具有可操作性。为此,可按照以下逻辑展开,逐步探明诉讼标的的真相所在。

一、法官释明权的合理行使

(一)诉讼请求释明的现实需求

若欲有效填补诉讼法说的缺陷而提高裁判效率,则限制当事人就同一侵害事实提起诉讼的数量自是关键解决路径。若仅允许当事人提起一次诉讼,则或

① 叶名怡:《〈合同法〉第122条(责任竞合)评注》,载《法学家》2019年第2期。

是将案件事实对应的多项诉的声明仅作为一个诉讼标的,或是要求当事人一次性提出所有诉的声明,后者在推崇纠纷一次解决的美国甚为普及。美国的多数司法区至今仍遵循请求排除规则,即若某请求有多种法律理由,原告不但可以而且必须一并提出,否则以后就不能再说,即所谓"要么现在就说,要么永远闭嘴"。[①] 而在大陆法系则可表现为诉讼标的的合一确定,即实体上具备牵连关系的多个诉讼标的需要强制合并审理。[②] 但在我国缺少强制代理以及公民法律意识尚未健全的背景下,若无专业律师代理而仅凭原告一次性提出诉的声明,确失公允。此时如需平衡当事人的利益,则承办法官须向原告释明一次提起所有诉的声明,从而引导原告增加或变更诉讼请求。若欲填补新实体法说的缺陷以加强对当事人的保护,则或是允许当事人就同一事实基础多次起诉,或是帮助当事人一次性提出对其有益的诉的声明。前者即为诉讼法说,后者则或是引入强制代理或是法官积极行使释明权。诉讼法说与新实体法说是相互对立的两个"端点",若需克服两者的缺陷,则需中和裁判效率与当事人权益保护间的冲突,故两者的填补方式实质是一致的。同样地,在旧实体法说中,若因请求权竞合而产生复数诉讼标的,其合理的缓解路径之一亦是限制当事人提起诉讼的数量。因此,法官释明权是填补各学说缺陷的关键一环。

(二)诉讼请求释明的边界认定

若使原告的请求尽可能在一个诉讼中解决,则更多面对的是诉讼请求不充分的问题,故而追加诉讼请求释明最为关键,对此已有地方法院尝试确定释明标准。根据《上海市高级人民法院释明指南》第 6 条,对诉讼请求应一并提出,而只提出部分,且可能产生失权后果的,要求法官应当释明。即便不产生失权后果的,亦有学者认为应对当事人有最低限度的暗示。[③] 但在 2019 年年底,最高人民法院修订《民事证据规定》,诉讼过程中当事人主张的法律关系[④]性质或者民事行为效力与人民法院根据案件事实作出的认定不一致的,由"人民法院

---

① 王德新:《〈民法典〉中请求权竞合条款实施研究》,载《法学杂志》2021 年第 5 期。

② 张宇:《论民事诉讼中的"合一确定"》,载《西南民族大学学报(人文社会科学版)》2021 年第 11 期。

③ 任重:《我国民事诉讼释明边界问题研究》,载《中国法学》2018 年第 6 期。

④ 此处的法律关系非谓与请求权相对应的实体法律关系,依据体系解释,鉴于后文使用"与人民法院根据案件事实作出的认定",故此处的"法律关系"实际指"案件事实"。

应当告知当事人可以变更诉讼请求"修改为"人民法院应当将法律关系性质或者民事行为效力作为焦点问题进行审理"。此修订系为解决法院如何告知的实务操作难题,并避免对当事人处分权和审判中立原则造成不当冲击,[①]体现出最高人民法院对法官释明诉讼请求的疑虑。

在诉讼经济的理念之下,受诉法院应当进行"残部请求"的释明,[②]《九民会议纪要》第36条即为典型。[③] 但在处分权主义中,诉讼标的的权利义务关系由当事人自由管理处分,诉讼标的的特定通常被认为是原告的责任,[④]且若由法官在诉讼请求方面引导原告,似担当原告的"诉讼谋士"的角色,有违中立,对法官的专业素养和审判能力也提出了极高的要求,裁判职责内容也随之倍增。合理行使的释明权实然可以补充当事人处分能力的不足,并实现各方当事人间的实体公平,而非损害处分权。《上海市高级人民法院释明指南》亦规定,当事人提出的诉讼请求不充分系指当事人对法律理解不够而致不能充分提出诉讼主张的情况。在刚起步建设社会主义法治国家的背景下,一方面,当事人缺少法律知识与诉讼经验仍是多数现象;另一方面,强制代理制度的缺失亦使诸多当事人缺少补足处分权能力的机会,故法官仍应在合理的限度内积极行使释明权。探明诉讼请求释明的边界卓为紧要。

确定释明边界的关键在于释明方式。法官在民事诉讼中系处中立之位,虽释明可加强某一方当事人的处分能力,但若直接告知当事人增加或变更诉讼请求,有失偏颇,故宜采中立的审理方式适度引导。若释明方式过度"晦涩"而致原告难以理解,亦有不妥。结合实践操作,可参酌以下"四步策略"循循引导:

---

① 最高人民法院民事审判第一庭编著:《最高人民法院新民事诉讼证据规定理解与适用》(下),人民法院出版社2020年版,第502页。

② 蔡虹、张琳:《民事诉讼请求之释明》,载《湖南大学学报(社会科学版)》2021年第3期。

③ 《九民会议纪要》第36条规定:在双务合同中,原告起诉请求确认合同有效并请求继续履行合同,被告主张合同无效的,或者原告起诉请求确认合同无效并返还财产,而被告主张合同有效的,都要防止机械适用"不告不理"原则,仅就当事人的诉讼请求进行审理,而应向原告释明变更或者增加诉讼请求,或者向被告释明提出同时履行抗辩,尽可能一次性解决纠纷。例如,基于合同有给付行为的原告请求确认合同无效,但并未提出返还原物或者折价补偿、赔偿损失等请求的,人民法院应当向其释明,告知其一并提出相应诉讼请求;原告请求确认合同无效并要求被告返还原告或者赔偿损失,被告基于合同也有给付行为的,人民法院同样应当向被告释明,告知其也可以提出返还请求……

④ [日]伊藤真:《民事诉讼法》,曹云吉译,北京大学出版社2019年版,第149页。

1. 拟定原告的真实意思

在立案后应首先根据原告提出的事实和理由、证据材料等,推知原告可提起的诉讼请求,以此拟定为原告的真实意思,并与原告实际提起的诉讼请求交叉比对,以确认诉讼请求是否存有遗漏或错误。

2. 选择恰当的释明时机

《民事证据规定》第 53 条第 2 款允许当事人在诉讼过程中根据法庭审理情况变更诉讼请求。故除起诉与受理阶段之外,法官在整个诉讼活动中原则上均可释明诉讼请求,如审理准备阶段与开庭准备阶段。但在合议庭评议时,因已临近结案,若再行释明确有妨碍效率之嫌,故在合议庭评议过程发现当事人有遗漏诉讼主张的,不得再行使释明权。①

3. 推断原告的主观状态

释明权的初衷乃是为了弥补当事人法律知识、诉讼经验不足的缺陷,在诉讼中遗漏诉讼请求,并非当事人故意为之。② 但在实践中,基于诉讼费用的考量以及诉讼策略等,原告便会故意遗漏诉讼请求,对此情形进行释明即为可能冲击当事人处分权的疑虑所在。为此,可通过询问原告遭受哪些损害或其他侵害后果,并向原告确认基于侵害后果所欲提起的诉讼请求,以核准原告的主观认定事实与诉讼请求明显不符之处(如在法人名誉权纠纷中,原告反复强调其遭受名誉损害,却未请求赔偿经营损失),从而推知原告是否故意遗漏诉讼请求。

4. 提供相异的释明提示

若确认原告非因故意遗漏诉讼请求,而对法律条文存有明显忽略或误读,则应向原告提醒纠纷所涉请求权基础,并询问原告对该请求权基础的观点,以暗示其增加或变更诉讼请求。若确存故意遗漏诉讼请求之嫌,则应询问遗漏缘由,如果所述理由欠妥(如节约诉讼费用),则应向原告确认是否放弃未主张的诉讼请求,以促使原告一次性解决纠纷。

---

① 江伟、刘敏:《论民事诉讼模式的转换与法官的释明权》,载陈光中、江伟主编:《诉讼法论丛》(第 6 卷),法律出版社 2001 年版,第 319 ~ 349 页。

② 江伟、刘敏:《论民事诉讼模式的转换与法官的释明权》,载陈光中、江伟主编:《诉讼法论丛》(第 6 卷),法律出版社 2001 年版,第 319 ~ 349 页。

(三)诉讼请求释明的客观局限性

对释明后的法律效果,有观点认为法官应当要求原告说明分割请求的理由,若理由不充分,则应告知当事人不得另行起诉。[①] 但以法官内心裁量直接剥夺当事人诉权,既无法律依据,亦有减损当事人基本诉讼权利之嫌。故应区分以下两种情形分别确定释明的效力:

1. 若释明后,当事人仍坚持其诉请,则基于对处分权的尊重,应按照当事人未变更的诉请及时作出判决。[②] 至于对后诉的影响,若当事人不愿变更诉请的理由正当,自应依法审理,但若理由欠妥,则有妨害诉讼程序之嫌,与逾期举证等情形多有类似。妨害诉讼程序的责任承担,以法律规定为限。当事人反复起诉虽以不当的方式增加法院办案压力,但并无违反法庭规则之处,难以通过训诫、罚款等对当事人产生威慑。在当事人拒绝追加或变更诉讼请求时,释明的作用实为有限。

2. 若释明后,当事人表示愿意放弃可主张的部分诉请,但随后反悔,又以放弃的诉请另案起诉,则构成当事人陈述不一致。依据《民事证据规定》第63条,对于当事人陈述与此前不一致的,法院应当责令说明理由,并结合多种因素审查认定。但当事人陈述存在主张陈述与事实陈述之别,主张陈述系当事人围绕权利是否存在的"请求"层面作出的陈述,诉讼请求的提出即为典型;而事实陈述则仅指当事人就案件事实向法院所作的陈词和叙述,此类陈述方是《民事证据规定》第63条的规范对象。[③] 故就放弃诉请的反悔,并无规范性文件层面的特别规制。[④]

法官释明权对实现当事人一次性解决纠纷确具一定引导效力,但在现行框架下,法官的释明不能完全阻止当事人提起多个诉讼。法官的释明技巧仅能引流部

---

① 蔡虹、张琳:《民事诉讼请求之释明》,载《湖南大学学报(社会科学版)》2021年第3期。

② 任重:《我国民事诉讼释明边界问题研究》,载《中国法学》2018年第6期。

③ 最高人民法院民事审判第一庭编著:《最高人民法院新民事诉讼证据规定理解与适用》(下),人民法院出版社2020年版,第578页。

④ 在实务中,因"禁止反言"原则是民事诉讼法"诚实信用原则"的具体体现,故有认为当事人对诉讼中放弃的诉请另行起诉属于重复起诉。如(2017)沪02民再60号案,主审法官认为当事人放弃部分诉讼请求的意思表示真实、明确,不违反法律、不损害国家、集体和第三人合法权益的,系在法定范围内行使处分权,当事人和人民法院均受此意思表示拘束,若当事人就该部分诉请另行起诉的,属于重复起诉。

分纠纷实现一次性解决，仍需结合其他方式填补诉讼标的主流学说的缺陷。

二、相对化的适度引入

旧实体法说、诉讼法说等因采逻辑一致的识别因素，而难以兼顾各方诉讼参与人，故应适当引入相对化的认知框架。

（一）诉讼类型的相对性

因不同类型的诉，其目的和功能不同，而科学界定诉讼标的与诉的目的和功能又密切关联，故应依不同的诉而采不同的识别标准。[①] 确认之诉与形成之诉虽明显少于给付之诉，但亦属重要的诉的类型，二诉因诉讼请求较易固定，原告难以通过变更诉的声明而构成另一个诉讼标的，同时允许当事人以不同的基础事实提起同一个诉的声明，并视为多个诉讼标的，亦不致滥诉现象。因此在确认之诉与形成之诉中可采二分肢说，以诉讼请求为诉讼标的的识别要素。[②]

（二）给付之诉的统一性

在给付之诉中，有观点认为在确定审判对象时，可依请求权或者诉的声明识别诉讼标的，但为保障原告的起诉权与被告的抗辩权，应以请求权识别诉的变更、合并、反诉的诉讼标的，而在判断诉讼系属时，又以案件事实为识别标准。[③] 若片面追求相对化概念，对各种情形采取不同的识别标准，易因过度的理论自洽而难以应用于实践之中，故识别标准不宜过分复杂。

事实基础、请求权与诉的声明实际是纠纷交至法院的三个阶段，即因存在侵害基础权利的事实，而产生请求权，并据此向法院提出诉的声明，三者间是层层递进的关系。同一事实基础可产生数个请求权，而同一请求权又可产生多项诉的声明。若以事实基础为识别标准，将致诉讼标的过于狭窄，难以解释反诉、诉的客观合并等基础问题。若以诉的声明为识别标准，则将致诉讼标的过于宽泛，诉与诉之间的区别不甚明显，与诉讼标的功能相悖。诉讼标的不仅是民事

---

① 张卫平：《民事诉讼法》，法律出版社 2021 年版，第 200 页。

② 张卫平：《民事诉讼法》，法律出版社 2021 年版，第 200 页。

③ 陈杭平：《诉讼标的理论的新范式——"相对化"与我国审判实务》，载《法学研究》2016 年第 4 期。

诉讼中法院裁判的对象,同时也是裁判对象的最基本和最小单位,即当事人向对方所主张的法律上利益所不能再细分的具体事项,若再细分就不能构成一个完整的诉讼请求。[①] 故采基础事实或诉的声明均难以满足,确以实体请求权作为诉讼标的的识别标准更为适宜。

三、请求权的最小单位

若对请求权的层次不予固定,易致请求权范围过窄而接近于案件事实,又或因过宽而接近诉的声明,请求权概念的"任性使用"使其可能成为案件事实与诉的声明的"代名词"。因诉讼标的系裁判对象的最基本和最小单位,故在诉讼标的的识别层面,请求权的层次应至能够细分的最小单位,若再细分则不再构成一项完整的请求权。请求给付是请求权有别于其他权利的主要特征,给付类型的不同决定不同类型的请求权,故最小单位请求权应按给付类型分别认定。

(一)非财产性给付

因不涉物或金钱给付的请求权难以细分,故可根据责任类型直接予以界定。《民法典》第179条中的停止侵害、排除妨碍、消除危险、恢复原状、修理、重作、更换、消除影响、恢复名誉、赔礼道歉,以及第577条中的采取补救措施等,均构成最小单位请求权。例如,就所发微博侵害他人名誉权的行为,受害人要求加害人删除微博内容的停止侵害请求权,以及可主张的恢复名誉请求权、赔礼道歉请求权,均构成最小单位请求权并作为三个诉讼标的。

(二)财产性给付

财产性给付系填补侵害后果最直接、最有效的方式,故应适当扩展请求权层次,丰富当事人的权利保护方式,促进侵害后果的完全填补。宜按给付的具体客体类别界定最小单位请求权:

1. 返还财产:返还客体除原物(如本金)之外,亦包括原物产生的孳息(如利息),返还原物请求权与返还孳息请求权分属两个最小单位请求权。

2. 继续履行:合同义务的履行系依法律规定或者当事人的约定,若按当事

① 张卫平:《民事诉讼法》,法律出版社2021年版,第198页。

人约定的义务数量界定继续履行请求权的数量，则当事人可通过虚增合同义务，实现多次起诉，故继续履行请求权即构成最小单位的请求权，不宜按照履行义务的类型和内容再予以细分。

3. 损害赔偿：以机动车交通事故责任纠纷为例，通常内含诸多损害赔偿项目，每个项目又可细分若干子项目，如医疗费系由每日的住院费、各项诊疗费等累加而成，若将损害的类型过度细分，易产生数量庞大的请求权类别，而致请求权与诉的声明并无实质差异，且损害项目难以分类与界定，而致损害赔偿中难以固定请求权层次。故应以损害的基本类型识别最小单位请求权。依传统民法的分类，损害共有四种类型，包括财产上损害与非财产上损害①、履行损害与信赖损害、所受损害与所失利益、直接损害与间接损害，②据此财产损害赔偿请求权与非财产损害赔偿请求权、履行损害赔偿请求权与信赖损害赔偿请求权、所受损害赔偿请求权与所失利益赔偿请求权、直接损害赔偿请求权与间接损害赔偿请求权可构成损害赔偿中的最小单位请求权。

给付类型不同的最小单位请求权构成不同的诉讼标的，自不待言，而当给付类型相同的最小单位请求权源自上一层次的不同请求权时（如财产损害赔偿请求权可分别基于合同上的请求权与侵权上的请求权产生），其实然体现上一层次的请求权间的差异。故在思维逻辑上，既然不同的最小单位请求权能够构成不同的诉讼标的，则不同类型的上一层次请求权亦将构成不同的诉讼标的（如合同上的请求权与侵权上的请求权系不同的诉讼标的）。那么基于不同类型的上一层次请求权而衍生的给付类型相同的最小单位请求权也构成不同的诉讼标的（如违约财产损害赔偿请求权与侵权财产损害赔偿请求权属于不同的诉讼标的）。（见图 4－2）

---

① 非财产损害通常包括肉体损害与精神损害，以受害人受伤的侵权责任为例，受害人肉体损害的填补方式是通过加害人赔偿受害人医疗费、护工费等财产损失的方式实现，所以非财产损害通常特指精神损害。

② 王泽鉴：《损害赔偿》，北京大学出版社 2018 年版，第 70～78 页。

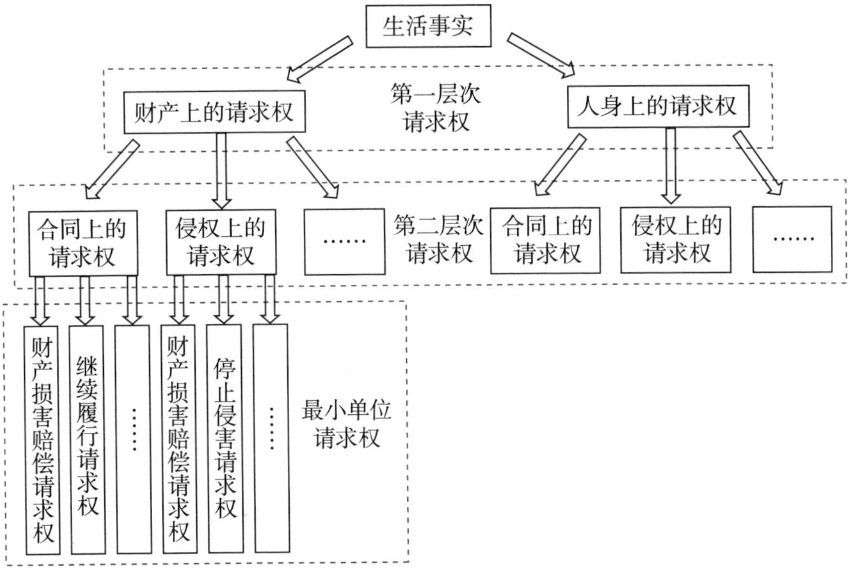

图4－2 固定最小单位请求权示意图

四、请求权的内涵

作为诉讼标的的请求权，其内涵并非仅有请求权类型。例如，甲因乙损毁其衣物而请求乙承担8000元的财产损害赔偿责任与丙因丁损毁其家具而请求丁承担9万元的财产损害赔偿责任，两者均为财产损害赔偿请求权，但应属两个诉讼标的，因此明确请求权的内涵对最终界定诉讼标的，并规制重复起诉具有关键作用。请求权作为救济权利，系依基础事实主张的请求内容而产生，故请求权的内涵通常由基础事实、请求内容以及请求权类型组成，而具体指因某一事实请求他人为或不为一定行为的实体权利（见图4－3）。

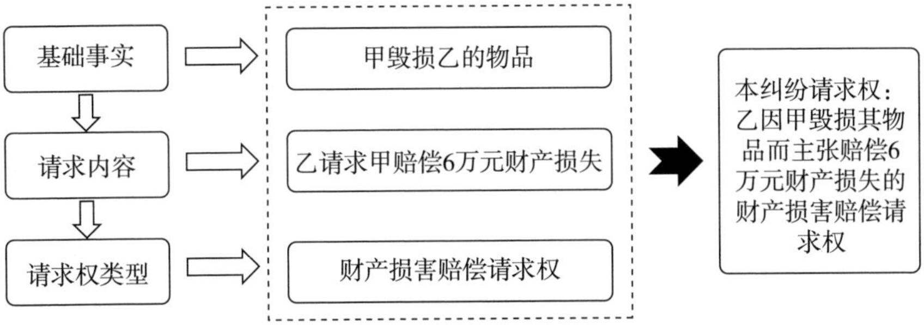

图4－3 传统请求权内涵示意图

图 4－3 中的请求内容实然与诉的声明相互对应，若按照传统请求权的内涵将乙请求甲赔偿 6 万元财产损失拆分为"乙请求甲赔偿 4 万元财产损失"与"乙请求甲赔偿 2 万元财产损失"，则因请求内容的拆分，而成为两个请求权。且请求内容还可再行细分，而致请求权的数量永无止境。因此，当请求权作为诉讼标的的识别标准时，请求内容不应成为请求权的组成部分，诉讼法视角下的请求权应指基于某一事实主张的给付内容，而依其给付类别所形成的实体权利（见图 4－4），从而当原告基于同一个最小单位请求权，先后提起内容不同的诉讼请求时，构成重复起诉。

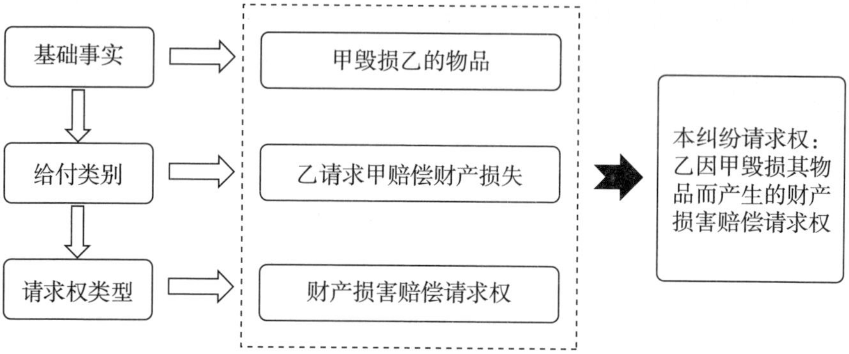

图 4－4　用于识别诉讼标的的请求权内涵示意图

综上，确认之诉与给付之诉的诉讼标的应依诉讼请求识别，而在给付之诉中，原告的实体请求权即为诉讼标的。为避免当事人基于同一事实而依不同请求权反复起诉，法官应积极向当事人释明，促进纠纷的一次性解决。但在现行制度框架下，法官释明难以完全阻止原告另诉，故应通过固定最小单位请求权，并依案件事实，以实体判决阻断当事人多次起诉的意愿。

第五节　诉讼标的视野下《民法典》第 996 条的解释

请求权竞合是从诉讼角度解释第 996 条的关键所在，但就何谓请求权竞合易存认知偏差。虽就概念而言，系同一事实能够产生多个请求权的现象，但若采诉讼标的中的最小单位请求权，则财产损害赔偿请求权与返还原物请求权将构成请求权竞合，如此似与通常理念多有相悖。

一、请求权竞合与请求权聚合

请求权竞合依给付或法律效果是否相同，存在广义与狭义之别。狭义的请求权竞合系指以同一给付为目的的数个请求权并存的现象，而在此之外，广义的请求权竞合还包括请求权聚合，即同一案件事实引发多个不同请求权，且指向不同给付，故其可以同时实现。[①]

狭义的请求权竞合与请求权聚合的请求权层次存有差异。因在请求权聚合中，各请求权的给付效果均有不同，故应采最小单位请求权。以侵权为例，当加害人因其加害行为而致财产损害与精神损害，则可主张侵权财产损害赔偿请求权与侵权精神损害赔偿请求权，因给付内容不同，故构成请求权聚合。而在狭义的请求权竞合中，其实质系限定当事人可获支持的请求权，避免当事人因同一给付而多次获偿，故需检视各类请求权，以整体把控当事人可获支持的请求权类别。因民法有关请求权的规范难以胜数，为了不至于陷入盲目的大海捞针式搜索，大陆法系法官一般对请求权的性质有一先在判断，然后根据先在判断展开法律适用的过程，并据此逐渐发展为请求权检视序列，[②]从而依次判断原告之诉请是否有可获支持的请求权基础。虽各学者间的检视次序存有差异，但检视内容并无实质不同，通常包括契约上请求权、无权代理等类似契约关系上的请求权、无因管理请求权、物上请求权、不当得利请求权、侵权上的请求权等，[③]基本能涵盖现今请求权相关规范。随着请求权基础教学的推进，请求权检视次序已逐渐深入裁判思维（如要件审判九步法[④]），判断原告享有哪些请求权以及请求权竞合中的请求权层次即应按检视内容确定之。

二、第996条的新型解释路径

若需探明第996条的真实内涵，关键在于受害人可否同时/先后主张违约财产损害赔偿请求权与侵权精神损害赔偿请求权，两者不仅属于同一层次的不

---

① 叶名怡：《〈合同法〉第122条（责任竞合）评注》，载《法学家》2019年第2期。

② 朱庆育：《民法总论》，北京大学出版社2016年版，第564页。

③ 王泽鉴：《民法思维：请求权基础理论体系》，北京大学出版社2015年版，第58页。

④ 邹碧华：《要件审判九步法》，人民法院出版社2021年版，第92页。

同类型请求权(合同上的请求权与侵权上的请求权),而且系不同给付内容的请求权(财产损害赔偿请求权与精神损害赔偿请求权),故应属请求权聚合,而非狭义的请求权竞合。

(一)《民法典》第186条的法效果之问

第186条规定"受损害方有权选择请求其(违约方)承担违约责任或者侵权责任",该表述虽自1999年《合同法》施行时即已使用,但却存有未尽明确之处,即原告在选择被告承担违约责任(或侵权责任)之后,若再提起侵权之诉(或者违约之诉),可否获得法院支持。具体包括:

第一,给付内容同一时,在当事人提起违约财产损害赔偿之后,若未获支持或者全部支持,可否再主张侵权财产损害赔偿?

第二,给付内容不同时,在当事人提起违约财产损害赔偿之后,可否再提起侵权精神损害赔偿?

以上问题似在"择一行使、择一消灭"的实务操作之下,并无争议,即一旦在前诉中作出选择,后诉即不再支持。但在采给付之诉的诉讼标的是请求权的框架之下,"择一行使、择一消灭"便显得格格不入。

(二)可先后提起同一给付类型的违约之诉与侵权之诉

第一个问题系揭示第186条对狭义请求权竞合的影响,学界对此讨论诸多。按狭义请求权竞合的基本原理,在当事人选择一个请求权后,若其目的达到而消灭,则其他请求权亦因目的达到而消灭,但就一个请求权因目的达到以外之原因而消灭时,则仍得行使其他请求权。[①] 狭义请求权竞合的特别规制仅为限制受害人多重受偿,以引导当事人减少就同一事实提起诉讼的数量,并非要求当事人仅可提起一个诉讼,而增加原告的诉讼风险。但在效率导向下,学者们常在批判"择一行使、择一消灭"后,仍尝试探索纠纷的一次性解决。比较认可的观点是采"诉的客观预备合并",即一方面在起诉与受理阶段,法院可在"受理案件通知书"中向原告释明,鼓励受害方在起诉时"同时提出存在竞合关系的两种请求权"。若原告同时提出两个请求权主张,则可要求原告明确何为先位请求,何为后位请求。若审判支持先位请求,则后位请求将因达到给付目

① 王泽鉴:《民法思维:请求权基础理论体系》,北京大学出版社2015年版,第41页。

的而消灭，法院可判决驳回后位请求，但若审判不支持先位请求，法院需对后位请求继续审理，并对两个请求一并作出裁判。[①] 诉的客观预备合并看似完美，但仍依赖法官释明，引导原告在一个诉中主张存在竞合关系的多个请求权。可恰如上文所言，因缺少强制性后果，而致法官释明对实现纠纷一次性解决的作用有限，法院难以阻止当事人在不同的诉中主张不同的请求权。故以侵权为例，当事人在提起侵权财产损害赔偿之诉后，若未获支持或者未获全部支持，仍可再提起违约财产损害赔偿之诉。

（三）可先后主张违约财产损害赔偿与侵权精神损害赔偿

第二个问题鲜有专项讨论。但在《民法典》颁行前，为了践行完全赔偿原则，有观点认为在加害给付的情况下，在违约诉讼胜诉后，仍然可以提起侵权之诉，并要求违约方承担精神损害赔偿。[②] 违约财产损害赔偿与侵权精神损害赔偿系两个诉讼标的，且通过第一个问题的解答，第 186 条并不限制当事人先后提起违约之诉与侵权之诉，故亦不限制当事人先提起违约财产损害赔偿之诉，后提起侵权精神损害赔偿之诉。依此原理，结合《民法典》第 996 条的文义，似更应解释为“受损害方依照《民法典》第 186 条选择请求对方承担违约责任的，不影响其依侵权主张精神损害赔偿”，其原因在于：

第一，“A 不影响 B”的表述在《民法典》其他条文中也有适用，但通常指 A 与 B 存在并行关系，如第 187 条规定“承担行政责任或者刑事责任不影响承担民事责任”，而非指 B 归属于 A 的涵盖关系。

第二，若将第 996 条解释设定为违约精神损害赔偿规则，则第 996 条不应使用“不影响……请求……”之表述，该条后半句应采“受损害方请求另一方承担违约责任的，其精神损害赔偿应予支持”等类似用语。“不影响……请求……”更偏重受害方在请求对方承担违约责任后，可另案提起类型相异的请求。

第三，第 996 条使用“选择”词汇，在结合第 186 条之后，其内涵应指当事人在选择对方承担违约之诉后，不影响其主张特定类型的侵权损害赔偿。

---

① 王德新：《〈民法典〉中请求权竞合条款实施研究》，载《法学杂志》2021 年第 5 期。

② 李永军：《非财产性损害的契约性救济及其正当性》，载《比较法研究》2003 年第 6 期。

三、审判实务对《民法典》的认知偏差

基于上文对《民法典》第 996 条的解读,发现第 996 条并非审判实务所认可的违约精神损害赔偿规则。实践中,之所以将第 996 条解释为违约精神损害赔偿的依据,除以"择一行使、择一消灭"作为论证基础之外,更体现通过承认违约精神损害赔偿强化债权人损害填补的衡平需求。但在《民法典》颁行前,因无第 996 条的规定,作为请求权竞合条文的《合同法》第 122 条似内含"如果违约的受害人要求违约方承担违约责任,就不能主张精神损害赔偿"的内容,因若守约方能够以违约之诉请求违约方承担精神损害,就没有必要再规定"或者依照其他法律要求其承担侵权责任",①这导致法官不愿轻易承认违约精神损害赔偿。而第 996 条的"横空出世",使违约责任与精神损害赔偿首次搭建起联系,出于内心的衡平理念,便认为第 996 条应系违约精神损害赔偿的法律依据,而忽略了《民法典》的真实文义。在《民法典》时代,政治效果、法律效果与社会效果三者应有机统一,不宜为实现政治效果与社会效果而过度偏移条文的内容。

不可否认的是,保护合同当事人的人身和财产利益是我国合同立法的目的之一,是我国合同法秩序应有的要求。② 保护合同对方当事人的人身安全与人格完整,或是源自合同约定,或是源自《民法典》等法律明文规定,或是属附随义务,再者我国法律并未明确限制违约精神损害赔偿,故若因违约行为而致精神严重受损,从实体角度受害人确可请求违约精神损害赔偿。然因长久以来审判实务不支持违约精神损害赔偿,且第 996 条亦非违约精神损害赔偿规则,故若需实现违约精神损害赔偿的实践适用,则应注重"两个正确"和"两个加强"。

(一)正确审视诉讼标的和请求权

第 996 条的错误理解源自诉讼标的与请求权的关系厘定不清,若需强化违约精神损害赔偿的适用,首先须认可违约精神损害赔偿请求权系单一的诉讼标的,从而使违约精神损害赔偿可成为单独的一诉,或在一个诉讼中作为一项单独的诉讼请求。当事人在主张违约财产损害赔偿后,又请求违约精神损害赔

① 李永军:《非财产性损害的契约性救济及其正当性》,载《比较法研究》2003 年第 6 期。

② 韩世远:《合同法总论》,法律出版社 2016 年版,第 620 页。

偿,并不违反"一事不再理"原理。

(二)正确审视请求权竞合

在给付之诉中,诉讼标的即为请求权,当构成请求权竞合时,仍存在多个诉讼标的,传统审判实务所采"择一行使、择一消灭"应予摒弃。请求权竞合的初衷仅在于确定原告所主张的请求权先后次序,在原告选择一个请求权后,另一请求权并不当然消灭,应允许原告通过主张多个请求权实现损害的完全填补。故依据《民法典》第186条,一方面,可通过诉的客观预备合并,在同一诉中允许提出存在竞合关系的多种请求权,如同时提出侵权精神损害赔偿请求权与违约精神损害赔偿请求权,并要求当事人明确先位请求与后位请求,以避免原告的双重受偿。另一方面,允许当事人在提起侵权精神损害赔偿(或违约精神损害赔偿)之诉后,另案提起违约精神损害赔偿(或侵权精神损害赔偿)之诉,若原告在前诉中的主张未获支持,而后诉满足损害赔偿的相关要件,则应予支持。

(三)加强裁判文书的实体论证

第996条并非违约精神损害赔偿的法律依据,故在裁判文书中的"本院认为"部分,不应仅通过严重精神损害的证成以及对第996条的引用,支持原告违约精神损害赔偿的诉请。在《民法典》对违约精神损害赔偿不置可否的背景下,承办法官应在裁判文书中着重加强违约责任亦适用精神损害赔偿的论证说理。一方面,第996条虽未规定违约精神损害赔偿,但反映《民法典》加强自然人精神利益保护的立法目的,故可对违约精神损害赔偿的论证予以一定支持。另一方面,裁判者可通过驳斥违约精神损害赔偿的质疑,加强裁判结果的论证。违约精神损害赔偿常受可预见性和可确定性的质疑,但维护合同当事人的精神利益系属基于诚实信用原则的当然义务,违约方应对其违约行为会造成守约方精神损害产生合理预期,且精神损害赔偿金额的不易确定在侵权责任中亦是存在,难以构成根本障碍,承办法官可通过前述角度加强实体论证。

(四)加强适法统一机制建设

在欠缺违约精神损害赔偿法律依据的背景下,应着重加强违约精神损害赔偿的司法解释和典型案例指导工作。一方面,《民法典》条文内容已然固定,故在规范性文件层面,仅可通过制定合同编或人格权编司法解释的方式,明确精神损害赔偿在违约责任中的适用。另一方面,加强最高人民法院以及各高级人民法院的典型案例推送工作，择优选取适用违约精神损害赔偿的案例，经严格的程序审查以及专家咨询论证后，作为典型案例予以推送，促进裁判尺度的统一。

第六节　本章结论

《民法典》的颁行开启了精细化的法典时代，但审判实务对第 996 条的“当然”解释，暴露出重政治效果与社会效果而轻法律效果的倾向。实体上的利益衡平确能对理解表述不甚清晰的条文内容有所助益，但仍应结合诉讼程序的可行性以及体系化的视野，探究《民法典》条文的真意所在，切不可仅凭内心公平理念而作任意解释。

第五章

证明责任"规范说"的司法应用与障碍破解

第一节 概　　述

本章聚焦《民事诉讼法》与《民法典》等实体法在证明制度领域的协调和对接。2015 年最高人民法院修订《民诉法解释》，通过新增第 90 条、第 91 条、第 108 条的规定，创造性地确立了"举证证明责任"概念，并以"规范说"作为证明责任分配的理论依据。[①] 这一源自罗森贝克，并经普维庭等学者继承和发展的德国证明责任理论，将证明责任的分配归之于客观的法规范，由法官根据法律规定的不同要件，对当事人的权利争议作出裁判。[②] 在"规范说"之下，证明责任成为民事程序法与民事实体法在证明制度维度相互衔接的主要呈现。

在我国审判实务中，证明责任长久以来仅被归入《民事诉讼法》的范畴，而从比较法言之，法国、意大利、我国澳门特别行政区等国家或地区的民法典均设有证明责任分配的一般规则，"规范说"也正是通过对《德国民法典》的技术化处理，而潜在地推导出的证明责任分配的基本遵循。[③] 诚然，比较法理论的生搬硬套未必适用于我国法律环境，但《民法典》作为一部固根本、稳预期、利长远的基础性法律，其颁行为"规范说"在我国的应用培植了类似于德国的制度土壤。"规范说"虽然长期被诉讼法学者推崇，更是获得最高审判机关的认可，但其究竟能否实质解决我国尤为突出的证明责任失范现状，并实现本土化的应用，对我国法院而言至为关键。

第二节 证明责任"规范说"的应用逻辑

自"规范说"被引入我国以来，围绕"证明责任"产生诸多称谓，相关概念的厘清有助于界定证明责任的本质，学界为此积极从德国法的视角解释并说明各类证明责任类型。但过度关注比较法的证明责任内涵，而忽视在我国的实践应用，易致理论与实务间的相互偏离。为此，需先在传统德国诉讼法理论基础之

---

① 最高人民法院修改后民事诉讼法贯彻实施工作领导小组编著：《最高人民法院民事诉讼法司法解释理解与适用》(上)，人民法院出版社 2021 年版，第 316 页。

② 李浩：《规范说视野下法律要件分类研究》，载《法律适用》2017 年第 15 期。

③ 王德新：《〈民法典〉中证据规范的优化配置》，载《河南社会科学》2019 年第 2 期。

上,结合我国《民诉法解释》的规定,厘清"规范说"在我国的基本运行框架。

一、证明责任概念的离弦走板之争

(一)客观证明责任与主观证明责任

在"大前提—小前提—结论"的传统司法三段论中,抽象的法律规范构成大前提,被确认为真实的具体案件事实为小前提,证明责任即存于小前提之中,用于对拟裁判案件事实的真实性审查。[①] 事实真相的探寻是诉讼程序展开的核心之一,但裁判者并非纠纷的亲历者,仅能依据当事人提出的事实以及据以证明的证据来推知案件事实。长期以来,将当事人提出事实的责任称为主张责任(或谓提出责任,Anführungslast),而证明责任仅指当事人应向法院提出证据的行为责任。[②] 若法官能依据证据形成心证并确信待证事实为真,三段论自可流畅运行,但因民事诉讼辩论主义之特点,被告不愿陷入"坐以待毙"的处境,则会提供相反证据以降低裁判者的确信度,该行为易致待证事实处于"真伪不明"的状态,三段论也将难以适用。证明责任遂逐渐发展为双重含义。

1883 年,德国诉讼法学家尤里乌斯·格尔查(Julius Glaser)在其著作《刑事诉讼导论》(Handbuch des Strafprozesses)中首次提出"形式证明责任"(formelleBeweislast)与"实体证明责任"(materielleBeweislast)。随后,奥地利诉讼法学者又提出"主观证明责任"(subjektiveBeweislast)与"客观证明责任"(objektive-Beweislast)。罗森贝克在《德国民法典》颁行不久后,有力借鉴前人对证明责任的分类,认为证明责任应包含两层意思:其一,一方当事人为避免败诉而通过自己的行为对系争事实加以证明的责任;其二,不考虑当事人的任何诉讼活动,而仅考虑诉讼辩论的结果,并基于重要事实不确定性而产生的不利性。遂分别冠以两者"举证责任"(Beweisführungslast)与"确认责任"(Feststellungslast)的概念,并认为可分别对应前人的"形式证明责任或主观证明责任"与"实体证明责任或客观证明责任"。[③] 因上述两层含义着重点分别在于诉讼行为与辩论结果,

---

① [德]莱奥·罗森贝克:《证明责任论》,庄敬华译,中国法制出版社 2021 年版,第 7 ~ 9 页。
② 张卫平:《民事证据法》,法律出版社 2021 年版,第 271 页。
③ [德]莱奥·罗森贝克:《证明责任论》,庄敬华译,中国法制出版社 2021 年版,第 20 ~ 21 页。

故也常被称为行为意义的证明责任与结果意义的证明责任,但我国诉讼法学界常用客观证明责任与主观证明责任的概念。

客观证明责任与主观证明责任各自有其相对独立的运作空间与运行机制。[①] 客观证明责任着重于事实真伪不明状态出现时的不利后果分配,虽使用“责任”一词,但并非民事诉讼主体因违反某种义务而承担的消极后果,而是法系统在案件事实真伪不明时预先抽象配置的“风险”,与当事人的诉讼证明行为没有任何关系,[②]系属“法律拟制”,诉讼当事人无法改变。主观证明责任则更偏重于当事人未获得对其有利的心证而提出证据的必要性,[③]这导致各方当事人基于增强或降低法官心证的不同考量,均会承担主观证明责任。

（二）抽象证明责任与具体举证责任

罗森贝克虽区分客观证明责任与主观证明责任,但在其视野之中,证明责任主要是指客观证明责任,抽象的思维建构理论在面对复杂的证明实践时容易遇到解释困难,[④]或因偏重结果上的风险分配而忽视在诉讼过程中对当事人证明行为的规范。探究双方当事人的具体证明行为,则是将具体举证责任从罗森贝克主客观证明责任中抽离的主要考量。德国法学者遂将主观证明责任再行细分为主观抽象证明责任与主观具体证明责任,且客观证明责任与主观抽象证明责任可合并称为抽象证明责任,以有别于具体举证责任即主观具体证明责任。[⑤]

相较于罗森贝克静态的证明责任理论,具体举证责任能够回答何时法官可以对某一事实形成确信以及在法官形成临时心证后如何才能打破,[⑥]更关注当事人具体的举证行为以及证明责任的实务应用,从而赋予证明责任以动态特征。在承担客观证明责任的一方提供证据之后,另一方当事人或可提出反证以改变法官的临时心证,或可选择否认或者消极作为,从而使对方因证据不充分陷入承担客观证明责任的不利境地,此间均涉及具体举证责任的应用。

---

① 毕玉谦:《民事证明责任研究》,法律出版社 2007 年版,第 138 页。

② 胡学军:《现代证明责任“风险”性质重述》,载《法制与社会发展》2022 年第 2 期。

③ 毕玉谦:《民事证明责任研究》,法律出版社 2007 年版,第 139 页。

④ 胡学军:《从“抽象证明责任”到“具体证明责任”——德、日民事证据法研究的实践转向及其对我国的启示》,载《法学家》2012 年第 2 期。

⑤ 周洪波:《客观—主观证明责任体系解构》,载《法学家》2021 年第 1 期。

⑥ 任重:《论中国“现代”证明责任问题——兼评德国理论新进展》,载《当代法学》2017 年第 5 期。

若在一方当事人提供证据并使法官形成临时心证时,另一方选择放弃提供证据或者所提供证据不足以改变临时心证,则将因法官认定临时心证为真而承担具体举证责任的不利后果。而若另一方所提供证据足以改变临时心证,则具体举证责任将转移至对方,"迫使"对方再提供证据以再改变临时心证。因此,具体举证责任将根据法官临时心证的变化,在各方当事人之间反复移转。而当不承担客观证明责任的一方因其消极提供证据的行为而致案件事实难以认定并有违公平时,亦可能承担具体举证责任。具体举证责任的诞生在德国法上系伴随间接反证、阐明义务、证明妨碍等的发展,并备受辩论主义质疑。但因在现代社会,侵权和被侵权的主体在社会结构层次上基本被固定下来,而致当事人实质地位和掌握武器的不对等,故为实现实质公平,允许法官适当介入诉讼过程,促使不承担客观证明责任的当事人提出诉讼材料,以更好地发现案件事实。[①]

主观抽象证明责任则通常被认为是客观证明责任在辩论主义模式中的投影与反映,并与客观证明责任的分配相一致,在诉讼开始阶段及最终事实认定阶段将显现其作用。[②] 主观抽象证明责任实然表现为客观证明责任在特定案件中的具体应用,回答各方当事人在诉讼开始时,由哪一方当事人承担证明责任,以及在诉讼终结时,若案件事实真伪不明,由哪一方当事人承担什么样的不利后果的问题,并不随着诉讼活动而在当事人之间反复移转。

(三)举证证明责任

证明责任虽主要有两种分类,但因替代概念众多,且两种分类之间彼此交错,而致在我国使用时常出现概念混乱的现象。有观点认为基于"法律问题(证明责任)—事实问题(具体举证责任)"的二元结构,证明责任与具体举证责任应当各司其职且互为补充,[③]而致具体举证责任与证明责任呈现互不隶属的平行关系。亦有观点认为举证责任即为证明责任,[④]或承接罗森贝克《证明责任论》的使用方式,将客观证明责任特指称为证明责任。[⑤] 法律概念的混淆使用易致

① 胡学军:《从"抽象证明责任"到"具体证明责任"——德、日民事证据法研究的实践转向及其对我国的启示》,载《法学家》2012 年第 2 期。

② 胡学军:《论具体举证责任与抽象证明责任的二元分立》,载《厦门大学法律评论》2014 年第 2 期。

③ 任重:《论中国"现代"证明责任问题——兼评德国理论新进展》,载《当代法学》2017 年第 5 期。

④ 最高人民法院修改后民事诉讼法贯彻实施工作领导小组编著:《最高人民法院民事诉讼法司法解释理解与适用》(上),人民法院出版社 2021 年版,第 309 页。

⑤ 张卫平:《民事证据法》,法律出版社 2021 年版,第 273 页。

对证明责任的认知产生偏差，也不利于形成统一的研讨口径，彼此间易生歧义，概念厘清成为证明责任争论的主要焦点而逐渐忽视了“规范说”的实践应用方法。

20 世纪 80 年代我国正式启动审判方式改革，通过强化当事人的举证责任，以实现传统职权主义诉讼模式向当事人主义诉讼模式的转型。[①] 1991 年颁行的《民事诉讼法》，最终在其第 64 条第 1 款，[②]规定“谁主张，谁举证”的具体举证责任。但随着 20 世纪 90 年代“双重含义说”的引进，证明责任逐渐呈现出多重内涵，易致审判实务混淆不清。2015 年颁布的《民诉法解释》首次设置“举证证明责任”概念，旨在融合行为意义的举证行为以及结果意义的证明不利后果，即一方面，只要当事人在诉讼中提出于己有利的事实主张，则应当提供证据；另一方面，要求当事人在诉讼中提供证据，应当达到证明待证事实的程度，否则将承担相应的不利后果。[③] 这一看似杂糅的特殊概念，却可以改变“举证责任”与“证明责任”长期混淆使用的现状，为“规范说”的本土化应用奠定一定基础，但后续修订的相关司法解释（如《民事证据规定》）仍使用“举证责任”概念。为形成统一研讨口径，我国证明责任的基础概念可总结成以下示意图（见图 5－1）。

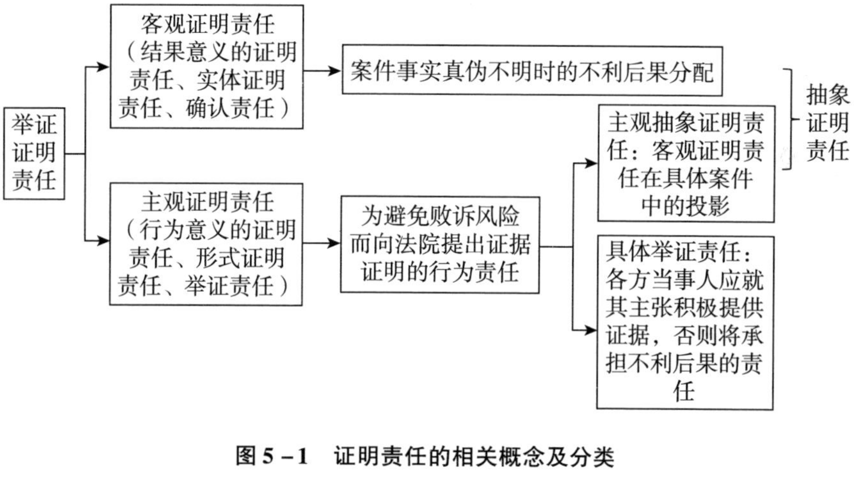

图 5－1 证明责任的相关概念及分类

---

① 胡学军：《四十不惑：我国证明责任理论与规范的协同演进史综述》，载《河北法学》2022 年第 4 期。

② 2021 年 12 月《民事诉讼法》修订后，为第 67 条第 1 款："当事人对自己提出的主张，有责任提供证据"。

③ 最高人民法院修改后民事诉讼法贯彻实施工作领导小组编著：《最高人民法院民事诉讼法司法解释理解与适用》（上），人民法院出版社 2021 年版，第 312 页。

二、《民诉法解释》对证明责任的框架设计探微

《民诉法解释》虽然创设“举证证明责任”的统一概念,但内涵极为丰富,《民诉法解释》第 90 条、第 91 条、第 108 条①均使用“举证证明责任”一词,可各自含义并不一致,审判实务与法学界的理解亦常有不一。为此,本章在“规范说”以及证明责任相关概念的总结之下,尝试厘清条文之间的逻辑结构,探索“规范说”在我国获得应用的基础框架。

(一)第 90 条:要件事实的证明

诉讼当事人在选择支持其主张的法律规范后,将围绕规范所涉事实提供证据,以实现司法三段论的适用,从而产生相应的实体法效果。因实体法规范以及相应的实体请求权,系由若干要件所组成,各方当事人主要围绕系争权利是否满足相应的要件而展开,证明要件事实的存在与否是各方当事人提交证据的目的所在,但各自动机并不相同。承担客观证明责任的一方当事人提供证据的动机是为避免待证事实陷入真伪不明状态,并使提供的证据能足以证明其事实主张,也正因这一动机,承担客观证明责任的当事人通常先向法院提供证明要件事实的相关证据,故在无证明责任倒置的情形下,承担客观证明责任的当事人负担首轮具体举证责任。而对于不承担客观证明责任的另一方当事人,其提供证据的目的是反驳对方主张,使对方承担客观证明责任的不利后果,即让案件事实陷入真伪不明状态,但无须达到足以证明其事实主张的程度。在该当事人提出反证以达成使事实真伪不明的目的后,承担客观证明责任的一方当事人,为避免案件真伪不明,又将向法院提交补充证据,以期足以证明其事实主张。如此循环反复,有助于推动法律事实接近客观真实,促进裁判结果的公正。各方当事人反复提交证据的行为即为具体举证行为,各方需积极举证以避免对方达成其目的的责任即为具体举证责任。

《民诉法解释》第 90 条第 1 款依据《民事诉讼法》“谁主张,谁举证”的规定,承继原《民事证据规定》第 2 条的内容,规定当事人应对其诉讼请求所依据

① 《民诉法解释》另涉“举证证明责任”应用的条文是第 309 条,但该条是第 90 条在案外人执行异议的具体展开。

的事实或者反驳对方诉讼请求所依据的事实提供证据证明。此间具有明显的行为意义的证明责任特征，并不涉及待证事实真伪不明时的裁判规则和依据，[①]应属具体举证行为的一般规定。而在第2款中，通过前半句“在作出判决前，当事人未能提供证据或者证据不足以证明其事实主张的”文义，可推知该款为当事人未完成适当的具体举证行为的法律后果，但在后半句“由负有举证证明责任的当事人承担不利后果”中所使用的“举证证明责任”之表述则并非特指具体举证责任或者客观证明责任。若承担客观证明责任的当事人未能提供证据或者证据不足以证明其事实主张的，则或因事实陷入真伪不明状态，或因对方当事人提供的证据足以证明该当事人的主张，而承担法官难以确信其事实主张为真的不利后果，体现为客观证明责任与具体举证责任的双重效果。而若不承担客观证明责任的当事人未能提供证据或者证据不足以证明其事实主张的，可能因对方当事人的证据足以证明其主张，而承担法官相信对方主张为真的不利后果，体现为具体举证责任的单一效果。第2款的功能更偏重于警示各方当事人需积极举证，以避免陷入不利后果，具体不利后果则应依据《民诉法解释》第108条的规定。

（二）第91条：法规范的分类

客观证明责任是证明责任分配的原生力，不仅决定主观抽象证明责任的归属，而且推动具体举证与质证程序的展开。因此，在“规范说”的应用思维中，客观证明责任的分配最为首要。罗森贝克的理论之所以被称为“规范说”，盖因客观证明责任的分配取决于客观的法规范，也正是根据法规范规定的不同要件，法官才能对当事人权利争议作出裁判，[②]而证明责任分配规范即是在案件事实真伪不明时分配客观证明责任的裁判依据，[③]其主要表现形式则为民事实体法，[④]这正是“规范说”之下能实现民事实体法与民事程序法相互衔接的原因所在。

---

① 最高人民法院修改后民事诉讼法贯彻实施工作领导小组编著：《最高人民法院民事诉讼法司法解释理解与适用》（上），人民法院出版社2021年版，第311页。

② 李浩：《规范说视野下法律要件分类研究》，载《法律适用》2017年第15期。

③ 刘鹏飞：《证明责任规范的功能性审视：以归责原则为重心》，载《政法论坛》2019年第3期。

④ 在少数情况下，启动某些诉讼程序亦需要当事人提供证据，故民事程序法也可成为分配客观证明责任的裁判依据，但对于证据责任的分配方法，并不因依据是民事程序法或民事实体法而有差异，本章内容均可参照适用。

基于“每一方当事人均必须主张和证明对自己有利的规范的条件”，罗森贝克认为应当依实体法律规范的法律效果对各方当事人是否有利来分配证明责任。即就实体法效果而言，有时有利于攻击者，有时有利于被攻击者，从而将法律规范条件的确认责任，依据是否有利，而分别分配给攻击者与被攻击者。[①] 因此，客观证明责任分配的关键在于，依对权利者是否有利而进行的实体法规范分类，罗森贝克据此将实体法规范分类为“基本规范”与“相对规范”。基本规范，即谓一个权利产生或被创设的规范，[②]又称为“权利发生规范”，其对权利主张者有利。相对规范，则系排除权利效果的规范，对权利否认者有利，并依时间、效果等不同，又可分为权利妨碍规范、权利限制规范（也称权利遏制规范、权利排除规范）与权利消灭规范。此为典型的法律规范“四分法”，且权利主张者需就权利发生规范承担客观证明责任，而权利否认者则需对权利妨碍规范、权利限制规范与权利消灭规范负担客观证明责任。

《民诉法解释》的制定者认为，我国民事实体法的规范结构与大陆法系实体法的规范结构相同，各种法律要件相对明确，因此区分和适用权利发生规范、排除规范、妨碍规范、消灭规范在司法实践中具备条件。[③] 第91条规定，就当事人主张法律关系存在、变更、消灭或者权利受到妨害的，应就相应的基本事实承担举证证明责任，此内容的文义与四类法律规范大致重叠但又略有不同。相较于《民事诉讼法》所规定的“谁主张，谁举证”，《民诉法解释》第90条、第91条进一步限定为“谁主张对自己有利的事实谁举证”，通过承认客观证明责任的理论基础，最终将第91条设置为客观证明责任分配的一般规则，本条中的“举证证明责任”特指“客观证明责任”。为此，第91条第1项规定：“主张法律关系存在的当事人，应当对产生该法律关系的基本事实承担举证证明责任”，实然解释为“主张权利存在的当事人，应对权利发生规范的适用承担客观证明责任”。而第2项规定：“主张法律关系变更、消灭或者权利受到妨害的当事人，应当对该法律关系变更、消灭或者权利受到妨害的基本事实承担举证证明责任”，其“法律关系变

---

① [德]莱奥·罗森贝克：《证明责任论》，庄敬华译，中国法制出版社2021年版，第121~122页。

② [德]莱奥·罗森贝克：《证明责任论》，庄敬华译，中国法制出版社2021年版，第123页。

③ 最高人民法院修改后民事诉讼法贯彻实施工作领导小组编著：《最高人民法院民事诉讼法司法解释理解与适用》（上），人民法院出版社2021年版，第316页。

更”之表述尤为特殊。因《德国民法典》并无法律关系变更之条文，但我国《民法典》存在合同变更等情形，故在传统“四分法”之外，我国还存在“权利变更规范”，其对权利否认方亦是有利，故也应由权利否认者承担客观证明责任。且司法解释制定者认为，“变更”在理解上也可与权利限制作同一理解，[①]故第 91 条第 2 项应解释为“主张权利受到妨碍、变更、消灭或者被限制的，应当对权利妨碍规范、权利变更规范、权利消灭规范、权利限制规范的适用承担客观证明责任”。

（三）第 108 条：证明标准与真伪不明的处理

《民诉法解释》第 108 条系规定举证证明责任的法律效果，但前两款所使用的“举证证明责任”分别有不同的内涵。第 1 款规定，对于负举证证明责任的当事人提供的证据，若法院经审查确信待证事实具有高度可能性，则应当认定该事实存在，此间的“举证证明责任”应指“具体举证责任”。同一待证事实从原被告的不同视角会呈现不同的形式，如就买受人是否向出卖人付款的待证事实，作为原告的出卖人为证明买受人未付款而提供证据，而作为被告的买受人则为证明已付款亦会向法院提供证据。在审判实务中，针对同一待证事实，原被告为改变法官的临时心证，会先后承担具体举证责任，当双方再无证据可予提供时，法官将根据各方提供的证据予以综合判断。以前述买卖合同纠纷为例，若法官认为买受人未付款具有高度可能性，应认定原告所主张的事实存在，若认为买受人已付款具有高度可能性，则应认定被告所主张的事实存在，因原告或被告所主张的事实均有可能达到高度可能性，故第 1 款的“举证证明责任”应特指不利后果而非固定于一方当事人的“具体举证责任”。

在第 2 款中，对一方当事人为反驳负有举证证明责任的当事人所主张事实而提供的证据，法院经审查认为待证事实真伪不明的，应当认定该事实不存在。本款首次在我国程序法中明确规定真伪不明的应对方式，对接客观证明责任的适用情形。真伪不明在原被告所主张的事实中可同时存在，如在上述买卖合同纠纷中，若法官根据双方当事人提供的证据，认为买受人付款或者未付款均未达到高度盖然性，则原告或被告所主张的事实均存在真伪不明，此时则应当根

---

① 最高人民法院修改后民事诉讼法贯彻实施工作领导小组编著：《最高人民法院民事诉讼法司法解释理解与适用》（上），人民法院出版社 2021 年版，第 317 页。

据客观证明责任，确定不利后果的承担者，并将其主张的事实拟制为不存在。至此，我国证明责任的基础应用逻辑可呈现为以下示意图（见图 5－2）。

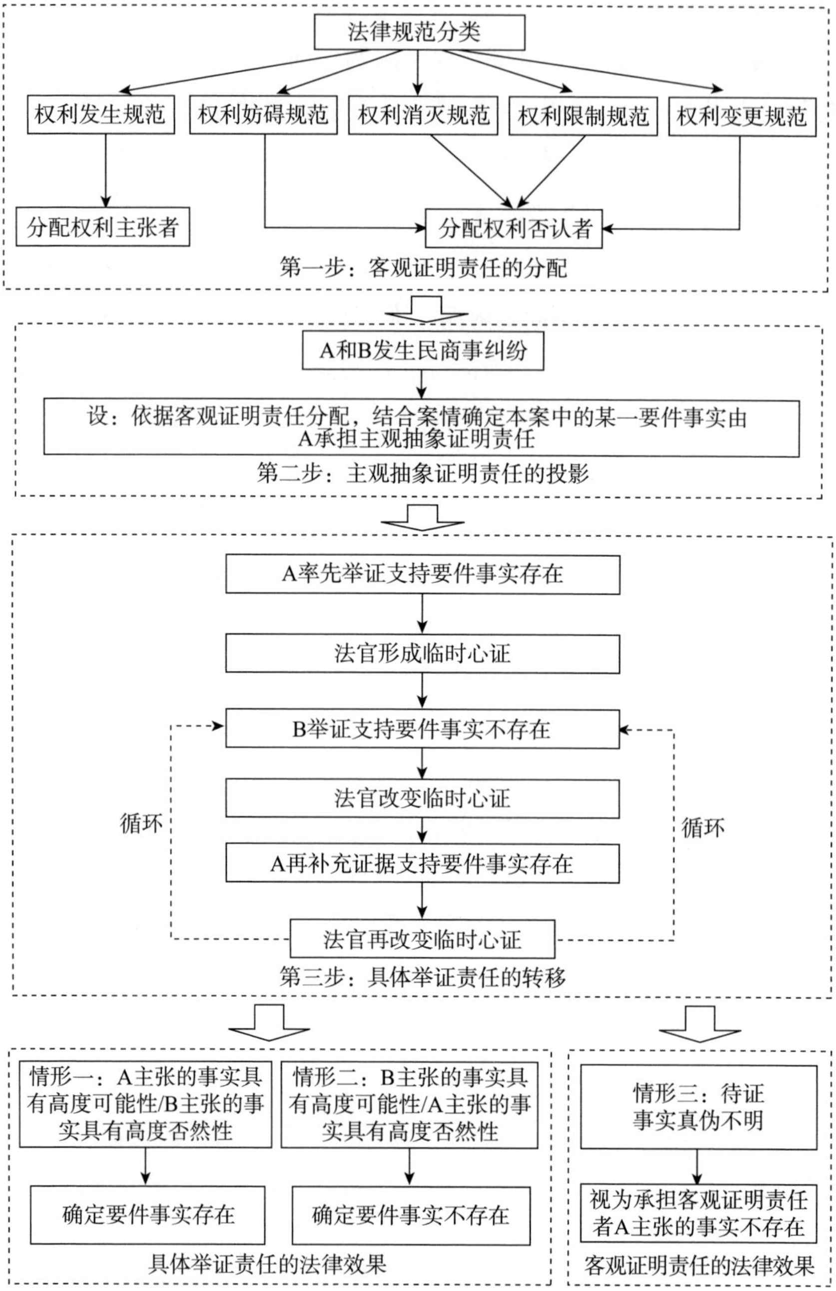

图 5－2 《民诉法解释》中证明责任的基础应用

第三节　证明责任制度设计与审判实务的偏离

“规范说”之下的证明责任应用思维看似清晰，客观证明责任业已成为诉讼法学界绝对主流的观点，但在审判实务中却呈现出另一番景象，①对“规范说”的适用必要性造成一定冲击。在此，需通过总结实践成效，厘清法院对证明责任的实际应用方式，以找寻“规范说”在审判实务中的运行障碍。

一、证明责任的实践应用探微

本章依托中国裁判文书网，以“证明责任”为关键词检索最高人民法院近两年来关于“举证证明责任”的应用情况，经剔除无关以及观点不甚清晰的案例后，共有471个相关案例，能相对准确地呈现出证明责任的实际运用状况。

（一）侧重关注当事人的具体举证行为

在471个样本案例中，仅有6个案例以案件事实真伪不明为由，对当事人的诉讼主张不予支持，另有47个案例因认为达到高度可能性，而对待证事实予以确认，但在剩余的418个案例中均以当事人未提交证据或者所提交的证据不足以支持为由，而对其事实主张未予采纳（见表5－1、图5－3）。事实上，若认为一方当事人提供的证据达到高度可能性，从另一方面也即意味着另一方当事人未能提供证据或者证据不足以证明其主张，因此除6个因真伪不明而对当事人的事实主张未予支持的案例之外，剩余465个案例均以一方当事人未提供证据或者证据不足以证明其主张为由而对其事实主张未予支持，所占比例高达98.73%。由此可见，即便是明确承认“规范说”的最高审判机关，在实际应用证明责任的过程中，仍以“谁主张，谁举证”作为基础的裁判依据，仍然侧重关注当事人具体的举证行为。

---

① 李浩：《证明责任的概念——实务与理论的背离》，载《当代法学》2017年第5期。

表 5－1　证明责任的实践应用情况

支持/不支持事实主张的原因	数量(个)	占比(%)
真伪不明	6	1.27
权利否认者不足以证明其主张	102	21.66
权利否认者未提供证据	41	8.70
权利主张者不足以证明其主张	268	56.90
权利主张者未提供证据	7	1.49
达到高度盖然性	47	9.98

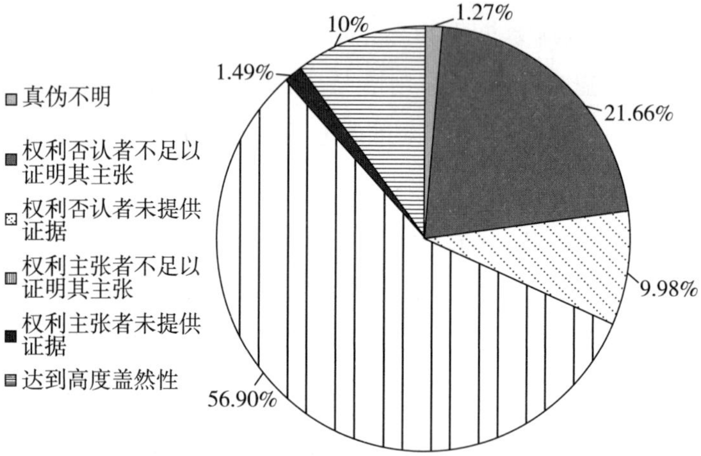

图 5－3　证明责任的法效果汇总

(二)引用证明责任条文混乱

样本案例中除因涉及借贷法律关系以及案外人执行异议,而分别引用《民间借贷规定》第 17 条、《民诉法解释》第 311 条之外,在剔除难以明确裁判依据的案例后,共有 318 个案例可确定其作出裁判的规范依据。其中,既有单独引用《民事诉讼法》第 67 条第 1 款、《民诉法解释》第 90 条第 1 款、第 90 条第 2 款、第 91 条、第 108 条第 1 款、第 108 条第 2 款的情形,也有前述各个条文彼此之间的合并引用(见表 5－2)。

表 5－2　证明责任核心条文的引用汇总

引用条款	案例数量(件)
《民事诉讼法》第 67 条第 1 款	12
《民诉法解释》第 90 条第 1 款	1
《民诉法解释》第 90 条第 2 款	3
《民诉法解释》第 90 条	130
《民诉法解释》第 91 条	13
《民诉法解释》第 108 条第 1 款	33
《民诉法解释》第 108 条第 2 款	2
《民诉法解释》第 108 条	23
《民事诉讼法》第 67 条第 1 款 +《民诉法解释》第 90 条第 2 款	15
《民事诉讼法》第 67 条第 1 款 +《民诉法解释》第 90 条	55
《民事诉讼法》第 67 条第 1 款 +《民诉法解释》第 91 条	12
《民事诉讼法》第 67 条第 1 款 +《民诉法解释》第 108 条第 1 款	1
《民事诉讼法》第 67 条第 1 款 +《民诉法解释》第 108 条	5
《民事诉讼法》第 67 条第 1 款 +《民诉法解释》第 90 条第 2 款 +《民诉法解释》第 91 条	1
《民事诉讼法》第 67 条第 1 款 +《民诉法解释》第 90 条 +《民诉法解释》第 91 条	1
《民事诉讼法》第 67 条第 1 款 +《民诉法解释》第 90 条第 2 款 +《民诉法解释》第 108 条	1
《民诉法解释》第 90 条第 2 款 +《民诉法解释》第 91 条	3
《民诉法解释》第 90 条 +《民诉法解释》第 91 条	3
《民诉法解释》第 90 条 +《民诉法解释》第 108 条第 1 款	3
《民诉法解释》第 90 条 +《民诉法解释》第 108 条	1

(三)差误认知证明责任的分配

在"规范说"之下,证明责任分配仅存在于客观证明责任之中,且客观证明责任的分配具有法定性。而在具体举证责任之中,仅存在具体举证责任的转移,并不存在具体举证责任的分配。只是在诉讼启动时,承担客观证明责任的当事人为避免案件陷入真伪不明状态,而首先负担具体举证责任,反映的是客观证明责任分配的结果。但在样本案例中,却有法官在判决理由部分陈述其分配证明责任的方法,[①]与“规范说”的内在要求不相符合。但如对其所谓的“证明责任分配”内容细究之,实然是分析如何通过当事人提供的证据认定其事实主张是否为真,即阐述证明标准,或者具体举证责任转移的标准,从而映射出目前审判实务未能区分证明责任分配与证明标准的现状。

(四)错误使用证明责任的衍生概念

“规范说”的引入不仅提供了案件事实真伪不明时的裁判依据,也意味着证明责任的双重内涵获得实质认可,进而导致某些传统的诉讼行为概念及界分标准也随之发生变化。但因审判实务尚未对主客观证明责任树立正确的认知理念,对证明责任的某些衍生概念存在错误使用的情况。

1. 否认与抗辩:抗辩可分为三种形态:一是权利障碍的抗辩,即主张权利因一定的事由自始不发生;二是权利毁灭的抗辩,即主张权利虽曾一度发生,但其后因一定的事由归于消灭;三是抗辩权,即义务人对权利人得拒绝给付的权利。[②] 前述三类抗辩分别对应于权利妨碍规范、权利消灭规范、权利限制规范,因此在“规范说”下,权利否认者应对其所主张之抗辩承担客观证明责任。诉讼质证与辩论中的否认,则通常是指主张对方事实主张为不真实或对相对方的申请或主张予以否定,[③]其含义着显抽象,且以抗辩的形式反驳对方的权利,也是否定对方主张的形式之一,否认遂逐渐作狭义解释,而与抗辩相互对立,即指对主张否认者不承担客观证明责任的否定,否认的对象即权利发生规范。但在样本案例中,存有否认与抗辩相互混淆的情况,体现出对客观证明责任分配的理解错误。[④]

---

① 最高人民法院(2020)知民终 274 号民事判决书:关于销售者是否具有过失的证明责任分配,应注意保护专利权和维护正常市场交易秩序之间的平衡,站在诚信经营者的角度,尊重合法、正常的市场交易规则。一般而言,如果销售者能够证明其遵从合法、正常的市场交易规则,取得所售产品的来源清晰、渠道合法、价格合理,其销售行为符合诚信原则、合乎交易惯例,则销售者已经恪尽作为诚信经营者应负的合理注意义务,可推定其主观上无过失。

② 王泽鉴:《民法思维:请求权基础理论体系》,北京大学出版社 2015 年版,第 135 页。

③ 陈刚:《抗辩与否认在证明责任法学领域中的意义》,载《政法论坛》2001 年第 3 期。

④ 如最高人民法院(2021)民申 1695 号民事裁定书:最高人民法院认为玉屏箫笛协会主张被诉侵权商品侵害了涉案商标权,并提交了公证书等证据,已经尽到了初步的举证义务,黔南箫笛公司辩称被诉侵权商品来源合法,其销售标有“玉屏箫笛”商标的商品系经过合法授权,应当就其抗辩理由承担相应证明责任,二审法院对举证责任的分配并无不当,黔南箫笛公司的相关再审申请理由亦不能成立。在本案中,权利主张者承担证明侵权行为违法性的客观证明责任,权利否认者如认为侵权合法,虽需就其主张承担具体举证责任,但并不承担客观证明责任,故在本案中辩称“被诉侵权商品来源合法,其销售标有‘玉屏箫笛’商标的商品系经过合法授权”应属否认,而非抗辩。

2. 本证与反证：本证系负有客观证明责任的一方当事人提出的用于证明自己所主张事实的证据，其作用在于使法院对待证事实的存在与否予以确信。反证则是指没有客观证明责任的一方当事人提出的为证明对方主张事实不真实的证据，其作用在于使法院对本证证明的事实确信发生动摇。[①] 两者之识别系依客观证明责任之负担，但在样本案例中，却存在依当事人诉讼地位而区分本证与反证的情形，[②]从而与两者之实质内涵不相符合。

(五)权利主张者的证明负担较重

现代证明责任理论在“规范说”之前即已初步确立，其中德国诉讼法学者莱昂哈德亦认为证明责任分配学说在方法论上应着眼于对实体法的分析，并依此提出“全备说”，但认为原告不仅要证明权利发生的法律要件事实存在，还要证明权利妨碍法律要件事实不存在，[③]然因将加重原告的诉讼负担而备受争论。事实上，莱昂哈德考虑证明责任分配问题的方法论对罗森贝克的理论具有直接的启发意义。[④] 罗森贝克在此基础之上，仅将权利发生的法律要件事实证明责任分配给权利主张者，以平衡各方诉讼当事人之间的证明负担。但在样本案例中，仅因权利主张者提供的证据不足以证明其主张而予以驳回的案例即占56.90%，在目前的审判实务中，权利主张者的证明负担明显偏重，与“规范说”的目的价值多有违背。

---

① 张卫平：《民事诉讼法》，法律出版社 2021 年版，第 230 页。

② 如最高人民法院(2021)最高法民申 5301 号民事裁定书：最高人民法院认为根据《最高人民法院关于适用〈中华人民共和国民事诉讼法〉的解释》第 91 条第 1 项规定：“人民法院应当依照下列原则确定举证证明责任的承担，但法律另有规定的除外：(一)主张法律关系存在的当事人，应当对产生该法律关系的基本事实承担举证证明责任”。《最高人民法院关于审理民间借贷案件适用法律若干问题的规定》第 2 条第 1 款规定：“出借人向人民法院提起民间借贷诉讼时，应当提供借据、收据、欠条等债权凭证以及其他能够证明借贷法律关系存在的证据。”具体到本案而言，余某芬作为原告主张借贷关系成立，应当提供证据证明双方存在借贷合意、款项已实际交付。陈某作为被告反驳余某芬的诉讼请求，抗辩讼争款项系投资款，也应对此举证证明。余某芬承担的是本证的证明责任，陈某承担的是反证的证明责任。

③ 胡学军：《从“抽象证明责任”到“具体证明责任”——德、日民事证据法研究的实践转向及其对我国的启示》，载《法学家》2012 年第 2 期。

④ 胡学军：《从“抽象证明责任”到“具体证明责任”——德、日民事证据法研究的实践转向及其对我国的启示》，载《法学家》2012 年第 2 期。

二、证明责任理论与审判实务偏离的原因

(一)避免激起诉讼当事人对"真伪不明"的疑虑

即便是规定客观证明责任分配一般规则的《民诉法解释》第91条,其文义表述依然具有较强的"行为"色彩,易被理解为仅系"谁主张,谁举证"的具体化。偏重于举证行为的"谁主张,谁举证"依然是法院的主流思维,其基本逻辑表现为当事人通过适用对自己有利的实体法律规范,向法院主张对自己有利的案件事实,而在对方当事人对这一事实提出争议时,则应当提供证据证明这一事实的真实性,若未能提供证据或者虽提供了一定证据但举证不充分,则无法支持当事人的诉请。在此过程中,裁判结果与提供证据行为之间的关系简单明了,当事人也更容易接受。[①] 客观证明责任涉及"真伪不明"的理念,而"事实认定不清"却是当事人提起上诉或者申请再审的主要事由,在"非黑即白"的传统文化观念下,对普通公众而言,案件认定事实仅有"真"或"伪"之分,并不存在"真伪不明"之说,若法院在判决理由部分使用"真伪不明"一词,易致当事人认为法院未积极依据所提交的证据查清案件事实。

(二)传统法官主导性思维难以一时改变

在客观证明责任被正式引入我国前,"举证责任分配"即被作为民事诉讼法学的热点之一。"举证责任分配"之表述实际并不妥当,《民事诉讼法》一贯规定"谁主张,谁举证",即任何一方当事人均有提交证据的责任,每一方当事人为证明其主张,均负担举证责任。在"规范说"尚未获得官方认可前,证明责任的"双重含义说"便已生根发芽,"举证责任分配"即要求承担举证责任的一方当事人能足以证明其事实主张,尤其在案件事实真伪不明时为法官提供裁判的依据,并依此确定败诉后果的承担者。[②] 因此"举证责任分配"虽侧重当事人的具体举证行为,但就效果而言更类似于"客观证明责任",旨在应对案件事实真伪不明时的裁判困境,更准确的称谓应为"证明责任分配"。为此,有学者便通过

---

① 李浩:《证明责任的概念——实务与理论的背离》,载《当代法学》2017年第5期。

② 肖建国:《论民事举证责任分配的价值蕴涵》,载《法律科学(西北政法大学学报)》2002年第3期。

参考“规范说”，以实体法规范推知举证责任分配规则，[①]从而为法官分配举证责任提供一种解释路径，但因“规范说”尚未获得认可，故此分配方法并不具有强制效力。彼时因并无“证明责任分配”的具体规范，除“规范说”之外，也有通过诚信原则[②]或者经验法则[③]等分配证明责任，真伪不明的不利后果由谁来负担，主要依据法官的自由裁量，并进而影响当事人的具体举证行为。

(三)“规范说”存在难以完全克服的固有局限性

“规范说”将证明责任分配完全依托于法律规范，故适用“规范说”的前提须是存在逻辑完善、表述完备的法律规范体系。虽然《民法典》业已颁行，但部分条文仍存在理解歧义、内容不尽、衔接不畅的情况，《民法典》亦未贯彻《德国民法典》的“请求权/抗辩”的思路，而是采用“义务/责任”的思路，[④]能否从目前的条文之中抽象出相关要件，以实现客观证明责任的分配存有难度。且在“规范说”下证明责任难以兼顾个案的公平，有时可能难以应对变化多端的诉讼纠纷，[⑤]“规范说”本系为平衡各方当事人间的证明负担，但若严格遵循，却可能造成当事人间的实质失衡。同时，因实体法规范作为行为规范，主要规定当事人的权利成立与否，“规范说”难以实现权利效果的证明责任分配，如在确认原告享有损害赔偿请求权后，通过各方当事人提交的证据难以确认损害金额，则该不利后果应由哪一方当事人承担以及不利后果的表现形式是什么，“规范说”均不能予以回答。

(四)“规范说”存在亟待解决的操作困境

法律规范的分类、要件事实的证明、事实主张真伪的判断是应用“规范说”最为关键的流程节点，但在具体的审判实践中，却都存有较大的操作障碍。

1. 难以准确区分法律规范的类型：在五类法律规范中，权利发生规范与权利妨碍规范难以区别，其原因在于，在权利发生规范的构成要件完全实现之前，权利妨碍规范的前提条件就必须已经存在，可以说权利发生规范与权利妨碍规

---

① 程春华：《举证责任分配、举证责任倒置与举证责任转移》，载《现代法学》2008 年第 2 期。
② 毕玉谦：《举证责任分配体系之构建》，载《法学研究》1999 年第 2 期。
③ 程春华：《举证责任分配、举证责任倒置与举证责任转移》，载《现代法学》2008 年第 2 期。
④ 刘小砚：《论证明责任分配视域下民法典的规范构造》，载《华东政法大学学报》2019 年第 3 期。
⑤ 王刚：《证明责任减轻制度研究》，载《比较法研究》2021 年第 6 期。

范在权利产生具有决定意义的同一时刻出现。[①] 以请求承担违约责任为例，权利人能获支持的前提在于合同成立并生效，那么合同的成立要件、生效要件系属权利发生要件还是权利妨碍要件则存有疑问，成立与生效既可促使请求权产生，但就另一角度而言，不成立与不生效又可妨碍请求权效力，因此权利发生规范与权利妨碍规范的界限实显模糊。

2. 难以依据法律规范完整证明要件事实：以“规范说”为代表的法律要件分类说，将当事人的证明对象拆分为若干要件，且每一要件又可细分为若干子要件，如在合同成立要件中，又可细分为要约要件与承诺要件，且因要约与承诺均系意思表示，对两者均需考虑意思表示要件。法官经过多年的业务积累以及法律专业技能培养，通常能把握相关规范要件，但当事人每一项主张往往内含诸多要件，在缺少强制代理制度的背景下，若要求当事人需就所有要件提供证据，难免有所遗漏，对承担客观证明责任的当事人尤显失衡。

3. 难以界定并解释“真伪不明”：真伪不明实然属于高度可能性与高度否然性的中间形态，若依据证据，在可能存在真伪不明的情况下，如何界定真伪不明与高度可能性、高度否然性之间的界限尤为困难。特别因真伪不明属于内心不确定的心证状态，在当事人尚难以接受“真伪不明”的背景下，是否需要以及如何公开真伪不明的心证存有疑问。

第四节　证明责任“规范说”的客观障碍破解

“规范说”的固有局限性与亟待解决的操作困境，是“规范说”在审判实务中难获适用的客观障碍，法院难以通过主观意志予以改变。本节将尝试以民事程序法的现行制度为基础，连贯证明责任与其他诉讼制度理论，增强证明责任“规范说”的可操作性。

一、法律规范类型的基础识别

“规范说”的基础是“每一方当事人均必须主张和证明对自己有利的规范的

---

① 李浩：《规范说视野下法律要件分类研究》，载《法律适用》2017 年第 15 期。

条件",实现法律规范分类的首要,应在于判断法律规范对哪一方当事人有利,但任何一条文从不同视角,均可被解读为对各方当事人有利。如《民法典》第1165条第1款,其正面规定是行为人因过错侵害他人民事权益造成损害的,应当承担侵权责任,自是对受害方有利,但其反面内容即是行为人不承担侵权责任时,说明行为人非因过错侵害他人民事权益并造成损害,显然又对侵权方有利。但就立法目的而言,民法旨在规范当事人的民事活动,具有行为引导价值,并为当事人提供救济,因此"规范说"之下,应仅以法律规范的正面文义确定对哪一方当事人有利,以符合实体法的目的导向。

（一）证明责任分配规范

证明责任规范仅指解决法律适用方法的抽象规则,在我国即对应《民诉法解释》第91条,但证明责任的分配却是由实体法完成。[①] 并非所有的民事实体法条文均可作为客观证明责任分配规范。从历史的角度看,"规范说"源生于刑事诉讼。边沁指出一部刑事法律在创设一条关于犯罪的法规范时,法律一方面规定某行为构成犯罪,另一方面规定对这一行为通过裁判的惩罚。[②] 依据当事人和裁判者不同的视角,同一实体法规范可分别表现为行为规范与裁判规范。证明责任分配规范作为裁判依据,应首先将《民法典》中纯粹的行为规范排除于外,[③]具有裁判规范属性的实体法方可作为证明责任分配规范。

（二）五类法律规范的识别特征

1. 权利发生规范与权利妨碍规范

在权利发生规范中,所发生的权利包括请求权与形成权,因形成权类型固定,其权利发生规范较易识别,而请求权类型众多,故对其权利发生规范的识别尤为困难。请求权基础即谓可供支持一方当事人得向他方当事人有所主张的法律规范,[④]因此准确识别权利发生规范的关键在于寻找请求权基础。权利妨碍规范则能从一开始即阻止权利发生规范的效力产生,导致该规范的后果自始不能实现。普维庭认为权利妨碍规范纯粹是一种语言上的对基本规则例外情

---

① 刘鹏飞:《证明责任规范的功能性审视:以归责原则为重心》,载《政法论坛》2019年第3期。

② 陈绍松:《规范分离与裁判接受》,载《政法论坛》2016年第1期。

③ 如《民法典》第9条:民事主体从事民事活动,应当有利于节约资源、保护生态环境。

④ 王泽鉴:《民法思维:请求权基础理论体系》,北京大学出版社2015年版,第41页。

况的概括性描写，[①]因此权利发生规范与权利妨碍规范的关系可用规则与例外的关系来表述，即权利发生规范规定，在何等前提条件下，一项权利或法律关系应当产生，而权利妨碍规范则表明，如果添加一个或者数个特定的要素，这项权利或法律关系就例外地不产生。[②] 可见，权利妨碍规范的典型识别特征表现为条文内容间出现转折关系、存在主句—从句形式。[③] 如依据《民法典》第 169 条第 3 款，其前半句规定“转委托代理未经被代理人同意或者追认的，代理人应当对转委托的第三人的行为承担责任”，规定请求权的产生，系属权利发生规范，权利者承担被代理人未同意或未追认转委托代理的客观证明责任，而其后半句规定“但是，在紧急情况下代理人为了维护被代理人的利益需要转委托第三人代理的除外”，因添加“为了维护被代理人的利益”要素，并使用“但是”转折连词，故属于权利妨碍规范，代理人应对“维护被代理人的利益”承担客观证明责任。然而，并非所有的条文都能通过前后文的联系，准确推导出“规则与例外”的关系。对于客观证明责任者所欲证明的要件，可能分布于《民法典》的不同条文之中，而难以判断应属规则抑或例外的要件。

德国民法学家梅迪库斯将与请求权相关的规范细分为请求权规范、反对性规范、辅助性规范。请求权规范即是一个具有构成要件及法律效果的规范，[④]前述的《民法典》第 169 条第 3 款即为典型，也正因“要件”与“发生结果”的搭配，此类权利发生规范较易识别，在出现转折内容时，也易识别为权利妨碍规范。每一项请求权均有其请求权规范，但请求权的所有要件不可能都规定于请求权规范之中，这造成某些要件事实因游离于请求权规范之外而难以判断是否属于请求权基础。反对性规范即谓抗辩性规范或称抗辩基础，旨在阻碍请求权规范的有效性，[⑤]其中的“权利阻碍抗辩基础”即是权利妨碍规范。辅助性规范则是在适用请求权规范时“起辅助作用”的规范，[⑥]仍以《民法典》第 169 条第 3 款为例，权利人主张对代理人的责任，需以成立委托代理关系为要件，故第 162 条、

---

① ［德］普维庭：《现代证明责任问题》，吴越译，法律出版社 2006 年版，第 394 页。
② 毕玉谦：《民事证明责任研究》，法律出版社 2007 年版，第 213 页。
③ 胡学军：《证明责任“规范说”理论重述》，载《法学家》2017 年第 1 期。
④ 王泽鉴：《民法思维：请求权基础理论体系》，北京大学出版社 2015 年版，第 46 页。
⑤ ［德］迪特尔·梅迪库斯：《请求权基础》，陈卫佐等译，法律出版社 2016 年版，第 12 页。
⑥ ［德］迪特尔·梅迪库斯：《请求权基础》，陈卫佐等译，法律出版社 2016 年版，第 12 页。

第165条均为辅助性规范。辅助性规范虽可辅助请求权规范的实现，但有些反对性规范也需依赖辅助性规范，如当所有权人请求占有人返还房屋时，占有人可依据的反对性规范为《民法典》第458条，但为证明存在合同关系，则须依赖合同成立的辅助性规范。因此对于未明确规定权利效果的辅助性规范，或因辅助请求权规范而成为权利发生规范，或因辅助反对性规范而成为权利妨碍规范，这正是难以区别权利发生规范与权利妨碍规范的症结之处。由此可见，识别辅助性规范的“辅助动因”正是实现权利发生规范与权利妨碍规范相区分的核心所在，若能根据其正面文义实现对权利主张者的辅助，则应为权利发生规范，相反若能实现对权利否认者的辅助，则应为权利妨碍规范，这也符合法律规范要件对谁有利，谁来承担客观证明责任的内在要求。

为引用请求权规范，在要件认知下相应的辅助性规范较易确定，但在部分要件的认定上，却有争议。《民法典》第577条是违约责任的请求权规范，但若主张合同上的请求权，则以合同有效存在为前提，即须具备“合同成立”以及“合同有效”两个要件。若按照前述论证，二要件作为第577条的辅助，违约责任的请求权人均应当承担客观证明责任，但后者却常不被作为请求原因，而将客观证明责任分配予违约方。[①] 有学者以行为能力为例，认为大多数民事法律行为是由有相应行为能力的人实施的，欠缺行为能力是例外，因此效力规则属于例外规则。[②] 也有学者从民法整体价值取向上，认为由受害人原则上承担侵权责任的客观证明责任，是为避免侵权人因证明负担过重而限制民事主体的行为自由，而在合同效力的认定方面，违约方否认合同效力将阻碍契约行为自由，故应由其承担合同无效的客观证明责任，而非由请求权人承担合同有效的客观证明责任。[③] 但第一个观点将客观证明责任脱离于客观的法律规范，而按照第二个观点的逻辑，则违约方的任何主张均在限制契约行为自由，违约方将对其所有主张承担客观证明责任，诚非合理。

合同有效要件的证明责任问题依“规范说”即可解决，《民法典》第502条第

① 袁中华：《违约责任纠纷之证明责任分配——以〈民法典〉第577条为中心》，载《法学》2021年第5期。

② 李浩：《民事行为能力的证明责任——对一个法律漏洞的分析》，载《中外法学》2008年第4期。

③ 易军：《法律行为生效要件体系的重构》，载《中国法学》2012年第3期。

1 款规定："依法成立的合同，自成立时生效，但法律另有规定或当事人另有约定的除外。"本条作为辅助性规范，其辅助动因系辅助请求权规范，故请求权人仍需承担合同有效要件的客观证明责任。但因其间亦存"规则—例外"关系，以合同成立即生效为一般情形，若存在其他不能即时生效的情形，则属于例外。若请求权人已证明合同成立并达到高度盖然性，则因"合同成立即生效"的一般规则，推定合同有效，具体举证责任即已转移至违约方，违约方若欲证明合同无效，则由其首先提交合同效力方面的证据，若足以改变法官的临时心证，则具体举证责任转移至请求权人。若请求权人不足以证明合同有效，则将承担客观证明责任，即拟制为合同无效。相反，若违约方不足以改变法官的临时心证，法官将确认合同有效达到高度盖然性，请求权人无须提交任何合同效力方面的证据。

2. 权利消灭规范

权利消灭规范系当权利发生规范的后果已经产生后，使请求权归于消灭的规范，[①]故以请求权/形成权产生后终局消灭，即"曾产生"为特征。如依《民法典》第 557 条，当债务已经履行、抵销、提存、免除、混同等，作为债权救济权的请求权在发生后即告消灭，此为典型的权利消灭规范。唯某些效力瑕疵之情形，如欺诈、胁迫、重大误解、乘人之危所实施的民事法律行为，当权利否认者以行使撤销权为由而为抗辩时，双方当事人间的权利义务关系被撤销后即被视为自始无效，但因撤销前，权利属于有效状态，故仍应将撤销的相关规范认定为权利消灭规范。[②]

3. 权利变更规范

权利变更规范是相较德国"四分法"而言的特别实体法律规范，区别于权利消灭规范，所涉权利尚未消灭，但内容相较基础权利产生时已经变更或依公平原则可发生变更。其典型如依《民法典》第 533 条，在发生情势变更时，可变更合同内容，以作为对抗按照权利人请求的全部内容履行的抗辩。

---

① ［德］莱奥・罗森贝克：《证明责任论》，庄敬华译，中国法制出版社 2021 年版，第 123～124 页。
② 李浩：《规范说视野下法律要件分类研究》，载《法律适用》2017 年第 15 期。

4. 权利限制规范

权利限制规范是在请求权发生之后，并在权利人行使权利之际，对请求权的效果加以遏制。[1] 相较于权利妨碍规范，权利限制规范中的权利已产生，而相较于权利消灭规范，其权利尚未消灭，只是权利效果受到一时或者永久限制而暂时或者永久不能行使。权利限制规范对应于抗辩权，并依权利效果之限制方式，而有一时抗辩权与永久抗辩权之别。一时抗辩权仅可暂时限制权利效果，包括先履行抗辩权、同时履行抗辩权、不安抗辩权、先诉抗辩权等。永久抗辩权则可永久限制权利效果，典型如时效抗辩权，对于已届诉讼时效的请求权，其权利依然存在，但在义务方行使时效抗辩权时，则请求他人履行的效果无法产生。然对于除斥期间之规定，因所涉权利已届除斥期间而消灭，故属于权利消灭规范。

综上，依据五类法律规范的识别特征，可简要概括为以下示意图（见图5－4）。

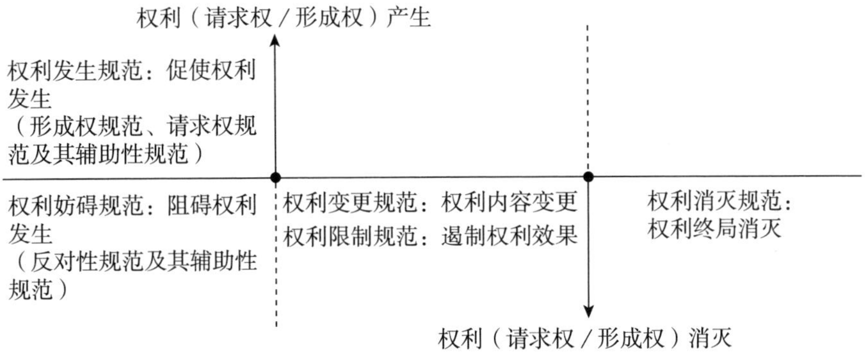

图5－4　法律规范分类示意图

二、具体举证责任转移的机动运用

“规范说”将客观证明责任的分配归之于静态的法律规范，难免存在证明责任分配的失衡。不当得利“没有法律依据”的证明责任可为典型。根据《民法典》第122条的规定：“因他人没有法律根据，取得不当利益，受损失的人有权请

---

① 李浩：《规范说视野下法律要件分类研究》，载《法律适用》2017年第15期。

求其返还不当利益。”本条既有要件又有法律效果，属于典型的请求权规范，按照“规范说”的原理，不当得利请求权人应就“没有法律依据”承担客观证明责任。但有学者认为，为降低请求权人的证明负担，应以规范说为出发点，辅之以公平原则以及可归责性，依据不当得利产生的原因或者不当得利类型分配“没有法律依据”的客观证明责任。[①] 然而，一旦允许“规范说”之外存有客观证明责任分配的例外，则是何例外难以界定，客观证明责任的分配将逐渐由法官自由裁量而被“架空”，因此若采“规范说”，除法律明文规定的例外情形，客观证明责任分配仅可依据法律规范。对于客观证明责任分配的失衡，仅能适度强化法官主观能动，并通过具体举证责任弥补。

（一）临时心证

在罗马法早期即已出现“否定者毋庸举证”的证明规则，后在近代发展为“消极事实说”，即主张积极事实的，就其事实应负证明责任，主张消极事实的，则不负证明责任。此间依据是消极事实本系未曾发生的事实，若需证明则存在极大障碍。[②] 一方当事人可能因其诉讼地位而存在固有的证明困难，“违约金酌减”即是范例。根据《民法典》第585条第2款，“违约金酌减”作为违约金请求的例外，且涉违约金金额的变更，系属权利变更规范，应由违约方承担客观证明责任。但“违约金是否过分高于实际损失”以及“违约金如何酌减”均涉及守约方的损害，违约方就其违约行为造成多少损害难以证明。为此，“初步证明说”逐渐获得应用，即虽就当事人对待证事实的证明需达到“高度可能性”的标准，但因诉讼证明作为一个整体，当事人的每一次举证未必达到高度可能性程度。[③] 具体举证责任系依临时心证的变化而转移，但临时心证并非待证事实达到高度可能性的确信状态，仅是认为当事人的主张有可能为真的临时心理状态，为达到高度可能性，则应通过具体举证责任的反复转移，促使当事人积极提供其所掌握的所有证据。

客观证明责任既是真伪不明风险的分配，也是承担者率先向法院举证的

---

① 陈维君：《类型化基础法律关系视角下不当得利“没有法律依据”要件之证明责任分配》，载《河北法学》2019年第7期。

② 毕玉谦：《民事证明责任研究》，法律出版社2007年版，第40～41页。

③ 吴泽勇：《违约金调减的证明责任问题》，载《法学评论》2022年第1期。

动因,针对违约方证明困境的合理解决方式是尽可能由守约方首先就其损害额进行举证。在遇证明困难等情形时,承担客观证明责任的当事人仍需提出初步证据,但所证明的事实可能性可适当低于通常达到临时心证的盖然性,再将具体举证责任转移至对方当事人。需强调的是,一般临时心证虽不要求达到高度可能性,但应至少达到盖然性优势,[①]即负有证明责任的当事人就其主张的事实上的真实性大于不真实性,或谓其主张事实成立的可能性达到50%以上。

在当事人辩论主义之下,由当事人提供证据应为原则,仅在各方当事人均难以提交证据的情况下,方由法官主动依职权调查,我国审判实践也一贯对依职权主动调查收集证据持谨慎立场。[②] 灵活使用临时心证是促使不存在证明困难的另一方积极提供证据,以在兼顾证明负担的同时,尽可能由当事人负责还原案件事实真相,这与《民事诉讼法》的价值并不违背,有助于维护当事人的实体权益,也可有效减轻当事人以事实认定不清而提起上诉和申诉的意愿,故对“证明困难”的认定不应过度严格,应包括承担客观证明责任的一方当事人因年老、残疾、贫困等个人原因难以收集、提交证据的情形。

(二)证明责任倒置

证明责任倒置并未转移客观证明责任,而是将客观证明责任者所需证明的内容推定为存在,承担客观证明责任的当事人无须提交初步证据,若对方当事人不能证明某项事实不存在,则此项事实即被视为存在,故也被称为“举证责任倒置”。[③] 其内核是由不承担客观证明责任的一方当事人首先承担具体举证责任,但因与民事诉讼一般举证、质证程序明显不同(见图5-5),对辩论主义的干预程度较大,故证明责任倒置之情形仅可依据法律。

---

① 吴泽勇:《违约金调减的证明责任问题》,载《法学评论》2022年第1期。

② 最高人民法院修改后民事诉讼法贯彻实施工作领导小组编著:《最高人民法院民事诉讼法司法解释理解与适用》(上),人民法院出版社2021年版,第328页。

③ 周翠:《〈侵权责任法〉体系下的证明责任倒置与减轻规范——与德国法的比较》,载《中外法学》2010年第5期。

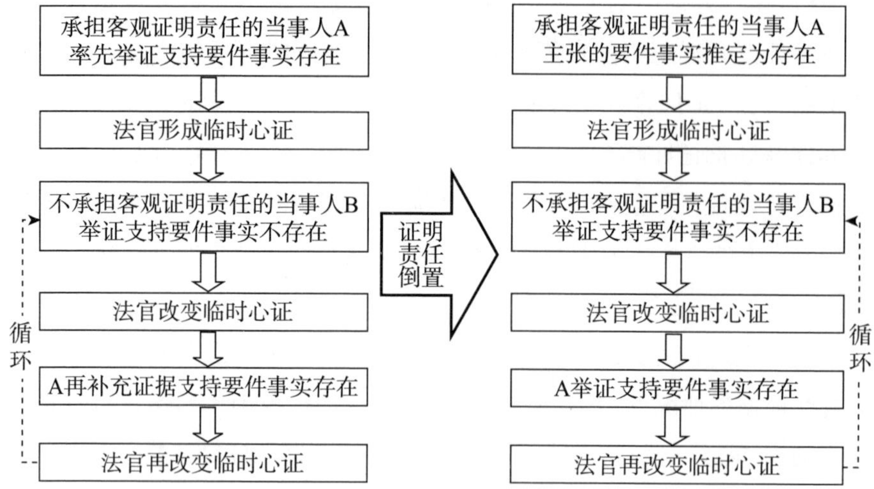

图 5－5　证明责任倒置示意图

证明责任倒置在《民法典》侵权责任编中最是常见，通过过错推定、因果关系推定等，由加害人首先承担向法院提供证据的具体举证责任，如第 1199 条、第 1230 条、第 1237 条等，以"……能证明……之外……""……就不存在……承担举证责任"等为主要识别特征。除此之外，在某些证明责任分配规范中，作为辅助请求权规范或者反对性规范的辅助性规范，其亦存在"规则与例外"，但因辅助性规范所涉要件事实或属请求权或属抗辩，辅助性规范中的例外不能转移客观证明责任，仅能作为"举证责任倒置"规则，如上文第 502 条第 1 款中的合同有效要件问题。

（三）事案解明义务

事案解明义务在 20 世纪 70～80 年代经施蒂尔纳的发展，系指在负证明责任当事人无法具体陈述其主张或证据主题、证据方法时，对方当事人负有陈述相关事实、提出证据资料以及忍受勘验的义务，[①]与《民诉法解释》第 112 条的书证提出命令、《民事证据规定》的证明妨害规则多有关联，可作为事案解明义务的特殊制度，但两者作为证明妨碍的特别与一般规则，需以当事人能够证明另一方当事人控制证据为前提，在高度盖然性证明标准未对此设例外的前提之

① 吴泽勇：《不负证明责任当事人的事案解明义务》，载《中外法学》2018 年第 5 期。

下，证明难度较大，且书证提出命令这一特别规则的审理程序也易导致整个庭审举证质证程序进一步烦冗拖沓，而致其司法适用率极低，①证明妨碍规则难以发挥实质效用。事案解明义务即令法院“化被动为主动”，在承担客观证明责任的一方难以举证证明其事实主张时，要求对方当事人向法院提供证据，但如此不免造成对辩论主义诉讼模式的冲击而可能复归“超职权主义”时代，②对辩论主义的干预程度很大。因此在我国刚完成从“职权主义”转变为“当事人主义”的背景下，有学者认为目前不宜引入一般性事案解明义务。③

依据《民事诉讼法》第 67 条第 2 款，对当事人及其诉讼代理人因客观原因不能自行收集的证据，或者法院为审理案件需要的证据，法院应当调查收集，其旨在保证人民法院能够准确地判断和认定事实。④ 法院依职权调查与事案解明义务均系法院依职权主动探知案件事实的方式，两者对“当事人主义”的干预程度并无二致，对事案解明义务不应简单以“不合时宜”为由予以驳斥。事案解明义务本质亦属法院依职权调查收集证据的方式，但其适用应更加严格，避免颠覆辩论主义诉讼模式，故应同时满足以下条件：

1. 证明困难：当事人确因案件性质或者个人诉讼能力欠缺而存在难以取得证据之情形；

2. 立法目的偏向：应当参酌所适用的实体法律规范立法目的，以判断是否应当对某一方侧重保护，而使另一方负担事案解明义务；

3. 证明内容的重要性：事案解明义务将深度干预当事人举证、质证，仅在“不得不”适用的前提下方可考虑，故仅当待证明内容对认定案件事实具有关键作用时，方可要求不承担客观证明责任的当事人提交证据；

4. 控制证据的可能性：事案解明义务作为当事人的一项证明负担，若未履行将可能承担不利后果，故应确保当事人确能履行该项义务。但鉴于法院对当事人是否控制证据难以依职权作出准确判断，故若当事人控制证据达到盖然性

① 潘剑锋、牛正浩：《书证提出命令的理论革新与路径优化——以商业秘密侵权诉讼为切入点》，载《北方法学》2021 年第 6 期。

② 潘剑锋、牛正浩：《书证提出命令的理论革新与路径优化——以商业秘密侵权诉讼为切入点》，载《北方法学》2021 年第 6 期。

③ 吴泽勇：《不负证明责任当事人的事案解明义务》，载《中外法学》2018 年第 5 期。

④ 王胜明主编：《中华人民共和国民事诉讼法释义》，法律出版社 2012 年版，第 150 页。

优势,即可要求该当事人履行事案解明义务。若当事人称未控制证据,则应提供合理的说明并辅以相应的证据,否则将视为未完成举证,可能负担具体举证责任的不利后果。

三、法律规范要件的举证释明

以请求权为例,其往往内含若干要件以及数量更多的子要件,若要求承担客观证明责任的一方就所有要件提供证据并均达到高度盖然性,将对其施以过重的证明负担,但若仅就部分要件事实提供证据,则对法院而言易产生"事实认定不清"风险,且可能被依法改判或者发回重审。如何确定当事人所需证明的要件事实范围,是以"规范说"为代表的法律要件分类说必然需要面对的。有学者认为,原告的证明责任应是具有一定限度的,仅对核心要件涵摄范围之内的事实负担责任。[①] 梅迪库斯亦认为在多数情况下,从事实方面来说,因不存在可适用的线索,某些可考虑的辅助性规范从一开始即被排除。[②] 而在审判实务中,主要存在两种做法:其一,在当事人主义和效率导向之下,在向当事人告知举证义务后,对当事人的举证行为不予干涉,最终根据各方当事人提交的证据,认定待证事实是否达到高度可能性;其二,鉴于上诉与申诉风险,承办法官往往期望当事人能够穷尽举证,即一方面,就所有要件事实均需举证;另一方面,就每一要件要求提交所能控制的所有证据,故对当事人的举证进行引导,以确保事实认定清楚。

《民事证据规定》第 2 条第 1 款规定,法院应当向当事人说明举证的要求及法律后果,此系举证释明的一般规定,但制定者认为告知的内容仅限于承担举证责任的原则和要求、可向法院申请调查收集证据的情形、指定举证期限、逾期提供证据的法律后果,不能以法院的行为替代当事人的行为,否则有违裁判者中立立场,过度介入当事人的诉讼活动。[③] 举证所涉专业性较强,若当事人还存

---

① 阚道祥:《"规范说"视角下一般条款的证明责任分配——以我国不当得利诉讼为例》,载《烟台大学学报(哲学社会科学版)》2020 年第 3 期。

② [德]迪特尔·梅迪库斯:《请求权基础》,陈卫佐等译,法律出版社 2016 年版,第 12 页。

③ 最高人民法院民事审判第一庭编著:《最高人民法院新民事诉讼证据规定理解与适用》(上),人民法院出版社 2020 年版,第 84 ~ 89 页。

在其他证据，但因法院疏于提示而未能举证，可能致使本应获得支持的事实主张未获支持。在尚未建立强制代理的背景之下，特别是对于经济、文化不发达地区的当事人，若不通过释明告知当事人如何具体举证，诚非合理，但如此又有使法院中立性受损而影响程序正义之嫌，①体现的是实体公正与程序公正间的冲突。

恰如经济运行需依赖市场经济体制与政府宏观调控的“双手”调整，民事诉讼的目的是在兼顾效率之下获得公正的裁判，在因“当事人主义”失效而难以达成此目的时，举证释明应作为最后必要手段，促进在案证据的全面。故为兼顾实体公正与程序公正，一方面，在“当事人主义”尚未失效时，当事人应对其举证行为负责，法院亦不应施以干预，并仅依据当事人提交的证据作出裁判；另一方面，在“当事人主义”已然失效时，则应通过举证释明适度引导当事人提交证据，以促进事实认定的完整性。“当事人主义”是否失效应依据不同因素综合判断，为便于实践操作，可按照各因素的权重系数予以可视化裁断。

（一）举证能力（W_1）：诉讼当事人若存在个人无法克服的主观原因，如年老、受教育水平、经济能力等，而通常被认为缺少证据收集、证据提交的意识时，则需适当引导该当事人提交相关的具体证据，举证能力可谓释明举证的主要动因，其最高权重系数相较其他因素应是最大，故最高权重可予分配30%，且当事人举证能力越低，权重系数越高。

（二）盖然性变化（W_2）：若根据当事人提交的证据，已能认定待证事实达高度盖然性或高度否然性，则并无举证释明的必要。法院举证释明的原因之一，是通过释明改变待证事实真伪不明的状态，使盖然性发生重大变化，令应当胜诉的当事人胜诉，应当败诉的当事人败诉。② 此因素对裁判者决定是否释明举证卓为重要，故最高权重可分配25%，若通过举证释明能够实现的盖然性变化越大，权重系数越高。

（三）要件重要性（W_3）：在辩论主义诉讼模式下，各方当事人已相互完成举证、质证时，裁判者方可决定是否向当事人释明具体举证内容，以避免对诉讼活

---

① 张卫平：《民事诉讼“释明”概念的展开》，载《中外法学》2006年第2期。

② ［日］新堂幸司：《新民事诉讼法》，林剑锋译，法律出版社2008年版，第316页。

动的过度干预。因此在裁判者作出是否释明的决策之际,各方当事人的要件事实争议已经形成,裁判者应主要通过评估争议要件是否有充足证据予以证明来决定是否释明。通常而言,为避免败诉,请求权/形成权要件或抗辩要件越是重要,当事人向法院提供全面证据的意愿就越强,但对于包括损害赔偿额在内的结果要件等因系责任成立后的责任范围分配,当事人提供全部证据的意愿相对较弱,此时可能需向当事人释明举证。故争议要件的重要性对裁判者决定举证释明较为重要,最高权重可分配20%,且要件重要性越低,权重系数越高。

(四)干预程度(W_4):举证释明除使当事人补充证据之外,也可使当事人补正存在瑕疵的证据。有学者认为,举证释明存在消极释明与积极释明之别,在消极释明之中,若法官未予释明,则被视为因未尽审判职责而违法,故对存在瑕疵的证据应予主动释明,但对于补充证据的积极释明,则应在参酌各类基准后方可决定是否释明,[①]体现了因对辩论主义干预程度的不同而致法官释明义务产生的差异。过度的举证释明将减损当事人辩论主义,故举证释明对辩论主义的干预程度亦应作为重要考量,最高权重可分配15%,且干预程度越低,权重系数越高。

(五)子要件的层次与数量(W_5):某一争议要件所含子要件的数量和层次越多,当事人越是容易遗忘提交证明子要件的证据,因此子要件的层次与数量越多,举证释明的必要性越大,但当事人提交的同一证据有时可同时证明多个要件,故此因素相较前述因素重要性较低,最高权重仅分配10%,当子要件的层次或数量越多,权重系数越高。

综上,通过填写如下表格(见表5-3),可判断是否应举证释明。当W_1、W_2、W_3、W_4、W_5之和大于50%,通常可予认定存在向当事人释明的必要性,法官应向当事人主动提醒补充或更正证据,但为避免有违中立性,不应明确告知当事人所需补充或更正的特定证据,可通过"关于……(有待强化的事实主张),是否还有比如……(常见证据举例)等类似证据"等予以适度暗示。

---

① 熊跃敏:《民事诉讼中法院释明的实证分析》,载《中国法学》2010年第5期。

表5-3 举证释明考量因素权重配比

考量因素	正/反比	权重区间	权重系数	权重合计
举证能力	反比	0~30%	W_1	>50%可举证释明
盖然性变化	正比	0~25%	W_2	
要件重要性	反比	0~20%	W_3	
干预程度	反比	0~15%	W_4	
子要件的层次和数量	正比	0~10%	W_5	

四、真伪不明的判断

若对事实主张成立的可能性予以刻盘，则在0%的绝对不可能与100%的绝对可能之间存在以下几种情况：1%~25%为非常不可能，26%~49%为不太可能，50%为可能与不可能同等程度存在，51%~74%为大致可能，75%~99%为非常可能。所谓待证事实达到高度盖然性则指发生可能性达到75%以上，[①]而高度否然性则为发生可能性低于25%。真伪不明实际处于26%~74%的中间状态，但作为心证，难以准确界分25%与26%、74%与75%。

为确认事实主张的可能性，普维庭认为确定“真伪不明”应先后具备五个前提条件，包括“原告方提出有说服力主张”“被告方提出实质性的反主张”“对争议事实主张有证明必要”“用尽所有程序上许可的和可能的证明手段，法官仍不能获得心证”“口头辩论已经结束，法官心证不足仍未改变”，[②]即“真伪不明”系经各方当事人充分辩论后的最终不确定状态，但仍未能回答如何界定“真伪不明”。

“怀疑”是认定事实主张成立可能性的决定因素，即便在刑事诉讼法中，“排除合理怀疑”也并非达到绝对可能性，并不意味着此种证明亦没有丝毫怀疑的影子，在“高度可能性”之中更是可能包含合理怀疑，“真伪不明”意味着合理怀疑更多。但判断内心“怀疑”的程度与判断事实主张的可能性程度可谓是同一

① 最高人民法院修改后民事诉讼法贯彻实施工作领导小组编著：《最高人民法院民事诉讼法司法解释理解与适用》（上），人民法院出版社2021年版，第358页。

② ［德］普维庭：《现代证明责任问题》，吴越译，法律出版社2006年版，第21~22页。

问题的不同方面，与静态的条文适用不同，都属于法官内心的主观心理活动。不同主体出自不同的利益、不同的视角，甚至根据不同的生活经历等，所认定的可能性均有不同。“真伪不明”实然处于内心不确信的心理状态，对此难以也不应构建统一的认定标准，合理的解决方式应是公开“真伪不明”的心证状态，以详解为何达到“真伪不明”的原因所在，通过获得普遍认同以此证明确属“真伪不明”。为此，承办法官应在裁判文书中详细阐述目前的在案证据可能难以证明待证事实的疑虑，指出根据在案证据可能推导出另一事实的可能性，而不应以“不足以证明”草草了之。

第五节　证明责任“规范说”的主观障碍破解

“规范说”是经德国诉讼法学多年研究证明责任的积淀，而由罗森贝克在《德国民法典》颁行之际提出，本系一种舶来品，不免在我国传统文化和法律环境之下出现“水土不服”。审判实务着重主观证明责任并无纰缪，这是推动当事人举证与质证的必然结果，但若因过于偏重主观证明责任而忽视客观证明责任，不能认识到客观证明责任才是启动所有举证、质证程序的根源所在，则易导致具体举证责任转移产生错误，更可能使某一方当事人承担本不应由其承担的证明不利后果。为此，应在全国审判系统的宏观层面与法官个人的微观层面，尝试将“规范说”扎根于民事诉讼程序之中。

一、创造“规范说”的应用环境

（一）正式引入“客观证明责任”与“主观证明责任/具体举证责任”概念

《民诉法解释》所使用的“举证证明责任”是证明责任相关概念混淆使用的妥协，是将“客观证明责任”引入我国的路径选择，但在使用“举证证明责任”时，其或是指客观证明责任，或是指具体举证责任，易致理解偏差，并易使承办法官认为《民诉法解释》仅是对“谁主张，谁举证”的具体化，难以树立“规范说”的应用理念。为此，建议最高人民法院一方面在随后制定的规范性文件中，考虑引入“客观证明责任”与“主观证明责任”概念，或者鉴于主观抽象证明责任仅是客观证明责任的投影，可引入“客观证明责任”与“具体举证责任”概念。

另一方面，修改《民诉法解释》第 90 条第 2 款、第 91 条、第 108 条的相关内容：

1. 将第 90 条第 2 款修改为：“在作出判决前，当事人未能提供证据或者证据不足以证明其事实主张的，依照本解释第 108 条承担不利的后果”。

2. 将第 91 条修改为：“人民法院应当依照下列原则确定客观证明责任的承担，但法律另有规定的除外：（一）主张法律关系存在的当事人，应当对产生该法律关系的要件事实承担客观证明责任；（二）主张法律关系变更、消灭、限制或者权利受到妨害的当事人，应当对该法律关系变更、消灭、限制或者权利受到妨害的要件事实承担客观证明责任”。

3. 将第 108 条第 1 款修改为：“对当事人提供的证据，人民法院经审查并结合相关事实，确信事实主张的存在具有高度可能性的，应当认定该事实存在”。

4. 将第 108 条第 2 款修改为：“对各方当事人提供的证据，人民法院经审查并结合相关事实，认为负担客观证明责任一方的当事人主张事实真伪不明的，应当视为该事实不存在”。

（二）加强典型案例的示范作用

自 2015 年《民诉法解释》修订后，对证明责任双重含义以及“规范说”的引入，在诉讼法学界再一次掀起了证明责任的研究热潮，但审判实务却未对此予以过多关注。目前，体系化的《民法典》业已颁行，在法典时代，更应当要求裁判者改变过往的证明责任固化思维，而应真正将《民法典》作为分配证明责任的主要依据。为此，亟须通过最高人民法院指导性案例、公报案例、全国性质的参考案例，明确“规范说”的正确应用，通过“以案释文”的方式提醒并辅助法官重新梳理证明责任的全新应用思维。

二、规范裁判文书的证明责任说理

（一）明确客观证明责任承担主体

客观证明责任不仅决定具体举证责任的首轮负担者（证明责任倒置除外），更决定案件事实真伪不明时的不利后果承担者，故对于各方当事人存有争议的要件事实，宜首先依据《民诉法解释》第 91 条，在文书中明确承担客观证明责任的一方当事人，再陈述该当事人提交的证据以及对方当事人提交的证据，并据此对是否达到高度盖然性予以判断。

(二)适当公开心证

在样本案例中,常以"……(当事人)提交的……(证据)足以/不足以证明……(事实主张)"或者"……(当事人)提交的证据能/不能形成证据链"等类似表述,直接认定当事人的主张是否达到高度盖然性,缺少证据与待证事实间联系的具体论证,易使法官的自由裁量缺少监督,也易促使当事人因认为承办法官随性采纳证据,而产生上诉或申诉的心理。在"规范说"之下,"公开心证"是决定是否适用客观证明责任不利后果的必然要求,法官应尤其注重公开心证结果,即将其对案件有关证据的采信情况以及证据与待证事实之间的关联性予以详细评价和判断。[①] 若待证事实达到高度可能性,应着重说明证据与待证事实之间的逻辑关系、日常经验联系等。若要件事实处于真伪不明状态,则应着重说明所提供证据除可能证明待证事实外,亦可能产生待证事实以外的具体情形。

(三)正确引用证明责任条文

引用正确的证明责任相关条文,有助于体现法官正确的证明责任应用思维,加强对当事人的说服力。为此,针对各方当事人所提供的证据是否能支持其事实主张的不同情形,应分别引用如下条文:

1. 承担客观证明责任的一方当事人所提供的证据足以证明其主张:对该方当事人事实主张的采纳,应合并引用《民事诉讼法》第 67 条第 1 款、《民诉法解释》第 90 条第 1 款、第 91 条、第 108 条第 1 款,但因《民事诉讼法》第 67 条第 1 款、《民诉法解释》第 90 条第 1 款,均规范具体举证行为,两者可择一引用。

2. 承担客观证明责任的一方当事人所提供的证据不足以证明其主张,且案件事实陷入真伪不明:对该方当事人事实主张的驳回,应合并引用《民事诉讼法》第 67 条第 1 款、《民诉法解释》第 90 条第 1 款、第 90 条第 2 款、第 91 条、第 108 条第 2 款,其中《民事诉讼法》第 67 条第 1 款与《民诉法解释》第 90 条第 1 款可择一引用。

3. 不承担客观证明责任的一方当事人所提供的证据足以证明其主张:对该方当事人事实主张的采纳,应合并引用《民事诉讼法》第 67 条第 1 款、《民诉法

---

① 廖中洪:《"心证公开"若干问题研究》,载《法学论坛》2006 年第 3 期。

解释》第 90 条第 1 款、第 108 条第 1 款，其中《民事诉讼法》第 67 条第 1 款与《民诉法解释》第 90 条第 1 款可择一引用。

4. 不承担客观证明责任的一方当事人所提供的证据不足以证明其主张：对该方当事人事实主张的驳回，应合并引用《民事诉讼法》第 67 条第 1 款、《民诉法解释》第 90 条第 1 款、第 90 条第 2 款、第 108 条第 1 款，其中《民事诉讼法》第 67 条第 1 款与《民诉法解释》第 90 条第 1 款可择一引用。

第六节　本章结论

诉讼法学家们常把证明责任称为“民事诉讼的脊梁”，民事诉讼的任何问题都离不开证明责任的适用。“规范说”的引入为证明责任分配提供了标准化的全新思维，更是被学者们捧为明珠。不可否认的是，“规范说”并不是能解决任何证明责任问题的完美理论，“阿喀琉斯之踵”甚为明显。但在建设社会主义法治国家的时代浪潮里，“规范说”的应用凸显规范民事诉讼程序的目标追求，更是将全新制定的《民法典》与《民事诉讼法》有机衔接起来，是构建逻辑统一、交叉有序的社会主义法律体系的主动尝试，其既已获最高审判机关认可并在《民诉法解释》中予以明确，则应在尝试克服其缺陷的基础上，在裁判过程中积极适用。

第六章

家事领域新增制度的程序法对接

第一节　概　　述

本章聚焦《民事诉讼法》与《民法典》等实体法在家事领域维度的协调和对接。在家事领域,《民法典》新规则主要涉及遗产管理人、意定监护两项制度。本章即围绕二者展开研究,下分两部分:第一部分以继承人均放弃继承情况下的司法实践困境为切入点,剖析这一困境背后的成因,厘清遗产管理人制度的功能定位,在此基础上提出相应的程序法设计建议;第二部分立足意定监护制度司法实践现状的全景式观察,梳理总结目前的制度难点与痛点,从程序法促进实体法完善的角度提出相应的程序法设计建议。

《民法典》第1145～1149条确立遗产管理人制度,旨在确保遗产得到妥善管理、顺利分割,更好地维护继承人、债权人利益。相较于《继承法》关于遗嘱执行人和保管人的原则性规定,遗产管理人制度更为合理且具有可操作性,有效促进了遗产处理过程的规范化,是一项实质性的进步。

然而,作为《民法典》确立的一项新制度,遗产管理人制度运行过程中难免出现意料之外的棘手问题。当前的司法实践中,对继承人放弃继承情形下的诉讼程序推进,各地法院实践不一,且明显存在偏离制度设计的现象。鉴于此,本章尝试剖析这一现象背后的成因,从而推动遗产管理人制度的合理、有效运行。

此外在《民法典》的编纂过程中,监护制度的完善和修改无疑是浓墨重彩的一笔。《民法总则》第33条正式确立了意定监护制度,随后这一条文也为《民法典》所沿用。

然而,我国的意定监护制度尚处于起步阶段,具体制度设计上未成体系,相关的配套措施也并不完善。从实体法与程序法之间协调和对接的角度看待一项尚未成熟的制度,实体法上的制度设计理应关照司法领域的运用,程序法上的构造安排也应当有效回应民事生活的需求,促进实体法的进一步完善。鉴于此,本章尝试从既有制度设计和实践经验出发,打破理论隔阂、实现整体思考,从程序法促进实体法完善的角度,就意定监护领域的程序设计问题作一初步探讨。

第二节 遗产管理人制度的实践偏离与价值回归

一、实践困境:继承人均放弃继承情形下的司法处理模式

根据《民法典》第1145条的规定,继承开始后,遗嘱执行人为遗产管理人;没有遗嘱执行人的,继承人应当及时推选遗产管理人;继承人未推选的,由继承人共同担任遗产管理人;没有继承人或者继承人均放弃继承的,由被继承人生前住所地的民政部门或者村民委员会担任遗产管理人。

基于这一规定,如果债务人死亡后,其继承人均作出放弃继承的意思表示的,应当由被继承人生前住所地的民政部门或者村民委员会担任其遗产管理人。然而,从《民法典》实施后的司法实践情况来看,部分法院并未严格遵循这一规定,而是创设了多种不同的处理方法,具体而言主要有以下四类:

模式1:认定继承人放弃继承的行为有效,但不指定遗产管理人,直接判决以被继承人遗产清偿债务

[案例一][①]王某甲、王某乙以孙某乙等四人为被告提起诉讼,主张王某甲、王某乙曾向孙某甲出借50万元款项,现孙某甲死亡,孙某乙等四人作为孙某甲的法定继承人,应当在继承遗产的范围内向王某甲、王某乙偿还借款。审理中,被告孙某乙等四人向法院出具《放弃继承权声明书》,表示孙某甲无遗产,如有遗产,孙某乙等四人自愿放弃继承。法院经审理认定借贷关系成立,因孙某乙等四人明确表示放弃继承,故孙某甲欠付的债务直接以孙某甲的遗产予以清偿。

模式2:认定继承人放弃继承的行为有效,但继续指定继承人为遗产管理人

[案例二][②]杨某以王某等五人为被告提起诉讼,主张其曾向云某出借20万

---

① 参见原告王某甲、王某乙诉被告史某某、孙某甲、孙某乙、王某丙被继承人债务清偿纠纷一案,陕西省西安市雁塔区人民法院(2020)陕0113民初18698号民事判决书。相似案件参见辽宁省大连市甘井子区人民法院(2021)辽0211民初13903号民事判决书。

② 参见原告杨某与被告王某、咸阳武陵玻璃装饰有限公司、云某甲、云某乙、云某丙、赵某被继承人债务清偿纠纷一案,陕西省乾县人民法院(2021)陕0424民初981号民事判决书。相似案件参见湖南省湘潭市中级人民法院(2022)湘03执复34号执行裁定书。

元款项，现云某死亡，王某等五人作为云某的法定继承人，应当在继承遗产的范围内向杨某偿还借款。审理中，被告王某等五人均表示放弃继承云某的遗产。法院经审理认定借贷关系成立，因王某等五人均放弃继承云某的遗产，故云某欠付的债务应当直接以云某的遗产予以清偿；王某与云某系夫妻关系，且云某遗产中一间商铺系与王某共有，王某虽放弃继承，仍应当承担云某遗产保管人的职责。

模式 3：认定实际管理遗产的继承人放弃继承的行为无效，判决相应继承人在继承遗产的范围内清偿债务

［**案例三**］[①]杨某某以张某某等三人为被告提起诉讼，主张其曾向路某甲出借 82 万元款项，现路某甲死亡，张某某等三人作为路某甲的法定继承人，应当在继承遗产的范围内向杨某某偿还借款。审理中，被告张某某等三人均表示放弃继承路某甲的遗产。法院经审理认定借贷关系成立，因被告路某乙、路某丙（均系路某甲之女）明确表示放弃继承路某甲的遗产，因此可以不负偿还责任，被告张某某虽在庭审中表示放弃继承路某甲的遗产，但实际居住在路某甲名下的房屋中，而且该房屋又系张某某与路某甲的夫妻共同财产，因此张某某所作出的放弃继承的意思表示是不稳定的且不具有约束力，其应当在继承遗产的实际价值范围内承担还款责任。

模式 4：为保障债权人的债权实现，认定继承人放弃继承的行为无效，判决继承人在继承遗产价值的范围内清偿债务

［**案例四**］[②]陈某某以于某某等二人为被告提起诉讼，主张其曾向吴某出借 42 万元款项，现吴某死亡，于某某等二人作为吴某的法定继承人，应当在继承遗产的范围内向陈某某偿还借款。审理中，被告于某某等二人向法院出具《放弃

---

① 参见原告杨某某与被告张某某、路某乙、路某甲被继承人债务清偿纠纷一案，陕西省延安市宝塔区人民法院（2021）陕 0602 民初 3366 号民事判决书。相似案件参见湖南省张家界市中级人民法院（2022）湘 08 民终 531 号民事判决书、河北省清河县人民法院（2021）冀 0534 民初 1803 号民事判决书。

② 参见原告陈某某与被告吴某、于某某民间借贷纠纷一案，广东省深圳市福田区人民法院（2021）粤 0304 民初 23560 号民事判决书。相似案件参见陕西省榆林市横山区人民法院（2022）陕 0803 民初 24 号民事判决书，辽宁省灯塔市人民法院（2022）辽 1081 民初 219 号民事判决书，辽宁省大连市中级人民法院（2022）辽 02 民终 4412 号、4413 号、4414 号民事判决书，福建省莆田市城厢区人民法院（2022）闽 0302 民初 1690 号民事判决书。

财产声明书》,表示放弃对吴某所有财产的继承权。法院经审理认定借贷关系成立,于某某等二人放弃继承权致其不能履行法定义务,放弃继承行为无效,其应当在继承吴某遗产价值范围内承担清偿责任。

二、根源探寻:继承人均放弃继承情形下的诉讼困境成因

(一)司法处理模式的成因

1.继承人管理遗产具有天然优势

前述第二、三、四种处理模式都要求放弃继承的继承人实际承担遗产管理职责,而前述第一种处理模式则采取“遗产独立”的观点,试图绕开遗产管理的制度障碍。然而,现实中,遗产的具体清理必然需要人为操作而不可能自发实现,遗产管理是一个难以绕开的问题。案例一中,原告王某甲、王某乙后续又以该案被告孙某乙等四人为被执行人申请执行,①可见在第一种模式下仍需要放弃继承的继承人实际承担遗产管理的职责,债权人的合法权益才可能真正得到实现。换言之,上述四种司法处理模式最终导向的实际结果都是要求放弃继承的继承人实际承担遗产管理职责。

司法实践中,法院不约而同地舍弃承担法定兜底职能的国家机关或者基层自治组织,转而要求明确表示放弃继承的继承人承担遗产管理职责,有着一定的现实考量。常见情形下,继承人同时也是被继承人生前的主要社会关系,即被继承人的近亲属。一般而言,近亲属之间的交往是最为频繁的,被继承人的遗产信息更可能为近亲属知晓,甚至部分遗产天然地由近亲属保管或者占有(典型情形如共有),故近亲属承担遗产管理职责具有天然优势,其出于不同考虑作出放弃继承的意思表示,并不能磨灭这种客观优势。

2.国家机关或者基层自治组织管理遗产存在一定障碍

相较而言,要求民政部门或者村民委员会承担遗产管理职能的成本远高于私人管理。一方面,民政部门和村民委员会并不了解被继承人的具体情况,对于被继承人生前的债权债务关系,需要经历了解情况、核实情况到逐一作出处置的从无到有的过程。另一方面,民政部门和村民委员会作为国家机关和基层

---

① 参见陕西省西安市雁塔区人民法院(2021)陕0113执13531号执行裁定书。

自治组织，日常主要职能在于宏观意义上的社会管理，一般而言并不具备较高的财务或者法律专业知识，完成具体的债权债务关系清理工作时可能存在较大困难。因此，国家机关或者基层自治组织履行遗产管理职能的履职成本远高于近亲属，甚至可能需要通过近亲属了解相关情况，从而完成这项工作；就履职能力而言，相较于近亲属可能也并不具备明显优势。

回到《民法典》第1145条的规定来看，相关组织担任遗产管理人的具体情形有两种，一是"没有继承人"，二是"继承人均放弃继承"。前一种情形下，被继承人的遗产客观上无人继承，通常也就意味着被继承人并无近亲属在世，此时被继承人债权债务的处理只能依赖国家机关或者基层自治组织承担兜底职责。而后一种情形下，被继承人客观上有近亲属在世，只是近亲属出于不同考虑而放弃继承，此时，舍弃具有履职优势的近亲属，转而要求国家机关或者基层自治组织履行遗产管理职能，无疑是舍近求远。

（二）立法设计偏颇的成因

1. 财产关系与身份关系混同

被继承人的遗产清理工作具有财产关系和身份关系的双重属性：在财产关系面向，主要是指向被继承人的积极财产，即遗产的继承；而在身份关系面向，则主要是指向被继承人积极财产和消极财产的处理，即债权债务关系的清理。然而，在我国《继承法》制定时期，一方面受到革命传统的影响，立法者致力于废除父债子偿等旧传统，实行无条件的限定继承主义；[①]另一方面则囿于市场经济初期的思维定式，采取以继承人为中心的立法模式，忽视对被继承人债务的处置以及对债权人合法权益的保护。在《继承法》实施三十余年的影响下，继承程序在财产关系面向的遗产继承功能不断加强，而在身份关系面向的债权债务关系清理功能则日渐式微。在这样的思维模式主导下，继承人一旦放弃继承，继承程序就被直接切断，从而得出类推适用无继承人时的遗产处置模式的结论。

然而，被继承人的遗产清理工作是一项系统性、综合性的工程，不仅包含遗

① 继承人无须履行对应义务即可获得限定继承的保护，与此相对的是有条件的限定继承原则，如我国台湾地区虽以限定继承为原则，但规定限定继承人必须出具遗产清册，载明遗产、债务并向法院呈报。参见陈杭平：《论债务人的继承人放弃继承之程序进行》，载《现代法学》2020年第2期。

产的具体分配,更包含遗产信息的收集、遗产清册的编制、利害关系人的搜索等内容。继承关系不仅指向被继承人遗产的继承,更指向被继承人生前社会关系的有序终结、遗留事务的妥善处理。从这一意义上说,继承关系的本质是处理被继承人的身后事务,相应地,遗产管理职责也应当是由近亲属之间的赡养扶助义务衍生出的一项身份性职责。只有被继承人与其近亲属之间的身份关系已经合法有效断绝的情况下,这项职责才可能消灭。

2. 实体权利与诉讼权利混同

在被继承人遗产清理过程中,可能出现两大纠纷类型:一是继承人主张被继承人遗产的诉讼;二是继承人承担被继承人诉讼权利,并据此参加的诉讼。前一种情形下,诉讼旨在维护继承人的继承权,如果继承人明确表示放弃继承,则其放弃实体权利的同时,也相应放弃诉讼权利。后一种情形下,诉讼旨在清理被继承人的法律关系,因被继承人已经丧失民事权利能力和诉讼权利能力,但可能尚有债权需要主张或者尚有债务需要清偿,从而需要为其设定一个适格主体承担其诉讼权利。

从《民法典》第 1147 条的规定来看,遗产管理人基于其处理被继承人的债权债务这一职责,应当被赋予后一情形下的诉讼权利,从而确保其全面、充分、有效地履行职权。从这一意义上说,是否享有继承权与是否享有诉讼权利是两个不同维度的问题。虽然继承人和遗产管理人在较大程度上重合,但继承人和遗产管理人本质上是基于近亲属之间的身份关系衍生出的两种不同类型的身份,是否实际取得继承利益这一继承权维度的问题不应对能否取得遗产管理人资格这一遗产管理层面的问题直接产生影响。

三、困惑消解:遗产管理人功能与地位的再审视

(一)遗产管理人介入下的继承模式重构

1. 遗产管理人未介入时的处理模式

根据《继承法》第 33 条的规定,继承遗产应当清偿被继承人依法应当缴纳的税款和债务,缴纳税款和清偿债务以他的遗产实际价值为限。超过遗产实际价值部分,继承人自愿偿还的不在此限。继承人放弃继承的,对被继承人依法应当缴纳的税款和债务可以不负偿还责任。由此,继承人将面临一种经济效益

的权衡：如果被继承人的遗产价值高于其所负债务，则继承人在清偿债务后仍能取得继承利益；如果被继承人所负债务与其遗产价值相当，甚至高于其遗产价值，继承遗产意味着被卷入债务清偿的泥潭，同时也无法实际取得任何继承利益，此时放弃继承才是利益最大化的最优选择。

在被继承人债权债务关系复杂的情况下，继承人与债权人均陷入一种两难境地：对继承人而言，其面临是否放弃继承的抉择；对债权人而言，其面临是否消耗大量成本进行维权的抉择。随着司法实践中出现越来越多继承人放弃继承导致债权人追索无门的情况，《最高人民法院关于贯彻执行〈中华人民共和国继承法〉若干问题的意见》第46条规定：继承人因放弃继承权，致其不能履行法定义务的，放弃继承权的行为无效。[①] 从司法实践情况来看，法院在大量案件中通过适用这一规定实现对债权人的保护。然而，继承人放弃继承系对自身实体权利的处分，以继承人放弃继承将导致债权人欠缺诉讼对象为由限制继承人自由处分自身的权利，显然值得商榷。这一规定旨在弥补程序法上对债权人保护的欠缺，缺乏实体法上的正当性基础。

2. 遗产管理人介入时的处理模式

遗产管理人制度是《民法典》所确立的一项新制度。根据《民法典》第1147条的规定，遗产管理人的具体职责包括：清理遗产并制作遗产清单；向继承人报告遗产情况；采取必要措施防止遗产毁损、灭失；处理被继承人的债权债务；按照遗嘱或者依照法律规定分割遗产；实施与管理遗产有关的其他必要行为。

由此，继承程序发生了根本性的变化：在《继承法》继承模式中，即遗产管理人未介入的情况下，被继承人死亡意味着继承开始，遗产由继承人共有，由继承人实际完成清偿债务、追索债权的遗产整理程序；而在《民法典》继承模式中，即遗产管理人介入的情况下，遗产管理人在被继承人死亡后实际接管遗产，并完成清偿债务、追索债权的遗产整理程序，债权债务关系清理完毕后仍有遗产的，再由继承人继承。

---

① 《民法典》施行后，《最高人民法院关于适用〈中华人民共和国民法典〉继承编的解释（一）》继续沿用该条文，前述第四种司法处理模式大都以这一条文为法律依据。

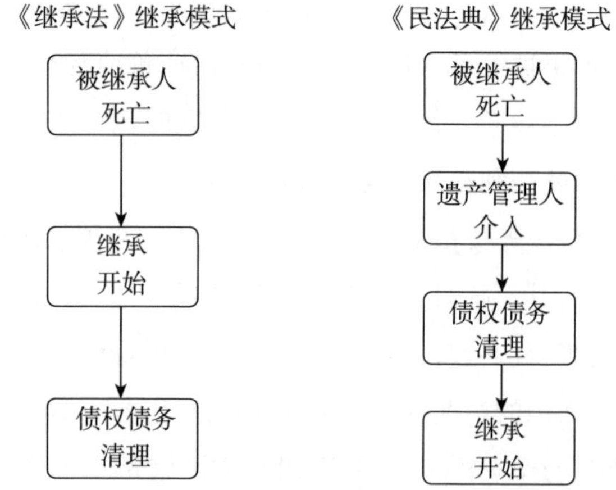

图 6-1 《继承法》与《民法典》继承模式下继承程序的变化

由此，设置遗产管理人制度的现实意义在于：对于债权人而言，遗产管理人的存在意味着其可以向明确的诉讼主体主张权利，行使和实现权利的门槛将明显降低。对于继承人而言，债权债务处理程序的前置意味着继承发生时遗产范围已经明确，不必再经历是否放弃继承的两难抉择，继承程序成为相对纯粹的财产分割过程。

（二）遗产管理人介入时的诉讼地位界定

1. 遗产管理人职责的超脱性

如前所述，被继承人死亡后的遗产处置程序主要分为两大部分，一是债权债务处理程序，二是遗产分割程序。由此，遗产管理的实质与企业破产相似，即在全部遗产范围内对全体利害关系人进行清算、分配。一方面，被继承人的遗产可能以不同的形态存在（包括有形的财产和无形的财产权利），也可能为不同主体所占有，首先必须明确遗产的客体范围，才能制作准确、完整的遗产清单。另一方面，还需要确定利害关系人的主体范围，除法定继承人、遗嘱继承人之外，还包括债权人、受遗赠人等。

此时，遗产管理人和遗产都具有一定超脱性：就遗产管理人角度而言，遗产处置是一项不夹杂私人利益考量的法定职责，无论遗产在继承人之间如何分配，抑或在继承人均放弃继承或者无人继承的情形下最终归属于国家，均不影响遗产管理人清理被继承人生前形成的各项债权债务关系并对遗产进行分割这一职责的履行。就遗产角度而言,遗产管理人依法清理被继承人生前形成的各项债权债务关系后,剩余的积极财产即为遗产,遗产的最终归属不影响遗产管理人对遗产的清算。基于平衡债权人和继承人利益的需要,有必要强调遗产管理人职责的超脱性,即遗产管理人依法取得遗产管理职权,履行法定的遗产管理职责,基于遗产之保值、增值需要实施相关遗产管理事务,不受个别继承人主观意愿的约束。

2. 遗产管理人身份的独立性

关于遗产管理人的性质,大陆法系国家或者地区素有“代理说”和“固有权说”之争。“代理说”又分为“被继承人代理说”“继承人代理说”“遗产代理说”。“被继承人代理说”认为遗产管理人是被继承人的代理人,“继承人代理说”将遗产管理人视为继承人的代理人,“遗产代理说”主张遗产管理人是遗产的代理人,将遗产视为法人。“固有权说”又包括“机关说”“限制物权说”“任务说”。“机关说”认为,遗产管理人是法律所认可的被继承人利益之机关;“限制物权说”认为,遗产管理人是享有遗产物权之限制物权人;“任务说”认为,遗产管理人因执行任务而享有独立的法律地位。

从遗产继承过程中可能出现的诸多情形出发,难以认定遗产管理人是为维护继承人或者债权人中任何一方利益而履行职责。因此,遗产管理人的职责在于清理被继承人生前形成的债权债务关系,完成被继承人生前各项财产性事务的清算,而非维护特定民事主体之利益。进一步考虑到我国法律并不认可死者的民事主体资格和遗产的独立主体地位,“代理说”难以成立,因而只能从“固有权说”出发赋予遗产管理人独立的法律地位。考虑到遗产管理人可能由一个自然人、数个自然人、民政部门或者村民委员会等充任,故遗产管理人应当是机构人格。

3. 遗产管理人诉讼担当资格的证成

当事人理论是民事诉讼法的重要理论。当事人作为诉的主体,是获得司法救济的前提。虽然《民法典》对遗产管理人在诉讼中的角色和职责并无专门提及,但“处理被继承人的债权债务”这一职责要求其必须具有诉讼当事人的资格。如前所述,遗产管理人具有职责上的超脱性和身份上的独立性,将其视为继承人的代理人不甚妥当。我国法律对死者的民事主体资格和遗产的独立主体地位的否定,则意味着遗产管理人不可能成为被继承人或者遗产的代理人。在“代理说”无法成立的情况下,还需要探讨的是具有独立法律地位的遗产管理人如何成为诉讼中的正当当事人。

传统诉讼实施权作为正当当事人的一般要件,以管理权为基础,即在财产权诉讼中,权利主体基于对财产享有的管理、处分权而具备诉讼资格。权利主体之外的第三人享有诉讼实施权,在实体法上表现为诉讼担当,即第三人以自己名义为他人利益而参与诉讼,具体分为任意诉讼担当和法定诉讼担当。在被继承人未指定遗嘱继承人的情形下,只能通过法定诉讼担当进路赋予遗产管理人诉讼实施权。通过对我国现有的法定诉讼担当情形进行分析可以发现,权利主体诉讼能力尚不完整或者因故丧失是设立法定诉讼担当的典型情形。[①] 被继承人死亡,即意味着丧失诉讼能力,此时遗产管理人代替其完成各项财产性事务的清算,事实上是填补被继承人丧失诉讼能力带来的诉讼主体空缺。从法定诉讼担当的典型适用场景即为弥补诉讼主体的诉讼能力的角度出发,赋予遗产管理人法定诉讼担当的资格具备正当性基础。

四、程序设计:一方当事人死亡后的诉讼程序应对

(一)既有诉讼程序的推进

一方当事人死亡后程序上如何应对,我国《民事诉讼法》目前的基本立场是裁定中止诉讼并等待继承人表明是否参加诉讼。在《民法典》确立遗产管理人制度并重构继承程序之后,被继承人生前的债权债务关系的清理转由遗产管理人完成,继承人的相应诉讼权利应当转而由遗产管理人享有。由此带来的第一个问题是,遗产管理人的确定应当在诉讼程序中一并完成,还是另行启动非讼程序完成。

首先,遗产管理人具有管理遗产的法定职责,而全体利害关系人合法利益的保护均依赖于妥善的遗产管理,因而在遗产管理中不存在两造相抗的诉讼程序构造。其次,非讼程序相较诉讼程序具有快捷、便利、灵活等优点。从提高遗

---

① 前者如涉及胎儿、不完全民事行为能力人的诉讼,后者如涉及公民死亡后的人格权、不可继承的著作权、侵权损害等的诉讼。

产管理效率、降低遗产管理成本的考虑出发，无论是大陆法系还是英美法系国家，都倾向于适用非讼程序确定遗产管理人，这一设计思路可以为我国所借鉴。最后，继承事件可能涉及众多利害关系人，而债权人和继承人两个群体内部既有利益一致性，又有利益冲突性，这种错综复杂的利益纠葛难以被纳入单个诉讼程序妥善解决，先行启动非讼程序统一处理有利于平衡遗产清算所涉及之多方主体的利益。

从程序展开的角度，则应当依据当事人诉讼地位的不同进行区分处理。对于被告在诉讼中死亡的情形，应当等待确定遗产管理人，并等待遗产管理人确定是否参加诉讼。出于继承人可能怠于启动程序的考量，应当赋予债权人作为利害关系人启动指定遗产管理人非讼程序的权利，以避免出现诉讼担当困境。此时，法院可以向原告释明另行启动非讼程序确定遗产管理人，待遗产管理人确定后，追加遗产管理人参加诉讼并重新启动诉讼程序。基于《民法典》第1145 条的规定，被继承人死亡后必然存在担任遗产管理人的法定主体，故被告在诉讼中死亡只能构成诉讼中止的事由，而无法构成诉讼终结的事由。

对于原告在诉讼中死亡的情形，则可以进行必要的职权调查，如询问其他当事人、向原告工作单位或者住所地的基层自治组织了解情况以及调阅户籍信息等，确定是否存在继承人。如存在继承人，则应当等待确定遗产管理人，并等待遗产管理人确定是否继续诉讼；如确无继承人，则应当通知被继承人生前住所地的民政部门或者村民委员会，由其依法履行法定遗产管理人职责。此时，应当裁定中止正在进行的诉讼程序，等待继承人另行启动指定遗产管理人非讼程序，待遗产管理人确定后，由其决定是否继续诉讼，如其放弃诉讼权利，则裁定终结诉讼，反之则追加其参加诉讼。

（二）遗产管理人介入的程序设计

1. 遗产管理人的资格

《民法典》未对担任遗产管理人的主体作出资格限制，故只要符合一般代理人标准、能够完成管理人工作职责即可。若存在争议，可以参考破产管理人资质的相关规定，作为选择遗产管理人的标准。

具体而言，在遗嘱指定执行人或者继承人推选管理人的情形下，由于遗产管理人具备代理人的部分特征，且为有效履行职责之需要，应当符合《民法典》

有关完全民事行为能力人的规定。限制民事行为能力人和无民事行为能力人不能担任遗产管理人。

法院在指定遗产管理人时,可以比照破产管理人的资质标准进行选任。不宜担任遗产管理人的情形包括因故意犯罪受过刑事处罚、曾被列入失信人名单、涉嫌违法行为正被相关部门调查、三年内曾因不适当履职被法院处罚或者解任、与其他继承人之间有未了结的债权债务关系等。

2. 遗产管理人的产生

如前所述,遗产管理人的核心职能在于清理被继承人生前形成的各项债权债务关系。从制度运行的角度看,由熟悉被继承人生前经济状况的人担任遗产管理人是履职效率最高、履职成本最低的最优选择。基于这一考量,选任遗产管理人考虑的首要条件是与被继承人之间的交往密切程度,一般而言被继承人的近亲属是最优人选,通常情况下即为继承人。此时,遗产管理职责可以理解为一种处理死者身后事务的道义义务,是基于身份关系产生的法定职责,不应当与其是否实际取得继承利益挂钩。

基于这一理解,《民法典》中关于继承人均放弃继承情形下由被继承人生前住所地的民政部门或者村民委员会担任遗产管理人的制度设计应当是值得商榷的。在确无继承人的情况下被继承人生前住所地的民政部门或者村民委员会是最后顺位的遗产管理人,主要是为了解决诉讼担当。考虑到被继承人的遗产情况复杂,民政部门或者村民委员会在财务及法律专业层面可能欠缺遗产管理能力的情形,可允许其依据《民法典》第 1147 条第 6 项关于“实施与管理遗产有关的其他必要行为”的规定,聘请专业人士处理具体事项。

在继承人共同担任遗产管理人的情形下,遗产管理人实为继承人共同体,其内部关系类似于合伙,故继承人共同执行遗产管理事务的方法可准用《民法典》第 970 条的规定。继承人就遗产管理事务作出决定的,除另有约定外,应当经全体继承人一致同意;按照约定或者全体继承人的决定,可以委托一人或者数个继承人执行遗产管理事务,其他继承人不再执行遗产管理事务,但有权监督执行情况。

3. 遗产管理人的职责

遗产包括积极遗产和消极遗产。积极遗产包括但不限于动产和不动产、货币财产、无形资产、对外债权等,消极遗产主要是被继承人生前所负债务。参考我国破产债权申报程序的相关规定，由遗产管理人申请法院发布遗产债权申报公告，内容包括申请人、公告期间、未申报效果等信息，督促债权人行使权利。债权人未在法定期限内申报债权的，普通债权只能在清偿已申报债权之后受偿。申报后未被确认的债权，不得再向继承人或者受遗赠人主张。

遗产管理，是指为遗产的保值或者增加，或者为清偿债务所为的事实行为或者法律行为。必要的遗产管理行为可能包括修缮、保存、订立租赁合同、转移所有权、清偿债务、债权让与和免除、提起诉讼或者仲裁等事实行为或者法律行为。遗产管理人应当为管理遗产的必要而为上述行为，判断遗产管理人的特定行为是否超出必要限度，应当在具体情形中把握。如遗产管理人为担保个人债务而出质遗产，或者将遗产赠与亲属的行为，显然超出管理遗产的必要限度。

遗产管理人超越必要管理权限而为的处分行为或者负担行为，对于善意第三人而言有效，但在第三人知晓或者应当知晓管理人的行为超越适当管理范围的情况下，遗产管理人的处分行为无效，第三人也不能善意取得物权。在第三人善意取得的情形下，遗产管理人应当就违反适当管理或者善良管理义务的行为向其他继承人和债权人承担责任。

4. 继承人的权利义务

我国采直接继承模式，被继承人死亡后，继承人作为遗产所有人有权对遗产进行占有、使用、收益、处分。《民法典》第 1147 条规定遗产管理人的职责，但未排除继承人的处分权。由此产生的问题是对于遗产管理人与继承人之间的权利冲突，应当如何处理。

参考《德国民法典》第 2211 条①、《日本民法典》第 1013 条②以及我国台湾地区“民法”的规定③，可以对继承人的处分行为作出一定限制以保障遗产管理人履行职责不受他人妨碍，进而对《民法典》第 1147 条规定的遗产管理人权限作出排他性解释。据此，遗产管理人的处分权限原则上不受限制，即其独立履

---

① 《德国民法典》第 2211 条规定：对于遗产管理人所管理之遗产标的物，继承人不得处分。于此情形，准用关于有利于由无权利人取得权利之规定。

② 《日本民法典》第 1013 条规定：有遗嘱执行人时，继承人不得为妨碍继承财产的处分及其他遗嘱之执行的行为。参见《日本民法典》，刘士国译，中国法制出版社 2018 年版，第 254 页。

③ 我国台湾地区“民法”第 1216 条规定：继承人于遗产执行人执行职务中，不得处分与遗嘱有关之遗产，并不得妨碍其遗嘱之执行。

行职责不受个别继承人之主观意愿的约束,无须接受继承人的指示。

由此,继承人虽然名义上是遗产的所有者,却不得有效处分遗产管理人管理下的标的物,其对于遗产享有的权利在债权债务处理程序完成前被实际架空,仅能行使一定的监督权利,即在遗产管理人严重违反义务或者无能力妥善执行事务时,申请法院对其解任;遗产管理人违反义务且有过错,造成遗产价值减损,进而损害继承人利益的,可以向遗产管理人主张损害赔偿责任。

第三节　意定监护制度的运行困境与意定监护人确认的程序建构

一、我国意定监护制度现状考察

(一)立法演进情况

意定监护制度在我国经历了较为漫长的确立过程。《民法通则》确立了法定监护和指定监护两项制度,《民通意见》新增了协议监护制度,上述三种制度均属于法定监护,与意定监护系两种不同的监护类型。换言之,此时意定监护在我国处于立法空白状态。

我国意定监护制度的雏形见于2012年修订的《老年人权益保障法》。该法第26条第1款规定,具备完全民事行为能力的老年人可以通过协商确定自己的监护人,监护人在其丧失或者部分丧失民事行为能力之际承担监护责任。

2017年通过的《民法总则》第33条吸收前述规定,并作出三处改动:一是扩大对象范围,即适用对象由老年人扩大至所有成年人;二是强调书面形式,即意定监护协议应当以书面形式订立;三是将“承担监护责任”的表述变更为“履行监护职责”。

《民法总则》第33条确立的意定监护制度体系也为《民法典》沿用。具体而言:首先,根据被监护人的年龄状况,监护分为未成年监护和成年监护;其次,根据监护人是否根据被监护人意愿确定,成年监护又分为法定监护和意定监护。

- 《民法典》确立的监护体系
  - 未成年监护
    - 法定监护（《民法典》第27条、第32条）
    - 协议监护（《民法典》第30条）
    - 指定监护
      - 遗嘱指定（《民法典》第29条）
      - 机构指定（《民法典》第31条）
  - 成年监护
    - 法定监护
      - 法定监护（《民法典》第28条、第32条）
      - 协议监护（《民法典》第30条）
      - 指定监护
        - 遗嘱指定（《民法典》第29条）
        - 机构指定（《民法典》第31条）
    - 意定监护（《民法典》第33条）

图6－2　《民法典》确立的监护体系

此外,《民法总则》和《民法典》对未成年监护和成年监护设定了不同的履职原则与要求。成年监护需以最大程度地尊重被监护人的真实意愿为原则,监护人应当保障并协助成年被监护人实施与其心智状况相适应的民事法律行为,而非代其处理与其相关的一切事务。

无论是意定监护制度的确立,还是成年监护履职原则的确立,均体现了《民法总则》和《民法典》的理念进步,即尊重成年被监护人自我决定权、强化成年被监护人的中心地位。这一理念的引入与当前国际社会的总体趋势一致,也是我国加入《残疾人权利公约》后作出的回应和努力。①

(二)司法实践现状

2017 年《民法总则》施行后,涉意定监护案件在司法实践中开始逐步出现。

---

① 《残疾人权利公约》(Convention on the Rights of Persons with Disabilities,CRPD)第 12 条:在法律面前获得平等承认

一、缔约国重申残疾人享有在法律面前的人格在任何地方均获得承认的权利。

二、缔约国应当确认残疾人在生活的各方面在与其他人平等的基础上享有法律权利能力。

三、缔约国应当采取适当措施,便利残疾人获得他们在行使其法律权利能力时可能需要的协助。

四、缔约国应当确保,与行使法律权利能力有关的一切措施,均依照国际人权法提供适当和有效的防止滥用保障。这些保障应当确保与行使法律权利能力有关的措施尊重本人的权利、意愿和选择,无利益冲突和不当影响,适应本人情况,适用时间尽可能短,并定期由一个有资格、独立、公正的当局或司法机构复核。提供的保障应当与这些措施影响个人权益的程度相称。

五、在符合本条的规定的情况下,缔约国应当采取一切适当和有效的措施,确保残疾人享有平等权利拥有或继承财产,掌管自己的财务,有平等机会获得银行贷款、抵押贷款和其他形式的金融信贷,并应当确保残疾人的财产不被任意剥夺。

在“法信”“威科先行”“中国裁判文书网”等公开平台以《民法总则》第 33 条、《民法典》第 33 条、“意定监护”及“协商确定监护人”等字段进行交叉检索，筛选出涉意定监护案件 45 件。①

从公开平台的裁判文书检索情况来看，涉意定监护案件的数量并不多。其中一个不能忽视的原因在于，意定监护关系的生效与被监护人的失能情形直接挂钩，出于对当事人隐私的保护，部分法院可能对相关裁判文书作不予公开处理，公开平台的检索结果无法直接反映涉意定监护案件的实际数量，但可以侧面反映我国意定监护制度的总体运行情况。

从结案日期分布情况来看，涉意定监护案件的数量呈逐年上升趋势，且在《民法总则》施行的第二年（2018 年）就出现了 5 件案件。意定监护本质上属于一种预防性授权，即在本人具备完全民事行为能力时订立，在其丧失或者部分丧失民事行为能力时生效，因而涉意定监护案件的发生具有一定的滞后性。这样的增长趋势在一定程度上表明意定监护在我国的接受程度较高。

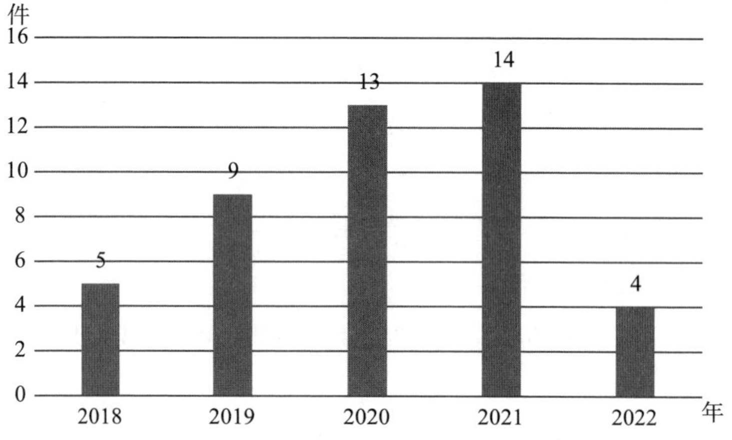

图 6－3　涉意定监护案件结案日期分布情况

从地域分布情况来看，上海、北京、浙江三个省份出现的涉意定监护案件数

① 检索条件适用的法律条文包含《民法总则》第 33 条或者《民法典》第 33 条并且关键词包含“协商确定监护人”（模糊检索）或者“意定监护”（精确检索），检索得到裁判文书 67 份，剔除其中因法律条文援引有误、法律概念使用不规范等原因而进入检索结果、实际争议与意定监护无关的裁判文书，进一步删去同一案件不同审级的重复文书，最终剩余裁判文书 45 份，即筛选得出涉意定监护案件 45 件，其中包含法院确认存在意定监护关系以及当事人主张存在意定监护关系而法院未予确认的情形。

量显著高于其他省份,这也与沿海发达城市易于接受新生事物的一贯认知相符。而国内仍有大量省份未出现涉意定监护案件,其中固然有部分地区法院对相关裁判文书作不予公开处理的因素,但也从侧面反映出意定监护在不同地区的接受程度存在显著差异,意定监护制度的适用存在一定的地域发展不平衡的态势。

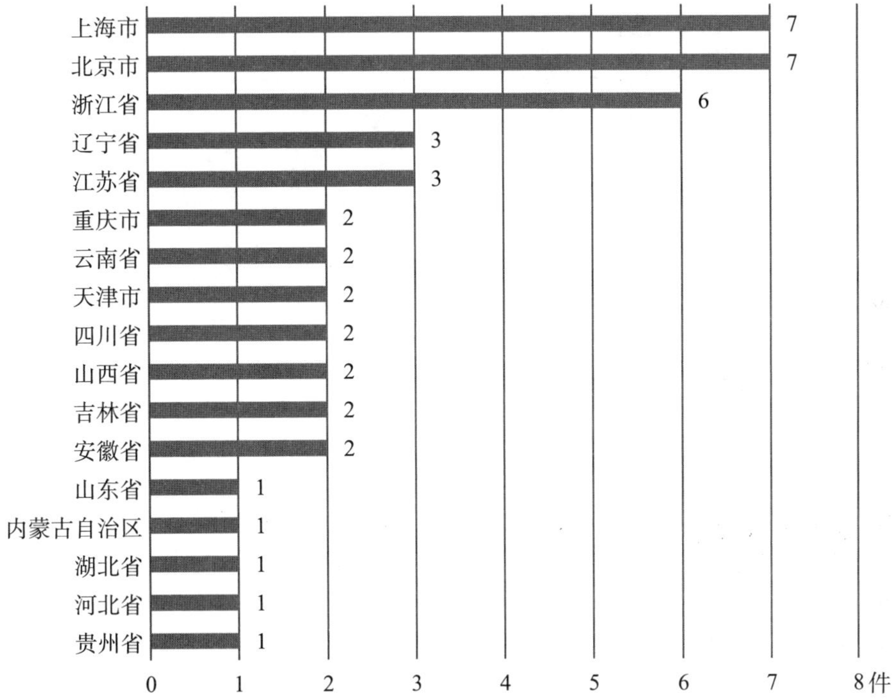

图 6－4　涉意定监护案件地域分布情况

从案由分布情况来看,[①]2/3 以上的涉意定监护案件集中于监护权特别程序和认定自然人无民事行为能力、限制民事行为能力两个非讼案件案由以及合同纠纷和侵权责任纠纷两个诉讼案件案由。从非讼案件情况来看,两类案由存在一定重合特征,即在同一案件中完成无/限制民事行为能力宣告和监护人指定两个事项。而从诉讼案件情况来看,多涉及意定监护人代为起诉和监护权归

① 为避免统计结果过于分散,此处按照实际结案案由所属的三级案由进行统计,相关案件的实际结案案由既可能是该三级案由,也可能是该三级案由项下的四级案由。

属争议。

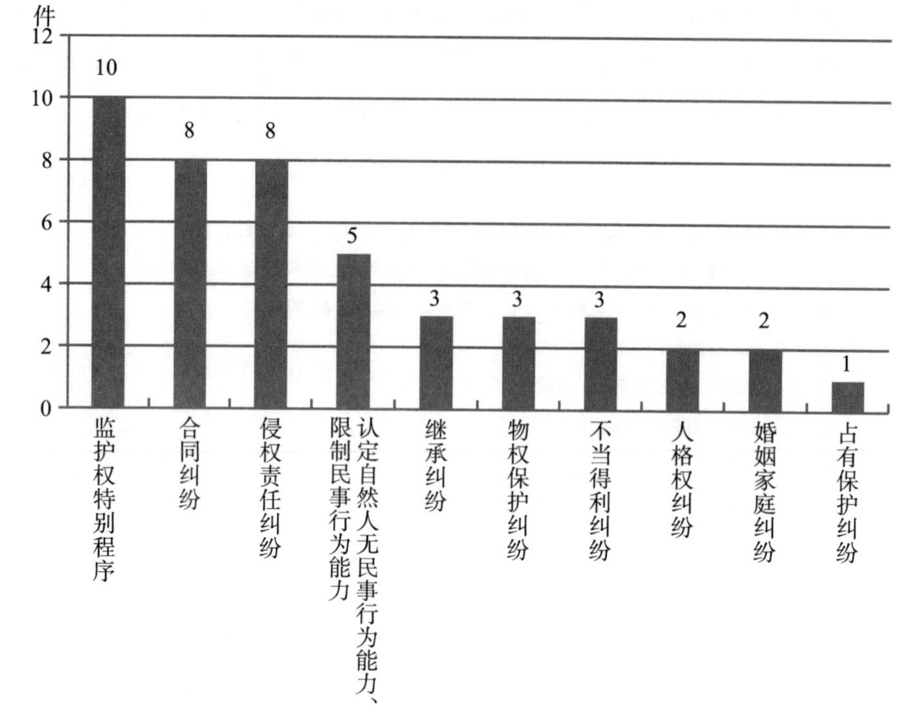

图 6－5 涉意定监护案件案由分布

(三)公证实践现状

从裁判文书检索情况来看,意定监护制度与公证制度在实践中的结合较为紧密。前述的 45 件涉意定监护案件中,有 31 件案件中存在以书面形式订立且经法院确认有效的意定监护协议。相应的 31 份意定监护协议(或者含意定监护内容的协议)中,有 20 份协议经过公证。由此可见,公证制度在意定监护法律关系形成过程中发挥着重要作用。

从权威刊物检索情况来看,早在 2017 年《民法总则》正式施行前,上海地区的公证机构已开始依据 2012 年修订的《老年人权益保障法》第 26 条探索开展意定监护公证工作。以上海市普陀公证处为例,其自 2015 年开始办理意定监护公证,截至 2019 年 6 月已累计办理意定监护近 300 件。① 中国公证协会业务

---

① 陈璐瑶:《发展中的上海意定监护公证》,载《中国公证》2020 年第 12 期。

规则委员会2021年《关于进一步加强和规范意定监护类公证业务发展的报告》显示：自《民法总则》颁布以来，北京、上海、广东、山东、四川等地公证机构共办理3000余件意定监护类公证，且办理数量和覆盖省份呈逐年上升趋势。[①]

随着意定监护公证业务的不断发展，公证机构也开始就意定监护公证业务的规范化作出努力。山东省青岛市市中公证处曾制定《关于作成监护公证文件的指导意见》，上海市公证协会也曾印发《关于本市公证机构办理涉意定监护类公证的指导意见（一）》，中国公证协会业务规则委员会也曾就制定《关于规范办理意定监护公证的指导意见》公开征求意见，但最终并未形成定稿。从以上行业规范的具体内容来看，对意定监护公证业务的流程和规范尚未达成普遍共识。[②]

二、我国意定监护实践的困境剖析

（一）意定监护协议的成立环节

1. 本人真实意愿的审查

从《民法典》第33条的规定来看，意定监护制度的利用者应当为“具有完全民事行为能力的成年人”，换言之，本人在签订意定监护协议时应当具有完全民事行为能力。而从目前的司法实践情况来看，利害关系人对意定监护协议效力提出异议的情形不在少数，主要争议就在于本人缔约时的行为能力，即意定监护协议能否反映本人在具备完全民事行为能力状态下的真实意愿。

此类案件的难点在于两方面：其一是对本人缔约时的行为能力本身的判断难。自然人行为能力的丧失往往具有渐进性，因而对于本人在签订意定监护协议时是否能够充分理解这一行为的法律后果并作出独立判断，法院在作出相应认定时原本就存在难度。其二是对本人缔约时行为能力的事后审查难。意定

① 中国公证协会业务规则委员会：《关于进一步加强和规范意定监护类公证业务发展的报告》，载《中国公证》2021年第11期。

② 例如，山东省青岛市市中公证处《关于作成监护公证文件的指导意见》认为可自行根据规定的条件判断精神病人（包括痴呆病人）、失去意识的人的民事行为能力；上海市公证协会《关于本市公证机构办理涉意定监护类公证的指导意见（一）》明确，行为能力必须经法院认定，公证机构不得自行认定；而中国公证协会业务规则委员会则与后者持相同意见。参见中国公证协会业务规则委员会：《关于进一步加强和规范意定监护类公证业务发展的报告》，载《中国公证》2021年第11期。

监护协议的生效时点在本人丧失或者部分丧失完全民事行为能力之际,而涉意定监护案件往往是在意定监护协议生效后才进入司法程序。此时本人已经丧失或者部分丧失民事行为能力,更为法院审查本人缔约时的真实意愿增添障碍。

2. 委托授权范围的限制

《民法典》第 33 条的规定较为原则化,其中意定监护人"履行监护职责"应当作何理解,理论界一直存在不同观点。第一个层面的争议在于双方能否就意定监护人承担的具体监护事项作出约定。第二个层面的争议在于意定监护人的监护职责是否同时包含人身和财产监护事项。对于后者,意定监护的范围应当包含财产监护事项,而不应当包含婚姻、遗嘱等具有高度人格性的法律行为,对此理论界基本可以达成共识,争议主要在于涉及被监护人医疗事项的代行决定权。

以上两个层面的争议,究其根源,应当来自意定监护的双重属性:一方面,意定监护是监护制度的一大类型,而监护制度主要指向身份关系,受到传统民法上亲属法的规制。另一方面,意定监护来源于英美法上的"持续性代理权"制度,[①]代理权本质上源于委托合同关系,受到传统民法上财产法的规制。亲属法和财产法规则存在诸多实质性差异,意定监护行为同时受二者调整,难免在规则角力中引发争议。

3. 受托主体范围的限制

从语义解释的角度,《民法典》第 33 条对担任意定监护人的个人和组织没有作出任何限制。然而,无论是理论界,还是实务界,均有观点认为应对意定监护的受托主体范围作出一定限制。对于受托的个人,同性伴侣、保姆、医疗工作者等能否成为意定监护人,本人与上述具有特殊身份的人员签订的意定监护人协议是否违背公序良俗原则,目前存在较大争议。[②] 对于受托的组织,有观点认为应当进一步结合《民法典》第 24 条第 3 款的规定理解;也有观点认为此种解

① 参见最高人民法院民法典贯彻实施工作领导小组主编:《中华人民共和国民法典总则编理解与适用》(上),人民法院出版社 2020 年版,第 200 页。

② 参见陈璐瑶:《发展中的上海意定监护公证》,载《中国公证》2020 年第 12 期。

释将限制意定监护制度立法价值的实现。①

从公证实践情况来看，目前意定监护制度利用者中就包含性少数群体，此类案件数量不多，但在我国已成为一种典型情况，即在长期稳定的非婚同居关系中，意图借助意定监护协议赋予对方一定的合法身份，进而有权代为处理自己的人身、财产事项。② 从司法实践情况来看，老年人希望通过订立意定监护协议排除子女等近亲属成为法定监护人的可能性，而受困于现实条件无法找到合适的受托主体担任其意定监护人的问题也已经出现。③

（二）意定监护协议的生效环节

1. 启动程序尚待明确

根据《民法总则》第 33 条的规定，意定监护协议的生效要件是本人“丧失或者部分丧失民事行为能力”。然而，该规定并未明确意定监护的启动程序。对此，实务界存在两种观点：一种观点认为，意定监护协议在本人被认定为无民事行为能力或者限制民事行为能力时始发生效力，④换言之，行为能力宣告是意定监护的启动程序。另一种观点认为，行为能力的丧失是一种客观状态，因而行为能力宣告并非意定监护协议生效的前提，公证机构可以依据医疗机构的诊断认定本人的行为能力，并确认意定监护人身份。⑤

从司法实践情况来看，受托主体在本人未经法院认定和宣告行为能力的情况下即以意定监护人身份实施相关监护事项的不在少数。究其原因，一方面可能是为了避免经历漫长的司法程序，另一方面可能是为了避免被贴上带有歧视性的“无/限制民事行为能力人”标签。从实际裁判情况来看，法院对于受托主体绕开行为能力宣告径行实施相关监护事项的做法并未一概予以否定。⑥

---

① 张素华：《意定监护制度实施中的困境与破解》，载《东方法学》2020 年第 2 期。

② 参见李欣：《意定监护的中国实践与制度完善》，载《现代法学》2021 年第 2 期。

③ 参见四川省成都市青羊区人民法院(2019)川 0105 民特 63 号民事判决书、上海市嘉定区人民法院(2021)沪 0114 民特 330 号民事判决书等。

④ 参见最高人民法院民法典贯彻实施工作领导小组主编：《中华人民共和国民法典总则编理解与适用》(上)，人民法院出版社 2020 年版，第 203 页。

⑤ 参见陈璐瑶：《发展中的上海意定监护公证》，载《中国公证》2020 年第 12 期。

⑥ 参见北京市第二中级人民法院(2020)京 02 民终 7645 号民事判决书、重庆市第四中级人民法院(2021)渝 04 民终 62 号民事判决书等。

2. 配套案由尚待厘清

如前所述,涉意定监护案件中占比最高的是监护权特别程序案件。该三级案由项下原有“申请确定监护人”“申请变更监护人”“申请撤销监护人资格”三个四级案由,而在《民法典》颁布后又增加“申请指定监护人”“申请恢复监护人资格”两个四级案由。①

五个四级案由中,“申请变更监护人”“申请撤销监护人资格”“申请恢复监护人资格”的适用场景都相对明确,增设的“申请指定监护人”指向的应当是《民法典》第31条监护争议解决程序,也不存在争议,仅有“申请确定监护人”的适用场景不明确。从实践情况来看,该案由项下既包含适用《民法典》第30条协议确定监护人的案件,又包含适用《民法典》第33条意定监护的案件。然而,这两类案件的审查重点并不一致,混用同一案由可能带来法律适用的混乱和审查重点的偏离。事实上,在涉意定监护案件检索过程中,也确实发现大量援引《民法典》第33条,而实际应当适用《民法典》第30条的案件。②

3. 程序衔接尚待落实

在涉意定监护案件中,存在一类法定监护与意定监护冲突的案件并值得加以关注,即本人在法定监护人的范围之外选定意定监护人的情形下,意定监护协议的存在能够排除具有法定监护资格的潜在法定监护人以取得监护权的可能性。上海普陀公证处2017年10月至2019年6月的统计结果显示,44%的意定监护公证业务源于家庭矛盾,由此可见法定监护与意定监护存在潜在冲突的情况不在少数。

在此类案件中,潜在法定监护人可能先于意定监护人知晓被监护人的失能情形,从而利用该信息优势先于意定监护人启动监护权特别程序并取得监护权。此时,被监护人事先确定的意定监护人需要另行启动监护人变更程序才能成为意定监护人,而此类案件究竟应当通过非讼程序处理,还是应当进入诉讼程序,实践中存在一定争议。根据最高人民法院相关指导书目的意见,当事人

---

① 参见《最高人民法院关于修改〈民事案件案由规定〉的决定》(法〔2020〕346号)。

② 参见北京市第二中级人民法院(2022)京02民终504号民事判决书,该案二审判决对一审判决汇总援引法律条文错误的情况予以纠正;此外,河南省开封市顺河回族区人民法院(2021)豫0203民特140号民事判决书、黑龙江省安达市人民法院(2022)黑1281民特1号民事判决书等也存在相似问题。

就监护人资格有争议的适用监护权特别程序处理。[①] 例如在一起申请变更监护人案件中，法院曾指定被监护人的女儿为法定监护人，后被监护人的侄女持被监护人此前签署的意定监护协议向法院起诉要求变更监护人。法院以监护权特别程序案件项下“申请变更监护人”案由立案处理。[②] 然而，根据《民事诉讼法》的一般规定，法院适用特别程序审理案件过程中，发现存在民事权益争议的，应当裁定终结特别程序，并告知利害关系人可以另行起诉。换言之，基于民事诉讼法的一般法理，当事人就监护权归属存在实质性争议的应当启动诉讼程序处理。

三、我国意定监护制度背后的角力与转型

（一）国家干预与个人自治的角力

1. 国家干预视野下的成年监护制度

传统监护制度的构建基于法律家长主义的理念。虽然理论界对于法律家长主义的理解仍然存在“硬家长主义”和“软家长主义”的不同观点，但所谓法律家长主义，其最明晰的逻辑即出于保护当事人最佳利益之目的对其自由加以限制，特点在于两个方面：其一，目的在于防止当事人自我侵害并增加其福祉；其二，实现方式在于对个体的行为加以限制和干预。

就监护制度的设计而言，传统民法上将辨识能力衰退的老年人和心智障碍者定位为弱势群体，基于法律家长主义的理念，有必要对其进行倾斜性保护以保证其权益不受侵害，成年监护制度就是其中一种重要的保护方式。成年监护制度通过设立监护人的方式，帮助被监护人处理自身能力之外的事务，从而保护被监护人的人身和财产安全。当然，这种保护的另一面也就是对个体行为的限制，即出于对被监护人辨识能力、意思能力的质疑甚至否定，而对其自主决定权采取一定程度上的限制乃至剥夺。此时，被监护人因辨识能力和意思能力降低而被认为无法妥善维护自身利益，因而需要由监护人出于实现其最佳利益的

---

① 参见最高人民法院研究室编著：《最高人民法院新民事案件案由规定理解与适用》，人民法院出版社 2021 年版，第 126 页。

② 参见上海市静安区人民法院(2020)沪 0106 民特 209 号民事判决书。

考量为其代行决定。

2. 个人自治视野下的意定监护制度

随着个体权利意识的觉醒，以意思自治为核心的法律思想逐渐占据主流，高度体现个人自治主张的“尊重自我决定权”理念也成为成年监护制度改革的重要指引。

这一理念可以从三个层面理解：其一，尊重自我决定权意味着对被监护人事先决定的认可，成年人在具备辨识能力与意思能力时可以就其失能后的人身事务与财产事务作出预设性安排，这一安排应当被完整、充分地执行；其二，尊重自我决定权意味着对被监护人的残余能力的充分考量，在被监护人力所能及的范围之内，尽可能由被监护人本人作出决定，从而实现对被监护人真实意愿的尊重；其三，在被监护人力有不逮的情形下，监护人必须对被监护人的人身、财产事务作出决断，但应当尽可能与被监护人的推定意思一致，以还原被监护人真实的个人意愿为原则，换言之，此时是由监护人帮助被监护人间接地作出自我决定。

这一理念也潜移默化地影响了我国成年监护制度的设计，《民法典》中“尊重被监护人真实意愿”原则与“尊重自我决定权”理念一脉相承，而意定监护制度更是“尊重自我决定权”理念第一层面内涵的集中体现。

3. 国家干预与个人自治的协调

在基于国家干预理念产生的成年监护制度中，基于个人自治理念形成的意定监护制度成为一种特殊的存在，源于通过干预手段实现被监护人最佳利益的传统监护理念，又蕴含着降低干预程度以还原被监护人个人意愿的现代法治期许。在具体的适用场景下，两者的指向可能并不完全一致。更进一步，《民法典》第 35 条对成年监护人同时设置了“最有利于被监护人”和“最大程度地尊重被监护人的真实意愿”两项原则，却未对两者的顺位予以明确，这可能加剧法律适用分歧。

事实上，对于上述两种理念的内在冲突，解决路径并不在于否定其中一种理念的适用，而应当探寻两者协调共存的平衡点。从域外立法来看，《德国民法典》第 1901 条第 2 款、第 3 款特别规定了被照管人最佳利益的具体判断标准，即被照管人的最佳利益包括在其能力所及的范围之内按照自己的愿望和想法计划其生活的可能性，但前提是不与被照管人的最佳利益相抵触。由此，“最佳利益”事实上具备两层含义，第一层含义是被监护人的自主决定即为符合其最佳利益的决定，第二层含义是在被监护人的主观意愿无法推测或者遵从被监护人的主观意愿可能损害其权益的情况下，以符合社会认知的“最佳利益”决定补位或者取代被监护人的自主决定。在这一语境下，“最大程度地尊重被监护人的真实意愿”已经成为第一顺位的监护人履职原则，而遵从客观标准的“最有利于被监护人”则融入第一原则，基于必要性原则和补充性原则介入，确保对个人自治的干预被控制在最小限度。

（二）替代决定向协助决定的转型

1. 利益平衡视野下的替代决定范式

所谓“替代决定”，是指监护人或者其他代理人能够代表决定能力受损的本人作出决定。替代决定范式具有三个方面的特征：一是否定本人的行为能力，即便只是针对某一项事务作出决定的行为能力；二是任命由本人以外的人作为替代决定者；三是替代决定者的任何一项决定的依据是本人的“最大利益”。①

显然，在替代决定范式下，本人的“最大利益”的判断秉承客观标准，即一般理性人对保护人身、财产利益的普遍理解。替代决定背后的理念基础是利益平衡，即因被监护人辨识能力、意思能力的欠缺而对其进行倾斜性保护，由监护人基于一般理性人的判断标准替代其作出决定，从而防止本人的利益因其自主决定而受损。

从规则设计来看，我国传统监护制度就属于典型的替代决定范式：首先，监护制度的适用以否定或者部分否定本人的行为能力为前提；②其次，监护人履职行为是否妥当的判断标准在于是否保护本人“人身、财产及其他合法权益”；③最后，在未经监护人（法定代理人）确认的情况下，本人实施的超出其行为能力

---

① 联合国残疾人权利委员会《第1号一般性意见（2014年）》第27自然段，参见李霞：《协助决定取代成年监护替代决定——兼论民法典婚姻家庭编监护与协助的增设》，载《法学研究》2019年第1期。

② 《民法通则》第13条规定：不能辨认自己行为的精神病人是无民事行为能力人，由他的法定代理人代理民事活动。不能完全辨认自己行为的精神病人是限制民事行为能力人，可以进行与他的精神健康状况相适应的民事活动；其他民事活动由他的法定代理人代理，或者征得他的法定代理人的同意。

③ 《民法通则》第18条第1款规定：监护人应当履行监护职责，保护被监护人的人身、财产及其他合法权益，除为被监护人的利益外，不得处理被监护人的财产。

的法律行为生效的唯一场合是其因该行为“纯获利益”。[①]

2. 主体平等视野下的协助决定范式

所谓“协助决定”，是指为决定能力受损的本人提供协助，确保其能够尽可能的作出自己的决定。与替代决定相对应，协助决定范式的特征在于三个方面：一是本人的行为能力始终得到认可；二是本人始终是决定者，协助者仅提供辅助而不能行使决定权；三是完全尊重本人意愿与选择。[②]

在协助决定范式下，本人的真实意愿也是其“最大利益”的组成部分，甚至是最重要的组成部分，这样的价值判断是建立在“非歧视”理念的基础之上的，无论是精神障碍者、智力残疾者，还是辨识能力衰退的老年人，其自主决定权都普遍且无差别地受到尊重。此时监护制度所追求的目标就是确保本人对于自身事务享有最大程度的自主决定权。

“协助决定”理念倡导本人是自身事物的决定者且处于决定的核心地位，也是《残疾人权利公约》第 12 条确认的现代监护理念。从我国立法上看，《民法典》第 35 条第 3 款吸收协助决定理念，隐含引入协助决定范式的立法导向，显然是我国加入《残疾人权利公约》后在国内法上作出的努力和回应。

3. 替代决定与协助决定的取舍

《民法典》施行后，我国的成年监护制度究竟采用协助决定范式还是替代决定范式，理论界目前仍存争议。有学者认为，我国现行法上的监护体系基本上承袭的是被大陆法系陆续废弃的禁治产（无行为能力）监护制度，具备替代决定的所有特征。[③] 也有学者认为，在成年监护方面，强调被监护人对自己事物处理的意愿，已经体现了从传统的“消极防御保护”转向重视“积极辅助”被监护人的方向。[④]

---

① 《合同法》第 47 条第 1 款规定：限制民事行为能力人订立的合同，经法定代理人追认后，该合同有效，但纯获利益的合同或者与其年龄、智力、精神健康状况相适应而订立的合同，不必经法定代理人追认。

② 联合国残疾人权利委员会《第 1 号一般性意见（2014 年）》第 12 条第 13、14 自然段，参见李霞：《协助决定取代成年监护替代决定——兼论民法典婚姻家庭编监护与协助的增设》，载《法学研究》2019 年第 1 期。

③ 参见李霞：《协助决定取代成年监护替代决定——兼论民法典婚姻家庭编监护与协助的增设》，载《法学研究》2019 年第 1 期。

④ 参见李世刚：《〈民法总则〉关于“监护”规定的释评》，载《法律适用》2017 年第 9 期。

从理论界的争议可以看出,《民法典》在基础规范层面依然坚持传统监护理念下的替代决定范式,而在价值理念层面又是认可,甚至是倡导协助决定范式的。虽然《民法典》出于规则稳定性和社会接受度等方面的考量,在监护制度的整体架构上继续坚持替代决定模式,但如果完全将《民法典》中监护制度评判为固守传统的替代决定模式,则是忽视引导我国监护制度向协助决定模式发展的导向作用。

在《民法典》"监护"一节项下,除第 33 条关于意定监护制度的原则性规定之外,还详尽地规定了充满法律家长主义色彩的法定监护制度。从某种程度上说,意定监护是在传统监护制度的夹缝中为有需求的当事人提供了自主意愿的介入空间,这样的理念角力和范式转型决定了我国的意定监护制度应当将尊重自我决定权和协助决定范式确立为其主要基点。

四、我国意定监护制度的完善路径

(一)整体方向

1. 加强对意定监护协议成立环节的效力审查

(1)形式审查

《民法典》第 33 条仅对意定监护制度作出原则性规定,从具体表述方面看也并未作出相应的限制性规定。然而,意定监护制度属于监护制度的一大类型,要求公权力进行必要干预,以确保弱势群体的利益得到充分保护。如前所述,关于意定监护制度的具体适用,目前理论界的争议焦点主要在于两个方面:一是受托主体限制,即具有特殊身份的人员和相关营利性质的组织能否成为意定监护人;二是委托事项限制,即意定监护人的职责范围是否包含相关人身事项。鉴于这两个方面的因素直接影响被监护人利益的保护,有必要将其确定为意定监护协议的生效要件,在确认意定监护人资格时进行形式审查。

(2)实质审查

根据《民法典》第 33 条的规定,本人签订意定监护协议时应当具有完全民事行为能力。对于普通民事合同的订立而言,缔约人未经法院认定为无/限制民事行为能力人,则应当被推定为完全民事行为能力人。然而,对于意定监护协议的订立而言,有必要采取更为审慎的态度,原因在于两个方面:其一,意定监护作为一种概括性、持续性授权,对本人失能后的人身、财产利益影响极为重大;其二,意定监护制度的主要利用者为老年人,而老年人辨识能力和意思能力的丧失往往具有渐进性,如果已经存在心智障碍,则极有可能不具备充分理解这一行为的法律后果并作出独立判断的能力。因此,利害关系人就意定监护协议的效力提出异议时,应对本人签订意定监护协议时的行为能力进行实质审查,如基于该意定监护协议的效力问题,意定监护人与潜在法定监护人之间就监护权归属存在实质性争议,则应当启动诉讼程序进行实质审查。

2. 放宽对意定监护协议生效环节的程序限制

(1)意思能力的差异化

目前我国立法上将辨识能力与意思能力有瑕疵的主体简单机械地划分为无行为能力和限制能力,不符合现实中的复杂状况。以精神障碍患者为例,医学研究表明,有些类型如间歇性、慢性精神病人仍保持部分判断认识力,即使其处于不缓解期乃至发病期,其对某种民事行为的性质和意义也是能辨认和理解的。[①] 然而,依据现行行为能力宣告制度,"丧失或者部分丧失民事行为能力"者只能被概括性地划分为无民事行为能力人和限制民事行为能力人,被监护人之间剩余能力的差异性则未被纳入考量范围。如果将行为能力宣告明确设置为意定监护协议的启动条件,可能并不利于本人合法权益的保护。基于尊重自我决定权的立法导向,可以考虑允许对意定监护人的介入时间作出约定,以符合失能群体的差异化需求。

(2)协助决定的差异化

进一步而言,虽然我国目前将监护对象划分为无民事行为能力与限制民事行为能力两个程度不同的层级,但与之相应的监护方式却未作出差异性规定。换言之,对于民事行为能力存在明显差异的两类被监护人,监护人的履职范围和履职方式事实上是相同的。[②] 对于身体障碍者、精神障碍者、辨识能力衰退的老年人等不同状况的成年被监护人,其在具体的意思能力程度上会呈现出不同

---

① 参见孙东东:《精神病人的法律能力》,现代出版社 1992 年版,第 62 页。

② 参见李霞:《台湾地区新修正的成年监护制度及其评析》,载《法学论坛》2010 年第 5 期。

的形态与倾向,因而有必要根据被监护人意思能力的差异对监护人的履职范围进行相应赋权,从而避免因监护人全盘代管被监护人相关事项导致被监护人自主决定权受到侵害。同样,基于尊重自我决定权的立法导向,可以考虑允许对意定监护人的介入程度作出约定。

(二)具体思路

1. 强化公证机构的程序参与

在上海发布的首例意定监护案例中,公证处在确认被监护人丧失行为能力后,为意定监护人发放了监护人资格公证书,但随后这一操作模式受到理论界的质疑。[①] 从发展趋势来看,公证机构也开始采取更为审慎的态度。从法理角度上说,意定监护协议的效力评价应当由司法机关完成,因而公证机构并无权限对意定监护人资格作出认定。

然而,这并不意味着公证机构没有介入意定监护实践的空间。进一步结合意定监护制度的完善方向和公证机构的职能定位,公证机构可以定位在两个方面:其一是介入意定监护协议的订立过程,帮助本人依据其真实意愿拟定相应的协议条款,并确保本人能够理解这一行为的法律后果,必要时留下影像资料避免后续纠纷;其二是介入意定监护协议的履行过程,即对意定监护的实施履行监督职责,发现监护人损害被监护人合法权益的情况时,主动介入并启动相应的救济程序。

2. 厘清司法机关的职能定位

如前所述,《民法典》仅对意定监护制度作了原则性规定,留待司法机关通过裁判的方式完成法律续造。

从司法实践情况来看,涉及意定监护法律适用的主要有两大案件类型,一是意定监护协议的效力审查和监护人的资格认定;二是意定监护受托人与潜在法定监护人之间关于监护权归属的争议。前一类型案件的审理聚焦协议内容的形式审查,即相关协议是否具备意定监护协议的要素、是否存在相关无效事由以及是否已经具备生效条件等,如果不具备无效事由且已具备生效条件,则

---

① 参见李国强:《成年意定监护法律关系的解释——以〈民法总则〉第33条为解释对象》,载《现代法学》2018年第5期。

应当确认意定监护人资格。后一类型则已形成实质性争议，应当启动相应的诉讼程序处理。基于非诉案件和诉讼案件的类型划分，前一类型可以划入监护权特别程序案件，后一类型则有待新增相应诉讼案件案由。

3. 弱化行为能力制度的介入

如前所述，我国意定监护制度应当将尊重自我决定权和协助决定范式确立为其主要基点，而采用协助决定范式的前提是不否认本人的行为能力。因此，贯彻协助决定理念就意味着排除意定监护协议生效以法院的行为能力宣告制度为前提。将行为能力宣告与意定监护协议的生效条件剥离后，也就出现了个性化订制意定监护协议的可能性，基于尊重自我决定权的理念，也应当允许意定监护协议中多元化的设置。这种多元化设置可以体现在两个方面，一是意定监护介入时间的多元化，二是意定监护介入程度的多元化。

借鉴《英国意思能力法》，可以从功能性角度界定本人在各具体领域的决定能力，例如，遗嘱能力、婚姻能力、收养能力、医疗决策能力、合同能力等，针对不同类型行为能力的丧失设定不同的意定监护介入模式，取代目前适用的一般性行为能力判断模式，避免实践中对本人行为能力的过度剥夺。[①] 为此，可以推动公证机构加强与医疗机构之间的合作，加快形成标准更为合理化、模式更为自主化的意定监护协议文本供制度利用者选择。

第四节　本 章 结 论

《民法典》确立的遗产管理人制度有利于被继承人遗产的规范、有序处置，但部分规定的妥当性值得思考。在继承人均放弃继承的情况下民政部门或者村民委员会担任遗产管理人的规定在司法实践中被架空，反映的深层问题是制度设计中对遗产管理人的功能定位仍有模糊之处。遗产管理人的职责是清理被继承人生前形成的债权债务关系，完成被继承人生前各项财产性事务的清算。从这一理解出发，遗产管理人具有职责上的超脱性和身份上的独立性，并非为自身利益参加诉讼，故将其视为继承人的代理人不甚妥当。从遗产管理人

① 王竹青：《成年人监护中行为能力认定域外考察》，载《法律适用》2017 年第 11 期。

填补被继承人无诉讼能力带来的诉讼主体空缺的角度,将遗产管理人界定为被继承人的法定诉讼担当具备正当性和合理性。

具体程序设计上,我国《民事诉讼法》目前规定,一方当事人死亡后应当裁定中止诉讼并通知继承人参加诉讼,《民法典》确立遗产管理人制度并重构继承程序之后,应当由遗产管理人取代继承人参加诉讼。同时,继承人和遗产管理人之间存在一定差异,遗产管理职责的承担并不与继承利益的享有挂钩,因而诉讼中止和终结的法定事由还应当作出一定调整,即原告和被告死亡均构成诉讼中止的法定事由,但被告死亡和原告死亡时没有继承人则不应当构成诉讼终结的事由。此外,对于遗产管理人的选任和解任,有必要新增相应的非讼程序。

意定监护制度是"尊重自我决定权"理念的集中体现,蕴含现代监护理念变革的萌芽。从司法实践情况来看,意定监护制度运行不畅的原因之一在于监护制度与行为能力制度的绑定无法适应现代社会的需要。《民法典》确立的成年监护体系尚未完全摆脱法律家长主义的窠臼,《民事诉讼法》等程序法的完善可以为现代监护理念的生根发芽进一步提供契机。意定监护人身份的确认应当以意定监护协议的生效为前提,与行为能力宣告相剥离,允许本人根据其自身意愿设置多元化的生效条件。因意定监护制度属于监护制度的一大类型,要求公权力进行必要干预,以确保弱势群体的利益得到充分保护。利害关系人未就意定监护协议效力提出异议的情况下,法院仍应当通过非讼程序对意定监护协议是否有效成立、是否符合生效条件以及是否存在无效事由等进行形式审查;在利害关系人就意定监护协议效力提出异议的情况下,则有必要启动诉讼程序对意定监护协议是否能够反映本人的真实意愿进行实质审查。

第七章

非典型担保中以动产所有权排除执行规则研究

第一节 概 述

本章聚焦《民事诉讼法》与《民法典》等实体法在执行程序维度的协调和对接,并以非典型担保中以动产所有权排除执行规则的协调和对接为例切入本章研究。债务人原则上以其全部财产为全部债务的履行提供一般担保,而该全部财产即所谓的“责任财产”①。对于普通金钱债权的强制执行,在针对特定财产采取执行措施之前,执行法院首先需要判断该财产是否属于责任财产。基于审执分离的原则,执行法院通常遵循外观主义和权利化表象认定被执行人的责任财产。由于权利的外观或者表象与真实权利之间可能发生分离,执行法院在采取执行措施时,存在侵害案外人真实权利的风险。因此,基于保护案外人的真实权利或者不特定第三人的财产安全,对执行标的主张实体权利的案外人提出排除强制执行请求的,执行法院应当予以审查。在案外人执行异议以及异议之诉中,“足以排除强制执行的民事权益”是审查或者审理的重点。尽管法律以及司法解释对“足以排除强制执行的民事权益”的类型未作明示,但实践中对主要的权利类型达成了共识,即包括所有权、用益物权、质权、留置权、租赁权等。其中,所有权作为具有完整内容的归属性权利,属于“足以排除强制执行的民事权益”自不言而喻。除前述类型以外的权利是否为“足以排除强制执行的民事权益”虽有一定争议,但通常认为抵押权不属于该种权益,抵押权人可通过从抵押物的变价款中优先受偿来保障其债权的实现,无须排除对抵押物的执行。②

担保制度是保障债权实现的重要制度,自 1986 年通过的《民法通则》建立

---

① 王泽鉴:《债法原理》(第 2 版),北京大学出版社 2013 年版,第 76 页。

② 参见《江苏省高级人民法院执行异议及执行异议之诉案件审理指南(一)》:“……当事人、利害关系人基于以下事由提出执行异议的,应依据《民事诉讼法》第二百二十五条规定审查处理:(1)主张对执行标的物享有抵押权或不能阻却执行的留置权、质押权的……”另山东省高级人民法院执行局编《执行疑难法律问题审查参考(一)——案外人执行异议专题》:“10.案外人以对执行标的享有担保物权为由提出排除执行异议,应否按案外人执行异议程序审查?参考意见:案外人基于担保物权形成的优先受偿权提出执行异议,请求排除对执行标的处分行为的,除法律以及司法解释另有规定外,适用民事诉讼法第二百二十五条规定进行审查,原则上裁定驳回异议,告知其直接就抵押或质押等担保物的变价款主张优先受偿权。但该处分行为会导致案外人享有的质权、留置权丧失或案外人优先受偿权的实现受到实质性损害的,应适用民事诉讼法第二百二十七条规定审查……”

担保制度以来,担保制度在我国的社会经济发展中发挥着非常重要的作用。之后陆续制定实施的《经济合同纠纷保证规定》《担保法》《担保法解释》《物权法》填补了担保制度上的一些空白,也就实践中的问题作出了回应。2020 年编纂完成的《民法典》在总结此前民事立法和司法实践经验的基础上,以及在提升优化营商环境的背景之下,再次对担保制度进行了修改和完善。其中最大的亮点和特色即在坚持形式主义的基础下,部分接受功能主义的立法模式,通过《民法典》第 388 条"其他具有担保功能的合同"扩大了动产担保合同的范围。在 2020 年 5 月 22 日第十三届全国人民代表大会第三次会议上,全国人民代表大会常务委员会副委员长王晨在作关于《民法典(草案)》的说明中明确"融资租赁、保理、所有权保留等非典型担保合同的担保功能"①。

在所有权保留买卖中,出卖人根据合同的约定,将标的物交付买受人占有、使用,虽然由此形成了买受人对标的物享有权利的外观,但在其完成对价支付以前,出卖人仍然保留该标的物的所有权。同样,在融资租赁关系中,虽然租赁物的所有权由出租人享有,但大部分的使用功能和经济价值则由承租人享有。《民法典》通过借助"其他具有担保功能的合同"的规定以及动产所有权的登记制度,彰显所有权的功能作用,并在《民法典担保制度解释》中就优先顺位规则进一步明确。但是否因此可以在该两种交易中将保留的所有权视为完全的担保性权利,不仅在表面上反映出所有权的"名""实"之争,也是我国民法在物债两分的传统之下,采纳功能主义所引起的制度紧张。

就本章而言,当出卖人/出租人或者买受人/承租人成为被执行人时,其所有或者占有的动产在执行中被法院查封后,另一方是否得以通过执行异议排除执行,正是形式主义和功能主义所有权在执行程序中角力的体现。例如,《民法典》在所有权保留买卖和融资租赁交易中虽然设立了所有权登记制度,但登记与否并不影响动产所有权的取得及变动,因此未登记的动产出卖人/出租人能否以其所有权排除买受人/承租人的一般金钱债权人的执行;又如,假若保留的所有权仅有所有权之名而无所有权之实,登记虽可产生对抗效力,但若以登记

---

① 参见王晨:《关于〈中华人民共和国民法典(草案)〉的说明——2020 年 5 月 22 日在第十三届全国人民代表大会第三次会议上》,载《中华人民共和国民法典(含草案说明)》,中国法制出版社 2020 年版,第 206 页。

作为对抗执行的判断标准,则又与担保性所有权的前提假设相矛盾。为尝试对上述问题作出回应,本章拟从形式主义和功能主义的法律构造入手比较两种制度下所有权的差异,结合《民法典》及《民法典担保制度解释》关于所有权登记对抗效力的理解,以及联系《民法典》物权编和合同编中的具体规定,以期能构建一般的裁判规则。

第二节 《民法典》视角下所有权担保的定位

传统法上的担保物权法制沿袭着"不动产—抵押权 + 动产—质权"的经典模式,大抵反映着公示方法的不同所引起的担保物权法律构造上的差异。[①] 不动产虽然向来是担保物权的"宠儿",但因市场经济遭遇一连串风暴,经济泡沫化忽焉形成,土地神话崩溃;加之近代以来,经济迅速发展,科技惊人进步,法制之健全,动产、债权及其他无形资产的价值,已今非昔比;[②]以及登记技术的迅猛发展,都使得传统占有型动产担保的制度缺陷更为突出,尤其是当中小企业在将企业财产用于质押后,无法再继续使用经营。因此,将抵押引入到动产担保领域,以非占有型担保作为最基本的动产担保方式,甚至进一步建构统一的意定担保物权制度,创设统一的"担保权",成为现代担保制度的发展趋势。[③] 但是基于不同国家的法律传统,在动产担保制度方面形成了形式主义和功能主义两种立法模式。

一、形式主义担保观的理解

所谓形式主义的动产担保观,其核心是在担保物权领域贯彻物权法定原则,不同形式的担保应当适用不同的法律规范。"类型化"是形式主义立法观最显著的特征之一。[④] 具体而言,担保物权仅限于债权人在他人的财产上设定的

① 高圣平:《动产担保交易的功能主义与形式主义——中国〈民法典〉的处理模式及其影响》,载《国外社会科学》2020 年第 4 期。

② 谢在全:《担保物权制度的成长与蜕变》,载《法学家》2019 年第 1 期。

③ 谢鸿飞:《动产担保物权的规则变革与法律适用》,载《国家检察官学院学报》2020 年第 4 期。

④ 高圣平:《动产担保交易的功能主义与形式主义——中国〈民法典〉的处理模式及其影响》,载《国外社会科学》2020 年第 4 期。

限定物权,而且只能选择法律所规定的担保类型。就不同担保类型的担保物范围、担保物权的设立与公示方式以及担保物权的实现路径,也由法律予以规定。除此之外,即使交易的功能和目的在于担保债权的实现,也并非法律意义上的担保物权,该种担保形式的成立与否以及其效力强度,取决于司法实践对法定主义的坚持程度和对商业习惯的认同程度。[①]

形式主义的基础在于物债两分。物权与债权的区分源自"对人权"与"对物权"的区分,而这一区分又源自罗马法的对人之诉和对物之诉,后来经过注释法学派与历史法学派的解释,并经过《德国民法典》和德国民法学的推动,债权与物权的区分成为大陆法系的定论,债法和物权法也因此在《民法典》中分编而设。[②] 而大陆法系国家的物权构造以所有权为基础,在其之上演绎出以使用价值为主的用益物权和以交换价值为主的担保物权。而以动产所有权担保的架构是通过保留所有权的移转来实现其担保的目的,与担保物权系在他人之物上设立的形式不同,故所有权方式的担保无法在担保物权的体系中找到合适的位置[③]。我国的民事法律向来区分债权和物权,并主要借鉴和参考德国与日本等国家的立法,因此在《担保法》和《物权法》中均采形式主义的担保观。

形式主义担保观通过类型化的构建,有助于增强交易的确定性,便于交易主体明确预期以及方便法律的适用,但同时应注意到严格遵循形式主义所产生的问题。由于担保物权类型的固定,无法完全适应市场发展的需要,为各种新类型财产进入融资担保领域提供可供选择的路径,以及对市场上形成的新型担保模式提供相应的公示手段。而由此产生的后果,一方面,是当事人所欲追求的效果无法完全得到实现,有碍于当事人的意思自治,在制度缺失的情形下反而会衍生出其他争议并且增加交易成本;另一方面,也不利于鼓励交易并影响金融领域的创新。

---

① 谢鸿飞:《〈民法典〉实质担保观的规则适用与冲突化解》,载《法学》2020 年第 9 期。

② 王利明:《担保制度的现代化:对〈民法典〉第 388 条第 1 款的评析》,载《法学家》2021 年第 1 期。

③ 高圣平:《动产担保交易的功能主义与形式主义——中国〈民法典〉的处理模式及其影响》,载《国外社会科学》2020 年第 4 期。

二、功能主义担保观的理解

所谓功能主义担保观，是指其不拘泥于担保类型与担保内容的法定主义，而是以交易的经济功能为标准认定担保，无论交易名称如何或债权人的名义权利如何，只要其目的在于获得对担保物交换价值的优先受偿权，都构成担保。①换言之，只要当事人通过合意赋予债权人对特定动产享有权利，使之将该财产作为将来债务不履行时的救济途径，则该种权利即可视为担保权。同时，为了避免损害担保人的其他债权人，该担保权应当在公示后获得对抗第三人的优先效力。

《美国统一商法典》第九编第一次全面以统一的"担保权益"为基础奠定了功能主义的动产担保交易，完全消解了典型担保的类型以及典型担保与非典型担保的区分。② 此外，该法典通过使用统一的术语来描述当事人间的法律关系，如被按揭人/按揭人、出质人/质权人、附条件买受人/附条件出卖人、应收账款让与人/应收账款受让人、信托收据受托人/信托收据委托人等，均统一化为担保人和担保权人。③ 无论交易形式如何，所有具有担保功能的交易均适用统一的交易规则，因此担保物的所有权属于担保权人抑或担保人，均不影响担保规定的适用。联合国《动产担保交易立法指南》和《动产担保交易示范法》采纳了美国法上的功能主义立法方法，建议将通过合同在动产上设定的旨在担保债务履行的一切权利统一归为"担保权益"；《欧洲示范民法典草案》虽然也受美国功能主义的影响，但采取的是担保物权与保留所有权并存的二元模式。④

功能主义担保观实现了简化交易方式、提高商事效率的目标，但是这种以经济功能为标准来认定担保交易的方式同样会对当事人的意思自治造成影响。现实中形式、内容各不相同的交易，如果担保是该项交易的一项功能，但却因此而忽略当事人在该项交易之中的其他目的，均认为是担保交易，则可能无视当

---

① 参见谢在全：《担保物权制度的成长与蜕变》，载《法学家》2019 年第 1 期。

② 谢鸿飞：《〈民法典〉实质担保观的规则适用与冲突化解》，载《法学》2020 年第 9 期。

③ 高圣平：《动产担保交易的功能主义与形式主义——中国〈民法典〉的处理模式及其影响》，载《国外社会科学》2020 年第 4 期。

④ 高圣平：《动产担保交易的功能主义与形式主义——中国〈民法典〉的处理模式及其影响》，载《国外社会科学》2020 年第 4 期。

事人交易的真实目的和所欲追求的法律效果,也无法从本质上区分各类不同的交易。

三、形式主义与功能主义的结合

(一)立法上的体现

在采动产担保形式主义的国家,接受功能主义的障碍在于与物权法定原则的冲突,即以所有权进行担保无法在物权法体系中找到合适的位置。因此除了改弦更张之外,在坚持形式主义的基础之上吸收功能主义的具体制度并彰显其优势,成了动产担保交易现代化的可行路径。在形式主义与功能主义结合的立法例上,《魁北克民法典》未将所有权保留交易和融资租赁交易等所有权担保构造成担保物权,所有权的效力得到了完全的承认,但同时规定这些非典型担保交易适用担保交易的登记和优先顺位规则,使得不同形式但功能相同的交易具有相同的法律效果。①

《民法典》物权编对担保物权部分的修改,在进一步优化营商环境、增强我国在吸引投资方面优势的背景下,②基于我国长期采用形式主义的经验传统,亦采取了两者结合的道路。一方面,《民法典》在总则编仍然坚持物权法定原则,并在物权编第241条明确设定担保物权是在所有权之上创设的新的、独立的物权,并非让与所有权的一部分,且在担保物权分编中将动产担保的类型限定为抵押、质押与留置。另一方面,通过《民法典》第388条第1款扩大了担保合同范围,将保留所有权买卖合同、融资租赁合同等纳入其中,并以动产抵押为参照,从所有权的登记对抗效力、权利顺位规则、权利实现规则以及统一登记制度四个主要方面,对所有权进行了担保功能的改造。在具体制度上,经过登记的保留所有权对抗第三人的范围及效力,可以参照适用动产抵押的登记效果;所有权上存在多个登记时,可以适用《民法典》第414条所设立的顺位规则;且在买受人未能支付价款或者承租人未能支付租金时,出卖人或者出租人可以参照

① 高圣平:《动产担保交易的功能主义与形式主义——中国〈民法典〉的处理模式及其影响》,载《国外社会科学》2020年第4期。

② 黄薇:《〈民法典物权编草案〉(二审稿)对若干重点问题的回应》,载《中州学刊》2019年第7期。

担保物权的实现程序行使权利。因此,可以说所有权保留买卖与融资租赁中的所有权实际就是与抵押权、质权等担保物权无异议的担保权。[①]

（二）规则间的冲突

需要注意的是,在所有权保留买卖和融资租赁中,所有权性质是否已经完全转变为担保权,换言之,该所有权是兼有担保功能的权利还是只具有担保功能的权利。所有权的本质属性之一即归属性,正是由于这种归属性可使所有权人让渡占有、使用、收益和处分等各项权能,[②]即便所有权人将占有、使用、收益与处分权能交由他人行使,其享有的所有权的性质并未发生改变,并且具有恢复完满状态的能力。在功能主义下,所有权保留买卖和融资租赁中的所有权则更强调其变价功能,故认为其不再是“完全的所有权”。[③] 但是,《民法典》除了第240条明确所有权的定义外,未有其他关于所有权的定义,且该条内容完全保留了《物权法》第39条的规定。因此,在所有权概念的理解上,认为保留的所有权不再具有归属功能,缺乏实证法上的依据。此外,在所有权保留买卖中,双方订立合同之前,出卖人对标的物享有的是“完全的所有权”;在交易完成后,买受人对标的物享有的亦是“完全的所有权”;仅在合同履行过程中,该所有权成为一种担保性权利。所有权这种性质上的变化似乎因当事人之间订立买卖合同所引起,但事实上,所有权的性质并非当事人意思自治的范畴。在融资租赁交易中,所有权性质亦是因合同履行情况而发生转变。再者,即便认为保留的所有权仅是名义的所有权,在效力上仅限于担保权益,真正的所有权由买受人或者承租人享有,但《民法典》合同编中规定,买受人和承租人转卖或者再次抵押、质押标的物,构成相对方解除合同的事由,与作为真正所有权人的动产抵押人可以在动产上设立多重担保亦不相同。因此,合同法在对双方权利义务的分配上,也并未将所有权完全功能化为担保权。最后,在救济方式的选择上,当债务人不履行到期债务或者出现约定的实现担保物权的情形时,抵押权人行使抵押权的前提是抵押合同的合法有效存续,但在所有权保留买卖和融资租赁中,

---

① 王利明:《担保制度的现代化:对〈民法典〉第388条第1款的评析》,载《法学家》2021年第1期。

② 参见龙翼飞、杨建文:《论所有权的概念》,载《法学杂志》2008年第2期。

③ 参见高圣平:《民法典动产担保权登记对抗规则的解释论》,载《中外法学》2020年第4期。

对于价款或者租金,债权人除了可以参照担保物权的实现程序主张权利外,仍可以解除合同取回标的物。上述几个方面表明,虽然《民法典》吸收了功能主义的内容,但以所有权本身进行担保,在物法和债法两编中相关规则还存在理解和适用上的冲突。

(三)实践中的问题

功能主义与形式主义关于所有权保留买卖和融资租赁中所有权效果上的差异,反映在案外人执行异议中,即表现为该保留的所有权是否还是一种足以排除执行的民事权益。在形式主义下,基于所有权的归属性,被法院查封的动产并不能归入被执行人的责任财产中,因此真正的权利人可以排除法院的执行。而在功能主义下,名义上的所有权已经由归属功能转向为变价功能,所有权的归属实质上已经无关紧要,①更重要的是债权能够优先受偿,在所有权人可以通过登记公示保障其优先顺位的情形下,亦无必要通过排除执行保障其权利。

正如前述所言,一方面,《民法典》对保留的所有权进行了担保功能的改造,实现消灭隐形担保的目的;另一方面,又保留了所有权人对标的物处分权能的实质内涵,未像动产抵押一样允许标的物的再次转让或者担保,以充分发挥动产的融资功能。正因如此,《民法典》下该保留的所有权是否能够排除执行就不无疑问。与此类似的问题是,在一般清偿的破产程序中,所有权人对标的物所享有的是别除权还是取回权。② 有观点认为,《民法典》并未否定出卖人或者出租人的取回权,其可选择行使取回权或者别除权。③ 需要说明的是,出卖人或者出租人是否/能否取回标的物取决于管理人是否决定对该未履行完毕的合同予以继续履行或者解除,所有权的性质与取回权的有无并非决定性因素。与此不同的是,在执行程序中,所有权人能否排除执行,则更取决于该所有权自身的性质,且相较于《企业破产法》的相关规定,执行异议与此有关的规则缺失,还需在

① 参见谢鸿飞:《〈民法典〉实质担保观的规则适用与冲突化解》,载《法学》2020 年第 9 期。

② 参见李志刚:《承租人破产,融资租赁出租人享有的是取回权还是别除权》,载微信公众号"法与思"2021 年 8 月 19 日,https://mp.weixin.qq.com/s/olvJhAecNj7qxRzlcUW85A;邹海林:《论出卖人在破产程序中的取回权——以所有权保留制度为中心》,载《上海政法学院学报(法治论丛)》2021 年第 4 期。

③ 参见吴光荣:《〈民法典〉背景下破产财产的范围及其认定》,载《法律适用》2022 年第 1 期。

《民法典》的体系下对相关的执行程序规则进行构建。

第三节　动产所有权的登记对抗效力

动产以交付和占有作为所有权变动和享有的公示方法，不动产所有权则主要采取登记的公示方法；《民法典》延续了《物权法》的规定，对船舶、航空器和机动车等特殊动产所有权作出了登记对抗的例外规定。通常而言，普通动产由于价值普遍不高、种类繁多且没有对应的登记机关，考虑便利性等因素，采取登记方式反而会影响交易的效率；特殊动产由于其可识别性、涉及公共交通领域安全、价值较大等因素，采用了登记的方法。[①]《民法典》在所有权保留买卖和融资租赁制度中也加入了所有权登记对抗的规定，从条文内容上看，《民法典》第641条第2款、第745条与第225条相近，颇有通过这两种特殊交易为通道，各类动产所有权均可采对抗登记主义，而非仅限于特殊动产。暂且不就保留所有权的登记效果作出进一步探讨，仅就登记作为公示方法本身而言，其目的在于平衡所有权人和第三人之间的利益关系。在案外人执行异议中，真实权利人与申请执行人之间并不存在直接的权利义务关系，两者之间何者的权利更应当受到保护，则是利益衡量的结果，因此所有权的登记公示就成为重要的考虑因素。

一、保留所有权登记的理解

对基于法律行为引起的动产物权变动，《民法典》原则上采取的是债权形式主义，即当事人之间关于物权变动的合同仅发生债的效力，即使在当事人之间也不发生物权变动的效力；一旦交付，不仅在当事人之间发生效力，亦可对抗第三人，[②]即便对于特殊动产，亦采取了债权形式主义。[③] 关于作为物权的动产抵

---

① 参见王利明：《特殊动产物权变动的公示方法》，载《法学研究》2013年第4期。

② 参见王利明：《物权法研究》（上卷）（第4版），中国人民大学出版社2018年版，第228页、第248页；梁慧星、陈华彬：《物权法》（第6版），法律出版社2016年版，第76～77页。

③ 参见最高人民法院民法典贯彻实施工作领导小组主编：《中华人民共和国民法典物权编理解与适用》（上），人民法院出版社2020年版，第136～137页。

押权的设立,《民法典》第403条所采取的是债权意思主义,即当事人关于设立抵押权的合同生效时,抵押权就已经发生效力,只是未经登记,不得对任何第三人主张该抵押权的效力。①

《民法典》第641条第2款、第745条同样规定了"未经登记,不得对抗善意第三人",对该所有权的登记,可以从以下几个方面理解。首先,出卖人或者出租人是否取得标的物所有权,仍按照动产物权的变动规则判断,并不适用不动产物权取得的登记主义。例如,出卖人或者出租人从第三人处购得标的物,一般自第三人交付标的物后取得所有权;出卖人出售自己生产的产品设备等,依照添附的有关规则取得所有权。其次,在所有权保留买卖和融资租赁中,所有权归属与占有外观处于分离的状态,为了避免买受人或者承租人擅自处分标的物,登记赋予出卖人或者出租人对抗善意受让人的方式,完善对所有权人的保护。例如,经修正的《融资租赁合同解释》删除了原解释第9条的规定,②并由《民法典》第745条发挥相应的功能。最后,为了实现《民法典》将所有权保留买卖和融资租赁中的所有权构造为具有担保功能的权益,通过引入登记公示制度,构建与动产担保物权相同的优先顺位规则。当同一标的物上并存的动产担保权顺位存在争议时,可依登记时间确定先后顺位。通过构建统一动产和权利的担保登记制度,有助于实现现代担保制度所追求的安全和效率等内在价值体系。③

二、保留所有权登记的对抗效力

在所有权保留买卖和融资租赁中,未登记的所有权不得对抗善意第三人,

① 参见王利明:《物权法研究》(上卷)(第4版),中国人民大学出版社2018年版,第249页;梁慧星、陈华彬:《物权法》(第6版),法律出版社2016年版,第72页、第77页。

② 《最高人民法院关于审理融资租赁合同纠纷案件适用法律问题的解释》(法释〔2014〕3号,已失效)第9条规定:"承租人或者租赁物的实际使用人,未经出租人同意转让租赁物或者在租赁物上设立其他物权,第三人依据物权法第一百零六条的规定取得租赁物的所有权或者其他物权,出租人主张第三人物权权利不成立的,人民法院不予支持,但有下列情形之一的除外:(一)出租人已在租赁物的显著位置作出标识,第三人在与承租人交易时知道或者应当知道该物为租赁物的;(二)出租人授权承租人将租赁物抵押给出租人并在登记机关依法办理抵押权登记的;(三)第三人与承租人交易时,未按照法律、行政法规、行业或者地区主管部门的规定在相应机构进行融资租赁交易查询的;(四)出租人有证据证明第三人知道或者应当知道交易标的物为租赁物的其他情形。"

③ 参见谢鸿飞:《〈民法典〉担保制度内在体系的变迁》,载《东南学术》2021年第5期。

因此善意第三人的范围即反映了所有权登记的效力范围。《民法典》本身未对善意第三人的范围予以规定;《民法典担保制度解释》中,明确对于出卖人、出租人的所有权的对抗范围及效力,参照动产抵押的对抗效力处理。

（一）未登记动产抵押的效力

关于未经登记的动产抵押权不具对抗第三人的效力的规定,学理上的主要争议在于:未登记的抵押权是否具有完备的物权效力,以及一般债权人是否属于不得对抗的第三人。《民法典》关于动产抵押的设立采取的是债权意思主义,动产抵押合同生效,抵押权即设立,即使未登记也不影响抵押权人就抵押物行使变价权,只是在其作为物权的对世性上,不如已经公示的物权,不能对抗善意第三人。[①] 就一般债权人的范围而言,在广义上指所有无担保的债权人,包含了破产债权人和扣押债权人等;在狭义上仅指一般金钱债权人,且未进入执行程序或者破产程序。[②]《民法典担保制度解释》则采广义说将扣押债权人和破产债权人均纳入未登记不得对抗的第三人范围。

就《民法典担保制度解释》第 54 条规定的取得抵押物占有的受让人情形,由于《民法典》对抵押人转让抵押财产采一般允许、约定排除的态度,抵押人转让抵押物原则为有权处分,只不过抵押权的效力可追及至受让人。因此,当受让人不知或者不应知该抵押物上存在未登记的抵押权时,抵押权的追及效力应受阻断,抵押权人相应丧失就抵押物的变价权。同理,就抵押物的承租人而言,当其善意时,未经登记的抵押权在行使时受到限制,需负担该租赁权变价。就《民法典担保制度解释》第 54 条第 3 项规定的抵押债权人,是指除该条第 1 项、第 2 项以外的债权,主要是指一般金钱债权人。在德国法上,法院在执行中查封或者保全时,可以对标的物产生查封质权或者假查封质权的效力,[③]在效果上与意定的担保物权无异。因此,未登记动产抵押权人与该扣押债权人之间的关系,可参照适用《民法典》第 414 条、第 415 条关于担保竞合时的顺位规定。此外,日本通说与判例观点以及我国台湾地区的判例,也都采未登记动产抵押权

① 参见崔建远:《物权:规范与学说——以中国物权法的解释论为中心》,清华大学出版社 2011 年版,第 22 ~ 23 页。

② 参见龙俊:《中国物权法上的登记对抗主义》,载《法学研究》2012 年第 5 期。

③ 参见江必新主编:《强制执行法理论与实务》,中国法制出版社 2014 年版,第 690 页。

不得对抗扣押债权人的观点。[①] 对于破产债权人,由于破产程序更强调债权人的公平受偿,动产抵押权在未登记的情况下具有优先受偿的效力,则与债权人公平受偿的理念冲突。需要说明的是,对于扣押债权人和破产债权人来说,其主观上并非需要善意,一方面区分善意恶意的实践操作过于烦琐;另一方面,就未登记抵押权人、扣押债权人或破产债权人的顺位关系参照适用《民法典》第414条、第415条时,区分善意恶意会导致顺位关系因主观状态发生变化。

(二)参照适用的界限

参照适用是指"将关于某种事项所设之规定,适用于相类似之事项"。[②] 当法律规则的意义被解释为另一种含义去适用于并非它应当涵摄的领域时,法律规则就会异化,因此参照适用需要一定的界限。[③] 而出卖人、出租人未登记所有权的对抗范围和效力参照适用未登记动产抵押的界限,即在于《民法典担保制度解释》第1条所规定的,在该所有权"涉及担保功能发生的纠纷"。具体而言,根据《民法典》第642条、第753条的内容可以看出,法律对买受人、承租人有权处分标的物持保留态度,对于取得占有的善意受让人而言,其一般可依善意取得制度取得标的物的所有权,原权利人丧失所有权,只涉及权利的交替而不涉及权利对抗的问题;反之,如果取得占有的受让人是恶意的,其无法取得标的物的所有权,也不存在与原权利人的所有权竞存的情形。因此,若要在构造上发挥与《民法典担保制度解释》第54条第1项相同的所有权担保功能,则至少需出卖人、出租人允许买受人、承租人转让标的物,同时也意味着出卖人、出租人放弃该情形下的取回权或者解除合同的权利,当买受人、承租人违约时,只能行使其在标的物上的担保权益。此外,在执行程序或者破产程序中,出卖人、出租人以未登记的所有权请求排除执行或者主张取回权,是行使其在执行或破产程序上的异议权,而目的在于将标的物从买受人、承租人的责任财产或破产财产中排除,难以归入所有权保留买卖、融资租赁涉及担保功能发生的纠纷。除非当出卖人或者出租人同意就标的物变价后的款项受偿,或者在性质上将该所有

---

① 参见龙俊:《中国物权法上的登记对抗主义》,载《法学研究》2012年第5期。

② 王泽鉴:《民法学说与判例研究》(第6册),北京大学出版社2009年版,第133页。

③ 张弓长:《〈民法典〉中的"参照适用"》,载《清华法学》2020年第4期。

权直接认定为担保权，否则不应将《民法典担保制度解释》第 54 条第 3 项作为执行异议中的裁判依据或者理由。

三、真实权利保护与外观主义原则

案外人执行异议制度的目的在于为真实权利人提供救济路径，避免法院执行了被执行人享有权利外观而真实权利由案外人享有的财产。例如，法院在执行一般金钱债权时查封了被执行人通过承租占有的租赁物，出租人可提出案外人异议排除对该租赁物的执行；又如，法院在执行一般金钱债权时查封了登记在被执行人名下的机动车，但在查封之前，该机动车实际已经由受让人取得所有权，该受让人亦可提出案外人异议排除对机动车的执行。对于前述两种情形，无论是一般动产还是特殊动产以及是否采登记对抗主义，均不影响对真实权利人的保护，其背后的原因在于对外观主义的限制。外观主义依字面意思是指因信赖事物的外观而赋予相应的法律效果，但外观主义应当适用于交易领域，具体到物权法律之中则体现为公示和公信原则，以及善意取得制度；而执行程序属于非交易领域，自不应适用外观主义。[①] 因此，《民法典》第 225 条中的善意第三人不包括一般债权人，也不包括强制执行的债权人。[②]

由此产生的问题是未登记的保留所有权能够对抗的第三人的范围是否包含执行债权人。《民法典担保制度解释》第 54 条将执行债权人作为不得对抗的第三人，系抵押权的设立采债权意思主义，仅依登记方才能具有对抗效力；而《民法典》第 225 条对特殊动产的所有权变动采取的是债权形式主义。正因为其背后的理论基础的不同，才导致在可以对抗第三人的范围上存在差异。但是，出卖人或者出租人保留的所有权，如认为其兼有归属功能和担保功能，则在具体的案件中，可能会使执行债权人的利益处于被动的地位。例如，所有权人选择在执行程序中实现其担保权益，则其对拍卖款劣后于执行债权人受偿；如其提出案外人异议，则可能在排除法院的执行后通过自行清算优先受偿，执行债权人只能就剩余款项受偿。如此，则会对交易和法律规定的预期性造成一定

---

① 参见崔建远：《论外观主义的运用边界》，载《清华法学》2019 年第 5 期。

② 最高人民法院民法典贯彻实施工作领导小组主编：《中华人民共和国民法典物权编理解与适用》（上），人民法院出版社 2020 年版，第 139 页。

影响,故即便对保留所有权的性质尚有争议的情况下,也需统一未登记保留所有权的对抗范围。《民法典》在所有权保留买卖和融资租赁交易中设立了所有权登记制度,除了构建统一的担保制度外,也赋予了所有权人通过登记彰显其权利,防止买受人、承租人擅自处分动产,阻却受让人的善意。既然《民法典》对所有权人构建了相应的权利保护制度,当其未积极保护自身权利时,出于利益衡量的考虑,对第三人的范围可以采取较大的外延,即将一般债权人包含在内。不过当存在合理原因致使所有权人未登记时,也应允许作出例外的处理。例如,在以机动车作为融资租赁的标的物时,出于道路交通管理的需要,机动车会登记在承租人名下,出租人为保障其权利则在机动车上设立抵押权,当承租人的执行债权人查封机动车时,出租人以其为所有权人提出异议请求排除执行时,应当予以支持。[①]

第四节　体系圆融理念下的规则构建

《民法典》在以形式主义为基础兼采功能主义立法的前提下,处理以所有权发挥担保功能的边界问题,需要协调物权编与合同编之间的关系。既然所有权保留买卖和融资租赁仍然作为《民法典》规定的合同类型,而未以借款债权 + 抵押的交易形式取代,也说明这两种交易仍有存在的基础,因此不应仅从担保功能的角度进行解读,而忽视当事人之间就权利义务分配的具体约定。所有权作为大陆法系物权中最重要和最基础的概念,也是主要的足以排除执行的民事权益,在《民法典》吸收功能主义的立法模式后,对该所有权性质体系化的理解是构建该类执行异议案件规则的基础。此外,案外人异议裁判规则的本质在于平衡真实权利人和申请执行人之间的利益关系。就申请执行人一方,其通常享有的是金钱债权,故其权利内容较为明晰;而就真实权利人一方,其享有权利的范围还需考虑当事人之间约定的内容。最后,异议权作为执行过程中的一种程序性权利,还需契合执行所追求的效率价值。

---

① 参见最高人民法院民法典贯彻实施工作领导小组主编:《中华人民共和国民法典合同编理解与适用》(三),人民法院出版社 2020 年版,第 1666 页、第 1667 页。

一、所有权功能的理解

《民法典》将所有权保留买卖、融资租赁等作为具有担保功能的合同后，最直接的问题即出卖人、出租人所有权的性质如何界定。有观点认为该所有权是在我国物权法传统概念上的所有权至上，附加了担保功能，《民法典》对所有权是做加法，而不是减法；[①]也有观点认为，出卖人、出租人的所有权，仅具有名义上的外壳，其实质上是一种担保权，[②]可以认为是对传统所有权做减法，并相应增加担保功能。

正确理解所有权的担保功能，以及《美国统一商法典》第九章所体现的"担保物的所有权无关紧要"的含义，应在相应的语境下理解所有权的概念。英美法并不像大陆法系那样有一个严格的"所有权"概念，而其所指的财产权的概念，则是指一束权利。该所有权观念根源于英国的土地分封，即国王对土地享有最高的所有权，并可向贵族领主分封其占有的土地，而领主又可向其下一级分封，每一级领主及最终直接占有土地的保有人对土地都享有地产权益，虽然每一级领主地产权益内容不同，但都是该块土地的财产权人或者所有权人。[③]由此所有权概念与实物之间的关系进行了分解，所有权并非对物的实际控制，而是享有该物上存在的各种权利，即霍菲尔德认为法律关系只是人与人之间的关系，而非人与物的关系。[④] 因此，在英美法上，所有权更强调的是权利主体所享有的具体权利和义务的内容以及彼此之间的关系，所有权是具体权利所组成的权利束。

而大陆法系以及我国的所有权概念，强调的是对物的全面支配，所有权只能以全有或者全无的方式出现，即便对物的占有、使用、收益、处分权能都已经

---

① 参见李志刚：《承租人破产，融资租赁出租人享有的是取回权还是别除权》，载微信公众号"法与思"2021 年 8 月 19 日，https://mp.weixin.qq.com/s/olvJhAecNj7qxRz1cUW85A。

② 参见王利明：《担保制度的现代化：对〈民法典〉第 388 条第 1 款的评析》，载《法学家》2021 年第 1 期；高圣平：《民法典动产担保权登记对抗规则的解释论》，载《中外法学》2020 年第 4 期。

③ 参见陈永强：《英美法上的所有权概念》，载陈小君主编：《私法研究》（第 16 卷），法律出版社 2014 年版。

④ 参见梅夏英：《民法上"所有权"概念的两个隐喻及其解读——兼论当代财产权法律关系的构建》，载《中国人民大学学报》2002 年第 1 期。

让与他人，所有权仍然保持不变。对于大陆法系和英美法系在所有权观念上的分野，梅利曼称："罗马法的所有权可以看作一个盒子，这个盒子上写着所有权的名字。这个盒子包含使用权、占有权、收益权和转让权。所有人打开盒子，可以将其中一项或几项转让给他人，只要盒子还是他的，即使盒子已经是全空，他也仍然享有所有权。相反，英美法中没有盒子，只有不同系列的法定权益"。[①]因此，对出卖人、出租人的所有权以传统所有权的概念予以解释则会出现失灵。

《民法典》中之所以会就出卖人、出租人的所有权存在理解上的差别，原因在于标的物的处分权仍由出卖人、出租人保留。在《民法典》之前，所有权保留买卖、融资租赁为了保障价款和租金债权的清偿，是通过保留所有权中最核心的处分权得以实现，买受人、承租人无法随意处分标的物，受让人取得标的物所有权也需较高的要求。《民法典》在赋予所有权以担保功能时，却仍然将处分权保留在出卖人、出租人一方，功能主义的体现并未像《美国统一商法典》一样彻底。但是，如果将处分权归属于买受人、承租人，通过所有权发挥的担保功能则实质上与抵押无异，从功能上区分抵押和所有权担保也无意义。基于我国采形式主义的传统，《民法典》保留了出卖人、出租人对标的物的处分权。《企业破产法若干规定(二)》未将债务人在所有权保留中尚未取得所有权的财产认定为债务人财产，也正是基于相同的原因。虽然《民法典》未保留《合同法》第242条规定的承租人破产时，租赁物不属于破产财产的规定，但并不意味着出租人在承租人破产时不得行使取回权，承租人对租赁物享有使用权，删除该规定不会引起歧义。[②]

二、所有权保留买卖中的具体问题

(一)买受人作为被执行人的情形

当买受人支付部分价款并占有动产时，如果出现违约情形，出卖人在实体法上可以享有的权利包括取回权、参照担保物权的实现程序就动产变价以及合

---

① 参见陈永强：《英美法上的所有权概念》，载陈小君主编：《私法研究》(第16卷)，法律出版社2014年版。

② 杨立新、李怡雯：《中国民法典新规则要点》，法律出版社2020年版，第382页。

同解除权，其中取回权的行使与解除合同均能恢复出卖人对动产的占有。而案外人执行异议作为一种程序上的异议权，虽然基于案外人享有的实体权利而产生，但其目的是排除法院的执行，至于案外人与被执行人之间的权利义务纠纷，可另行依照当事人的约定或者法律的规定处理。例如，出卖人提出案外人异议虽是基于其对标的物享有所有权或者取回权，但案外人执行异议审查的范围是该权利是否可以排除法院的执行，出卖人如要求恢复对标的物实际占有，可在排除执行后再向买受人主张。因此，出卖人提出执行异议与行使取回权或者解除合同之间并没有直接的因果关系。

根据《民法典》实施前原《查扣冻规定》第 18 条，在申请执行人向出卖人支付剩余价款或者书面同意出卖人从财产变价款中优先受偿时，可以继续执行。对该条规定的反面解释即在一般情形下，出卖人提出案外人异议时，应当支持其排除执行的请求；当出卖人解除合同时，法院应当解除执行措施，转而执行被执行人对出卖人因支付价款形成的债权。2020 年修正的《查冻扣规定》第 16 条根据《民法典》的相应内容修改表述为，登记所有权的出卖人可以主张从变价款中优先受偿，其主张取回财产的，可提出案外人异议。由于所有权具有担保功能，故登记的所有权人可以在法院执行后就变价款优先受偿，无须申请执行人先行支付剩余价款或者书面同意出卖人从变价款中优先受偿。不过，该条仅规定登记的出卖人主张取回财产可以提出异议，对未登记的出卖人是否可以提出异议未明确规定。但鉴于案外人执行异议是执行程序中的一般救济方式，即便是所有权未登记的出卖人，也应享有该程序性权利。因此，对 2020 年修正的《查冻扣规定》第 16 条的理解，无法得出出卖人保留的所有权仅是担保权利，其仍可主张排除执行并进而恢复占有。

以所有权的归属作为被执行人责任财产可否执行的判断标准也存在例外情形。如《执行异议和复议规定》第 28 条、第 29 条，不动产的一般买受人或者消费者可通过其物权期待权，将登记在被执行人名下的不动产排除执行，其法理价值在于买受人和消费者的生存权利相较申请执行人的债权更值得保护。同样，对于所有权已登记的出卖人，对其以该权利排除执行是否存在例外情形，也需要考虑平衡实体和程序价值。《民法典》在规定取回权时，未采纳“在买受人支付标的物总价款 75% 以上时，不予支持出卖人取回权”的规定，认为该比例缺乏足够的合理性以及与《民法典》第416条超级优先权的规定不相吻合,[①]但《买卖合同解释》第26条仍然保留该比例。出卖人主要的合同目的在于获得价款,其行使取回权的目的也在于保障该价款清偿,即便出卖人自行出售标的物,其也需就价款在清算后受偿。当买受人支付超过75%的价款时,即便考虑拍卖的折价损失,也不会对出卖人的剩余价款清偿造成较大影响,此时允许在执行程序中直接处置财产,有利于实现执行程序的效率价值;相反,由出卖人在排除执行后再自行变价,将会对执行程序造成拖延。

（二）出卖人作为被执行人的情形

当出卖人作为被执行人时,原《查冻扣规定》第16条规定人民法院可以查封、扣押、冻结其出卖但保留所有权的财产,买受人要求继续履行合同并在合理期限内交付全部余款后,人民法院裁定解除查控措施。2020年修正的《查冻扣规定》第14条基本保留了原规定的内容,但对于第三人要求继续履行合同,删除了交付全部价款需在"合理期限"内的时间限制。删除付款的时间要求,意味着买受人的付款义务无须加速到期,但若要法院解除对标的物的查控,买受人还需按合同约定的付款期限支付全部的价款。但是,买受人在付清全部价款之前,其是否可以继续使用被查控的动产,以及是否可以对法院拍卖等处分行为请求中止执行,该条规定亦未明确。

对于上述问题,需要明确买受人对标的物享有的权利内容与出卖人对标的物是否享有完整的处分权。由于我国《民法典》并未完全采取功能主义,因此买受人并未取得标的物的真正所有权。德国法的通说认为,买受人在所有权转移的条件成就前取得的是期待权,买受人在取得期待权之前可以交易期待权,包括转让期待权或者在期待权之上设定担保。[②] 在我国,法律未规定买受人享有像德国法一样近乎于物权的期待权,其享有的仅是依合同而产生的占有使用动产的权利,以及对将来可能获得完整所有权的期待利益。但是,出卖人虽然享有所有权并保留了处分权能,但对该所有权的处分也应予以合理限制。同样,

① 参见黄薇主编:《中华人民共和国民法典合同编解读》(上册),中国法制出版社2020年版,第621页。

② 王立栋:《〈民法典〉第641条(所有权保留买卖)评注》,载《法学家》2021年第3期。

在德国法上，出卖人保留所有权通常也只是担保价款债权，如将该所有权等同于真正的所有权，则实际效果超过了必要限度，①因此出卖人虽为有权处分，但该处分如阻碍买受人将来取得所有权，则该处分不生效力。② 我国法律目前对于出卖人自由处分标的物虽无明确的限制，但所有权保留买卖正常履行过程中，出卖人只享有取回权而非物的返还请求权，无法将对动产的直接占有以及间接占有交付受让人，而且取回权也非单纯的标的物取回权，而是就标的物再行出卖后的优先受偿权。③ 因此，在所有权保留买卖的制度构造上，出卖人无法进行处分，且由于动产也非出卖人直接占有，其受让人也难以通过善意取得受让权利。也有学者认为，如出卖人转让所有权，也应参照《民法典》第 407 条关于抵押债权不得与主债权分离而单独转让的规定，一并转让其在所有权保留合同中的全部权利及义务。④ 基于前述，出卖人对保留所有权的标的物的处分能力应予以合理限制，在所有权保留买卖合同解除之前，出卖人不得擅自处分标的物；同样，法院在执行中对出卖人保留所有权财产的处分也应受到限制。当执行法院处分财产时，买受人可以利害关系人的身份提出执行行为异议。

在所有权保留买卖合同正常履行期间，因出卖人的原因导致标的物被查封，考虑到对出卖人处分权能的限制和买受人对标的物的充分利用，要求买受人的付款义务加速到期才能请求解除查封，对其权利保障略显失衡，故应允许其按照与出卖人合同的约定继续履行付款义务。在买受人正常履行付款义务的期间，标的物虽处于法院查封状态之下，但宜允许买受人对标的物继续合理使用。2020 年修正的《查冻扣规定》第 10 条规定查封扣押的财产指定被执行人保管时，其使用行为对财产价值无重大影响时，可以允许被执行人继续使用；由第三人保管时，第三人不得使用。虽然禁止对标的物的使用有利于保持财产价值和申请执行人债权的实现，但在所有权保留买卖中，对不存在违约情形的买受人予以过多的限制也难以实现物尽其用的目的。反之，如查封期间买受人

---

① 参见王立栋：《〈民法典〉第 641 条(所有权保留买卖)评注》，载《法学家》2021 年第 3 期。

② 王洪亮：《所有权保留制度定性与体系定位——以统一动产担保为背景》，载《法学杂志》2021 年第 4 期。

③ 周江洪：《所有权保留买卖的体系性反思——担保构成、所有权构成及合同构成的纠葛与梳理》，载《社会科学辑刊》2022 年第 1 期。

④ 参见张家勇：《体系视角下所有权担保的规范效果》，载《法学》2020 年第 8 期。

无法使用财产,在实际效果上,与要求买受人及时付清剩余价款后才能恢复使用并无差异。当然,在查封期间允许买受人继续使用,也要防止买受人擅自处分该财产。在采取贴封条的方式公示财产的查封情况与买受人实际使用状态难以适应的情形下,应采用在人民银行征信中心的动产融资统一登记系统中进行登记公示。

当买受人因动产查封而选择解除合同时,其可能对出卖人享有因违约而形成的债权。相较于继续履行合同的情况下,申请执行人只能执行出卖人对买受人相应的到期价款债权,合同解除后申请执行人可就标的物直接变价受偿,清偿效率显著提高。此时,买受人对出卖人既享有返还已经支付价款的权利,也有权要求出卖人承担相应的违约责任。对于买受人价款返还的权利,其清偿顺位应位于申请执行人之前。

三、融资租赁中的具体问题

(一)直租交易下的问题

融资租赁合同通过将买卖合同与租赁合同进行类型结合,形成独特的交易结构:出租人应承租人的要求购买租赁物供后者使用、收益,承租人以支付租金的方式向出租人返还价款本金并支付合理利润,在经济上有信贷融资的特点。但承租人并不直接获得出租人的融资,而只享有租赁物的使用、收益,故表现出融物的特征。在典型的出卖人、出租人和承租人三方当事人直租的情形下,出租人并不享有买卖合同中作为买受人的实质性权利,买卖合同产生的权利转移效果实际存在于出卖人和承租人之间,即表现出融资功能。但是从租金水平、风险负担、瑕疵担保及维修义务等方面来看,在典型交易情形中,尽管融资租赁在经济效果上兼具融资与融物的双重功能,但在法律架构上,融物功能附属于融资功能,故将其视为一种特殊的担保形态。①

在执行程序中,根据被执行人的身份和所有权归属的约定可以分为四种情形。租赁物在合同履行完毕后归属于承租人的,由于其交易方式类似于分期付款的所有权保留买卖,因此相关的问题可以参照所有权保留买卖的规定进行处

① 参见张家勇:《论融资租赁的担保交易化及其限度》,载《社会科学辑刊》2022 年第 2 期。

理。租赁物的所有权在合同履行完毕后归出租人所有的,在承租人为被执行人时,需要考虑的问题在于出租人未登记的所有权能否排除执行,以及在不能排除执行的情形下,因承租人无法返还原物而对出租人的赔偿,能否在租赁物变价款中优先受偿。租期届满后,租赁物的归属,与租赁期内租赁物的摊销及租金水平相关,如果租金水平不足以覆盖租赁期内的租赁物摊销,说明租赁物仍有剩余价值。当合同约定租赁物在期满后由出租人所有时,其可享有租赁物的剩余价值。由于租赁期届满后,出租人对租赁物享有的是完全的所有权,而非担保性的所有权,表明其在订立合同时并未有放弃租赁物归属其所有的意思,仅在合同履行过程中法律规定将该所有权定性为具有担保功能的权利。但《民法典》第 745 条对所有权的登记对抗效力并未按照租赁物最终归属进行细分,考虑到法律适用的统一性,在前述情形下对出租人排除执行的请求应不予支持。但是,出租人所保留的租赁物剩余价值,从未有向承租人转移的意思,不能将该部分价值作为承租人的责任财产,允许出租人就该部分价值,从租赁物的变价款中优先受偿。

在出租人作为被执行人时,在租赁合同履行期间,对于无过错的承租人而言,仍应保障其在租赁期内的合同权利,在按照合同约定正常支付租金期间,应允许其继续合理使用租赁物。此外,由于租赁物的所有权始终保留在出租人一方,在符合条件时,可允许负担承租人的租赁权拍卖租赁物。当承租人解除租赁合同时,出租人返还与承租人已付租金相关的款项时,应允许承租人就该款项从租赁物的变价款中优先受偿。

(二)售后回租下的问题

《融资租赁合同解释》第 2 条将售后回租交易归入融资租赁合同之中,但是与直租不同的是,售后回租并没有产生普通意义上的融物效果,仅发挥承租人自有之物的融资效用。此时,出租人实际变成贷款人,从信贷管制和税收征收的角度看,售后回租型融资租赁都偏离了融资租赁典型的功能定位,并产生不同于典型交易的法律效果。[①] 比较法上,《欧洲示范民法典草案》对售后回租和

① 参见张家勇:《论融资租赁的担保交易化及其限度》,载《社会科学辑刊》2022 年第 2 期。

直租进行了区别,售后回租不从属于直租的融资租赁合同。[①] 有观点认为,售后回租型的融资租赁在实质上应属于让与担保。[②] 根据《民法典担保制度解释》第 68 条第 1 款的规定,从让与担保的基本构成上看,主要具备以下特征:首先,在设定时,担保人需将标的物的所有权转让给债权人,由债权人成为形式上的所有权人;其次,为保障担保人对担保标的物的使用效益,债权人往往与担保人签订标的物的借用或者租赁合同;再次,债务人履行债务后,债权人应返还标的物的所有权;最后,在债务人未偿还债务时,债权人可以对标的物进行清算受偿。[③] 因此,售后回租在交易本质上更符合让与担保的特征。也正因为售后回租交易并没有实质增加承租人的责任财产,也不应依据《民法典担保制度解释》第 57 条而适用《民法典》第 416 条关于购买价金超优先顺位的规定。[④]

让与担保情形下的所有权已经完全担保功能化,所有权丧失了归属确认功能,仅具有变价功能。[⑤] 从《民法典担保制度解释》第 68 条第 2 款规定可以看出,即便债权人已经完成所有权登记,在债务人不履行到期债务时,其可就财产的变价款受偿,但不能主张其系所有权人。实践中,关于售后回租的定性以及是否可以排除执行,存在不同的观点。有观点认为,"买受人及出租人的实际身份为担保权人,其实际是以垫资的方式为融资租赁的标的物提供担保……以融资租赁法律关系排除执行,法理依据尚不充分"。[⑥] 也有观点认为,出租人不仅可以向承租人追索所有到期未付租金、滞纳金等,还可以选择解除合同请求收回租赁物,故认为出租人的所有权可以排除强制执行。[⑦] 在《九民会议纪要》之前,学理上对让与担保多持异议的声音;但在《九民会议纪要》及《民法典担保制度解释》中,规定了让与担保的交易形式以及法律效果,故宜在让与担保的路径

① 参见云晋升:《民商二元视角下"售后回租"之分析》,载《社会科学》2020 年第 8 期。

② 参见云晋升:《民商二元视角下"售后回租"之分析》,载《社会科学》2020 年第 8 期;李敏:《〈民法典〉背景下售后回租合同的定性分析——以船舶售后回租为例》,载《中国海商法研究》2020 年 12 月。

③ 参见最高人民法院民事审判第二庭:《最高人民法院民法典担保制度司法解释理解与适用》,人民法院出版社 2021 年版,第 566 页。

④ 参见高圣平:《民法典动产担保权优先顺位规则的解释论》,载《清华法学》2020 年第 3 期。

⑤ 参见张家勇:《体系视角下所有权担保的规范效果》,载《法学》2020 年第 8 期。

⑥ 参见山东省高级人民法院(2020)鲁民再 92 号民事判决书。

⑦ 参见河北省高级人民法院(2018)冀民终 373 号民事判决书。

下理解售后回租合同，也避免当事人借道售后回租，虚构或者伪造租赁物以行借贷担保之实。

四、程序上的问题

在买受人或承租人为被执行人的情况下，出卖人或出租人的所有权经登记后，在执行中可以主张对法院变价后的款项优先受偿；也可以选择提出执行异议排除法院的执行，以实现其继续履行合同或者自行变价的目的。而出卖人或出租人是否自力行使变价权的动因，通常在于其债权能否获得最大清偿。虽然通过法院的司法拍卖程序，出卖人或出租人可以“搭便车”，但是司法评估的价值通常低于市场价值，当评估报告作出后，出卖人或出租人认为该评估价格难以最大化实现其债权时，可能选择通过执行异议排除执行，继而自行变价。根据《执行异议和复议规定》，案外人在执行标的执行终结以前，均可提出异议，但当出卖人、出租人在评估结果作出后再提出异议时，将会影响执行处置程序的推进。因此，在法院查封标的物时，对于登记的出卖人或出租人，法院应当告知其查控情况，并告知应在法院指定的期间行使异议的权利；对于查封时无法通知到的出卖人或出租人，经合法送达相关文书后，不应迟于法院作出拍卖裁定前提出执行异议。出卖人或出租人未在规定的期间内提出异议请求排除执行的，仅可就变价款主张优先受偿。

如前所述，出卖人或出租人在所有权保留买卖合同、融资租赁合同履行过程中，其享有的所有权具有担保功能，但合同不成立、无效或者解除时，出卖人或出租人的所有权并不具有相应的担保功能。因此，当事人是否主张合同不成立、无效或者解除，对所有权是否可以排除执行亦会产生影响。在破产程序中，出卖人或出租人是否可以解除合同，由管理人行使挑拣选择权；执行程序中并没有管理人这样的角色，出卖人或出租人行使解除权，属于形成权的行使，将直接导致法律关系发生变动，因此在标的物已经被查封、扣押、冻结的情况下，对出租人或出卖人享有的形成权应予必要限制。

第五节 本章结论

《民法典》在担保制度中吸收功能主义的立法模式，将所有权保留买卖合同、融资租赁合同作为具有担保功能的合同，并以动产抵押为基础，在公示登记、对抗效力、优先顺位等方面进行制度构建，发挥所有权的担保功能。但是不同地区法律制度中所有权概念的区别，以及我国《民法典》坚持物债两分的传统，使得担保性所有权在执行程序中仍需细化相关制度的构建。对于所有权已经登记的出卖人或出租人，应允许其在执行程序中选择就标的物变价款优先受偿，或者通过案外人异议排除执行。当然，将所有权保留买卖、融资租赁完全简化为担保交易，将在一定程度上限制当事人的意思自由，故应当结合双方当事人的合同约定、衡量当事人以及申请执行人间的利益关系后，进行规则的构建。具体而言，在出卖人为被执行人时，应当允许买受人在合同约定的付款期间使用查控的标的物，或者允许买受人因解除合同而就出卖人应返还的价款优先受偿；在直租的融资租赁中，合同到期后约定租赁物所有权归出租人时，应区分承租人和出租人为被执行人的不同情形，允许出租人就租赁物的残值部分变价款优先受偿或者负担承租人的租赁权进行拍卖；对于售后回租，从效果上将其视为让与担保，出租人的所有权仅发挥变价功能，并不具有确认归属的功能。在相关程序问题上，应当坚持执行程序的效率价值，避免出卖人或出租人因提起案外人异议造成执行程序的拖宕。由于出卖人或出租人行使解除权将会导致所有权的性质发生改变，在标的物已被采取查控措施的情形下，形成权的行使宜予以适当限制。

第八章

实现担保物权特别程序的反思与探索

第一节 概　　述

本章聚焦《民事诉讼法》与《民法典》在特别程序维度的协调和对接，以实现担保物权的特别程序为例展开本章研究。《民法典》在优化营商环境的背景下，对标国际标准对担保制度进行了现代化的系统革新，采纳功能主义立法模式，承认非典型担保的物权效力和建立统一的动产和权利担保体系，实现以高效、透明的担保稳定信贷、便宜融资、刺激经济的目标。与之相配套的程序内容即担保物权的实现是担保权能保障和制度体系化中的重要一环，直接关系着实体法构建的全新权利义务体系能否得以实际实现。就担保物权实现程序设计导向而言，在现代化担保制度的要求、《民法典》对流质流押性质的认定和非典型担保的实现规则等方面，新规则均明确显示出实现担保物权程序应当朝着提高效率、尊重意思自治的方向更新。《民法典》和《民法典担保制度解释》于实体法角度直接或间接地对配套的程序进行了一定的规范和要求。按照担保物权的类型，勾勒了以公力非讼实现担保物权为主，辅之以对存在实质性争议的情形通过普通诉讼程序解决，在担保合同中约定或协商成功情形下通过私力救济途径实现担保物权的多重程序体系。然而，我国现行的《民事诉讼法》和《民诉法解释》就担保物权实现程序设计了不区分担保物权种类的统一适用的非讼实现程序。此种程序规制，间接导致了当下司法实践中非讼实现担保物权程序应用的普及率较低，选择适用的担保物权种类和内容较为单一。新类型担保如让与担保的相关法律主体仍然选择通过普通程序实现让与担保的担保功能，与现代化担保物权制度要求的快速实现担保物权的程序设计要求相违背，故有必要对于特殊类型的担保物权（如非典型担保）的实现过程的特殊程序保障要求以及实体法中允许却并未进行体系化规范的私力救济实现担保物权进行必要的规范以对接《民法典》构建的现代化担保体系的目标。

本章以《民法典》和《民法典担保制度解释》新规则对程序法设计的新要求为基础，探讨实体法和程序法间不一致之处的衔接，对程序法规范未对接实体法部分进行规则漏洞填补建议，并对司法实践中因实体法新规则而需注重审查的内容进行分析。以期为《民法典》和《民法典担保制度解释》构建的现代化担保制度构建体系化提供配套程序保障。

第二节 《民法典》担保制度现代化革新的概述

担保物权属于定限物权,是在他人之物或权利上设定的物权,以支配担保财产的交换价值为内容,旨在确保债权获得优先受偿。① 担保物权因自身所具备的功能而发挥着重要作用,具体而言,担保物权系融通资金的手段和实现增信的措施,关乎金融行业的创新和发展;担保物权系实现债权的保障,是优化营商环境的重要内容;担保物权系实现物的交换价值,保障了物尽其用、货畅其流。② 故而担保物权制度因可确保债权实现和促成资金高效运作而关系到本质是信用经济的市场经济的发展,担保物权制度的现代化构成了市场经济制度完善的重要内容。③

一、《物权法》时代担保制度的不足

世界银行每年针对全球多个国家和地区的营商环境状况发布《全球营商环境报告》,担保制度的内容和运行是评估的一项重要指标。我国虽然得益于法治建设的不断进步而在营商环境排名中连年上升,但"获得信贷便利度——合法权利保护力度指数"却多年未见改善,成为制约我国在世界银行营商环境调查中总体排名的短板。④ 该指数反映的是担保制度的现代化和完整度。

针对我国担保制度,世界银行专家对标现代担保制度,罗列了我国《物权法》时代担保物权制度的一些不足。例如,尚未在法律层面建立功能统一的动产担保制度,各类担保权利类型、公示方法、公示效力均不同,亦不存在统一的优先权规则;不允许对担保物进行概括性描述;不允许对担保利益进行自动延伸;不存

① 参见王泽鉴:《民法物权》(第2版),北京大学出版社2010年版,第366页。

② 参见王利明:《担保物权制度的现代化与我国〈民法典〉的亮点》,载《上海政法学院学报(法治论丛)》2021年第1期。

③ 参见谢在全:《担保物权制度的成长与蜕变》,载《法学家》2019年第1期。

④ 参见纪海龙:《民法典动产与权利担保制度的体系展开》,载《法学家》2021年第1期。

在统一的登记机构，且未建立全国统一的现代动产担保登记公示系统等。①

就《物权法》的具体规范，以下规范内容因未能充分保障担保物权功能的发挥而导致我国出现中小企业融资难、融资贵的经济发展问题以及阻碍营商环境法治化的制度建设问题。

（一）融资和债权实现的效率和安全保障不足

理想化担保物权制度的设计应当同时满足债务人可通过担保物权的设立更为高效地筹措资金，债权人能及时获得债务清偿的需求，从而实现担保物权制度对有效运作资金、提高产能、促进经济正向循环发展的功能。然而，《物权法》却未能完全保障涉担保物权交易的安全和高效。

1. 隐形担保未剔除

隐形担保是指已为交易实际设定，但未予公示的担保。该情形在《物权法》时代出现的原因是，《物权法》采取严格物权法定原则，对担保物权形态和种类进行了列举式规范。但因担保物权具有提高交易效率和保障交易安全方面的切实优点，交易各方于实践中通过意思自治创设了《物权法》规范之外的具有担保功能且更符合利益需求的交易结构，②如让与担保。因《物权法》未将实践中出现的具有担保功能的交易类型化为担保物权，从而无可供交易各方选择的公示路径。故于法律层面担保物权并未成立，但却于实际交易中发挥着类担保功效，从而形成针对交易外第三人的隐形担保。

隐形担保存在如下风险：第一，因第三人无法通过查询了解交易标的物是否实际背负担保，从而产生错误预期致第三人利益损害，增加交易成本，不利于标的物的交易安全；第二，滋生虚设担保，在无公示的前提下，担保双方可以串通倒签担保合同设置虚假担保，从而引发道德风险；③第三，债务人隐藏负债增加，其经营杠杆水平会随之提高，从而引发金融体系脆弱；④第四，上述风险最终

① 参见[加拿大]伊莱恩·麦凯克恩：《获得信贷便利度相关指标分析》，载《中国金融》2019 年第 7 期。

② 参见王利明：《担保制度的现代化：对〈民法典〉第 388 条第 1 款的评析》，载《法学家》2021 年第 1 期。

③ 参见龙俊：《民法典中的动产和权利担保体系》，载《法学研究》2020 年第 6 期。

④ 参见王乐兵：《金融创新中的隐性担保——兼论金融危机的私法根源》，载《法学评论》2016 年第 5 期。

会致使担保纠纷泛滥,法院审查标准和裁判尺度因隐形担保而增加不确定性。

2. 登记机关分散

以《物权法》项下权利质押登记部门为例,《物权法》第 224 条规定了向有关部门办理出质登记,第 226 条规定向工商行政管理部门办理出质登记,第 227 条规定向有关主管部门办理出质登记。登记机关多样且不明确,导致了担保物权人登记成本上升。对于标的物的后手交易方而言,查询难度加大,从而导致交易效率和交易安全的下降。

3. 普通消费者保护力度弱

担保物权的存在对于普通消费者而言或成为负担,若每次进行正常交易时消费者均需查询标的物上是否存在担保物权,以免被担保物权的物上追及力所牵扯,那么正常消费过程会因此烦琐而不合乎常理。正常经营活动中的买受人理应豁免对物上所有类型担保物权的查询和追及。然而《物权法》第 189 条第 2 款却将豁免的范围限定于标的物设立浮动抵押的情形,该规定不利于实现消费者自由消费和商品高效流通。

(二)物尽其用未最大化

1. 中小企业资产设立担保困难

一般而言,中小企业不像大型国企那般拥有大量的不动产为公司债务提供担保,其资产形式多以动产和权利呈现。然而《物权法》因不动产状态相对固定、价格相对稳定、登记体系成熟而制定了相对于动产和权利担保而言更为完善的不动产担保规范体系。当中小企业以其所有的动产和权利为担保向金融机构借款时,金融机构往往会考量该物上担保未被现行法律认可和规范,出于回避风险的目的拒绝提供贷款。即使金融机构愿意提供资金,为保障其债权实现也会对担保财产进行低廉估价。①

2. 抵押物转让受限

《物权法》第 191 条规定抵押人不得自由地转让抵押财产,抵押权人同意转让抵押财产的,抵押人需要涤除抵押财产上的抵押权。此种规范目的是保护抵押财产买受人的利益,保障其取得的是无抵押负担的财产,从而避免追及所产

---

① 参见龙俊:《民法典中的动产和权利担保体系》,载《法学研究》2020 年第 6 期。

生的问题。[①] 但是该规定却与担保人享有的针对担保物的所有权权能相悖。抵押权的设立并不意味着抵押人丧失了对抵押财产的所有权，抵押人在抵押期间对于抵押财产仍享有法定的占有、使用、收益和处分的权利，《物权法》规定的转让抵押财产需经抵押权人同意的要求明显限制了抵押人行使处分抵押物的自由。

二、《民法典》对担保制度的修改

（一）构建现代化担保物权制度的标准

世界银行对于担保制度的评估指标包括担保设立的公开透明度、是否存在统一的担保登记、设立担保登记的效率和执行成本、当事人设立担保物权的自由度等。[②]

据此，联合国国际贸易法委员会及各国法律界达成了内容较为统一的现代化担保制度的设计标准。以联合国国际贸易法委员会出台的《担保交易立法指南》为例，该指南明确现代化担保制度构建应当实现以下目标：第一，加大担保信贷供应力度，促进低成本信贷；第二，许可债务人可利用其资产的全部价值设置担保；第三，促使担保权简单、高效地设定；第四，平等对待来源不同的信贷资金和各种形式的担保交易；第五，确定各类财产都可设定非占有型担保权；第六，提高担保权的确定性和透明度；第七，确立清晰的、可预见的优先权规则；第八，促使担保权的执行更为便利、高效；第九，增进当事人的契约自由，使担保交易尽可能具有灵活性；第十，平衡担保交易所有利害关系人的利益。[③]

（二）《民法典》修改担保物权制度的导向

《民法典》的编纂正值我国持续推进优化营商环境之际，立法机关结合我国既有的担保物权实践和理论发展，参考世界银行的全球营商环境报告中涉及担保的指数指标，借鉴《美国统一商法典》第九编、《联合国担保交易示范法》和

① 参见黄薇主编：《中华人民共和国民法典物权编解读》，中国法制出版社2020年版，第678页。

② 参见王利明：《担保物权制度的现代化与我国〈民法典〉的亮点》，载《上海政法学院学报（法治论丛）》2021年第1期。

③ United Nations Commission on International Trade Law, *UNCITRAL Legislative Guide on Secured Transactions*, New York, 2010, p. 18.

《欧洲示范民法典草案》等关于担保制度的最新趋势，联动修改物权编和合同编。[①] 从而使《民法典》担保物权制度适应改善营商环境的需要，努力实现担保物权的现代化，解决中小企业融资难、融资贵等问题。[②]

（三）《民法典》担保物权制度修改的亮点

1.折中主义立法模式的采纳

担保制度的立法模式一般分为两种，形式主义和功能主义。采形式主义立法模式的坚持物债两分，适用严格物权法定原则，将担保物权区分为抵押、质押、留置等并分别设置不同的规则进行规范，典型为德国法。而采功能主义立法模式的不作物债之分，当事人可以意思自治地决定担保形态和内容，结合一定的公示方法即可设立担保，对具有担保功能的交易在对第三人效力方面采用统一的规则规范，功能主义立法最早见于《美国统一商法典》。因尊重当事人意思自治、促使交易便捷、降低交易成本、制度保护全面等优点，功能主义立法模式后续为联合国国际贸易法委员会的《动产担保交易立法指南》《动产担保交易示范法》《欧洲示范民法典草案》所采用。

于我国而言，《物权法》采取了较为严格的物权法定原则，在担保物权的种类、设定、内容和公示方法等方面均对意思自治进行了严格限制。[③] 意定担保物权类型仅为抵押和质押。然而，有限的担保物权种类和内容无法满足日新月异的新交易类型所包含的实质担保。交易主体于实践中长期探索了多种具有实质担保功能的交易模式形成交易习惯。由于《物权法》并未承认该交易习惯的担保物权效力亦未为其创设公示方法，一方面导致交易双方无法通过法律途径实现担保内容，另一方面对于交易以外的第三方而言隐形担保的存在可能会损害其利益。故为鼓励交易、刺激融资，《民法典》采用了物权法定缓和主义，于立法模式上在坚持形式主义的前提下融合了功能主义的内容形成了兼具两种立法模式优点的折中主义立法模式。[④]

---

① 参见朱虎：《民法典动产和权利担保的变革》，载《人民法院报》2020 年 7 月 30 日，第 5 版。

② 参见龙俊：《民法典中动产和权利担保体系》，载《法学研究》2020 年第 6 期。

③ 参见王利明：《担保制度的现代化：对〈民法典〉第 388 条第 1 款的评析》，载《法学家》2021 年第 1 期。

④ 参见王利明：《担保物权制度的现代化与我国〈民法典〉的亮点》，载《上海政法学院学报（法治论丛）》2021 年第 1 期。

对于形式主义立法模式的保留体现于仍坚持物债两分的格局，将担保物权置于物权编，担保物权仍主要作抵押、质押、留置之分，且分别进行规范。

对于功能主义立法模式的引入具体体现在《民法典》具体规范中，其中最具典型的规范内容如下：

(1)担保合同范围扩大至非典型担保

《民法典》第116条规定“物权的种类和内容，由法律规定”，其中“法律”的范围因采用物权法定缓和主义而包含习惯法。故交易习惯中形成的拥有担保功能的非典型担保如让与担保并不违反物权法定原则。此外，《民法典》第388条明确规定担保合同包括抵押合同、质押合同和其他具有担保功能的合同，对于“其他具有担保功能的合同”，立法者指出“扩大担保合同的范围，明确融资租赁、保理、所有权保留等非典型合同的担保功能”。①故而，《民法典》为以所有权保留、融资租赁和让与担保为代表的非典型担保设立的合法性创造了条件，实现了制度上的飞跃。

(2)统一动产担保登记对抗规则

《民法典》物权编第403条规定：“以动产抵押的，抵押权自抵押合同生效时设立；未经登记，不得对抗善意第三人。”合同编第641条第2款规定：“出卖人对标的物保留的所有权，未经登记，不得对抗善意第三人。”合同编第745条规定：“出租人对租赁物享有的所有权，未经登记，不得对抗善意第三人。”《民法典担保制度解释》第54条、第67条就登记对抗效力进行了不同情形下适用的释明。

登记对于动产担保物权而言并非担保物权生效条件，而是起到增强担保效力的功效，对于所有权保留和融资租赁非典型担保而言赋予其担保实质化效力，保障了出卖人和出租人债权的优先受偿。

(3)统一优先顺位规则

《民法典》第414条第1款针对抵押权设定了登记在先顺位在先的规则，第2款将该实现顺位规则扩大至“其他可以登记的担保物权”。第415条规定抵

① 王晨：《关于〈中华人民共和国民法典（草案）〉的说明——2020年5月22日在第十三届全国人民代表大会第三次会议上》，载《中华人民共和国全国人民代表大会常务委员会公报》2020年特刊，第188页。

押权和质权竞合时,公示在先顺位在先。故《民法典》事实上形成了以登记为中心的担保物权顺位规则。

(4)统一动产和权利担保登记体系

不动产的统一登记实现后,《民法典》删除了《物权法》关于动产和权利担保有关登记机关的条文,该变动为建立统一的动产和权利担保登记制度留下空间。[①] 据此,国务院颁发了《关于实施动产和权利担保统一登记的决定》,该决定明确包括应收账款质押、融资租赁、所有权保留等在内的可以登记的动产和权利担保,当事人可以通过中国人民银行征信中心动产融资统一登记公示系统自主登记。中国人民银行随后出台了《动产和权利担保统一登记办法》,对于统一登记系统从登记与查询和征信中心的职责方面进行了更为细化的规范。

2. 当事人意思自治空间扩展

(1)担保财产范围的扩大

关于未来财产。《民法典》第440条第1款第6项新增可在将有的应收账款上设定权利质押。此外,《民法典》第400条和第427条对抵押合同和质押合同有关担保财产的描述要求进行了简化,不再需要合同进行详细而具体的描述,允许概括性地描述。

关于集合财产。除动产浮动抵押外,《民法典担保制度解释》第55条明确了在实践中形成的以"存货+第三人监管"模式存在的流动质押系合法担保。

关于部分禁止抵押财产的解禁。《民法典》第399条规定非营利法人的教育设施、医疗卫生设施和其他公益设施不得抵押。《民法典担保制度解释》第6条明确,非营利法人公益设施之外的其他财产可以设立担保,即使是公益设施,其上设定所有权保留、融资租赁等非典型担保亦被允许。

(2)抵押物的自由转让

《民法典》第406条规定除非抵押人和抵押权人约定禁止或者限制抵押期间抵押财产转让,抵押人有权转让抵押财产,抵押权不受该转让的影响,抵押权人可行使追及力实现抵押权。《民法典担保制度解释》第43条规定,抵押人和

---

① 王晨:《关于〈中华人民共和国民法典〉(草案)的说明——2020年5月22日在第十三届全国人民代表大会第三次会议上》,载《中华人民共和国全国人民代表大会常务委员会公报》2020年特刊,第188页。

抵押权人关于禁止或者限制转让抵押财产的约定只有在约定内容被明确登记的情形下,抵押物的转让不发生物权效力。

(3)流质流押条款效力转变

流质流押条款系当事人在担保合同中约定,主债权履行期限届满,担保物权人未被清偿,其有权享有担保物的所有权。《物权法》明确禁止约定该类条款,但《民法典》对该条款并未采取“不得”约定的陈述,而是规定此种约定存在的情况下担保物权人只能依法就担保财产优先受偿。

《民法典》对于担保制度的改革,除立法模式和当事人意思自由方面,还有以下亮点:首先,担保物权顺位方面,《民法典》第 416 条和《民法典担保制度解释》第 57 条参考《美国统一商法典》规定了价款超级优先权的优先顺位规则,以实现促进融资的目的。[①] 其次,于正常经营活动中买受人权利保护方面,《民法典》第 404 条将正常经营活动买受人规则的适用范围由《物权法》规定的浮动抵押扩大到动产担保。最后,为了促进物尽其用,《民法典担保制度解释》第 40 条规定抵押权依法设立后抵押物上产生的从物可在抵押权实现时一并处分。

《民法典》针对担保制度的改革,总体而言,按照现代化担保制度的标准进行了完善,非典型担保的承认、担保财产范围的扩大以及抵押物的自由转让提高了担保设立效率的同时降低了设立成本,动产和权利担保较为统一的规范体系为中小企业融资提高了制度保障,统一的登记制度和明确的优先顺位规则提供了担保的公开透明度。故《民法典》担保制度可谓从立法理念、基本原则、具体规范等方面较为理想地构建了现代化担保制度,更好地为优化营商环境提供了法治保障。

第三节　实现担保物权的程序规范和司法现状

担保物权的实现是指担保物权人在债务清偿期届满却未获清偿时,处分担保财产以得优先受偿债务的过程。担保物权的实现是担保物权最主要的效力,也

---

① 参见沈春耀:《关于〈民法典各分编(草案)〉的说明——2019 年 8 月 27 日在第十三届全国人民发表大会常务委员会第五次会议上》,载《中华人民共和国全国人民代表大会常务委员会公报》2020 年特刊,第 194 页。

是担保物权人针对担保财产最重要的权利。我国对于担保物权实现程序的相关规定分布于实体法和程序法中,实体法指明实现路径,程序法细化程序安排。

一、实现担保物权的程序规范内容

(一)实体法中实现担保物权程序规范

《民法典》和《民法典担保制度解释》按照担保物权的类型分别设定了不同的实现路径。

1.《民法典》项下的程序设计

(1)抵押权:《民法典》第410条第1款和第2款规定,"债务人不履行到期债务或者发生当事人约定的实现抵押权的情形,抵押权人可以与抵押人协议以抵押财产折价或者以拍卖、变卖该抵押财产所得的价款优先受偿。协议损害其他债权人利益的,其他债权人可以请求人民法院撤销该协议。抵押权人与抵押人未就抵押权实现方式达成协议的,抵押权人可以请求人民法院拍卖、变卖抵押财产"。

故抵押权人有两种途径实现其抵押权,即协议变价和请求人民法院拍卖、变卖。无须公权力介入的协议变价是私力救济实现担保物权的体现,而请求人民法院拍卖、变卖则属于公力救济途径。关于协议变价,虽然该条并未规定协议达成的时间。但是结合《民法典》第401条对于流押条款的规定,如若抵押权人和抵押人在抵押合同中即约定以折价的方式实现抵押权,则该约定系流押条款,抵押权人只能"依法就抵押财产优先受偿"即通过公力救济实现担保物权。故变价协议达成的时间应当为主债权到期未得清偿之后。

(2)质权:就动产质权的实现方法,《民法典》第436条第2款规定,"债务人不履行到期债务或者发生当事人约定的实现质权的情形,质权人可以与出质人协议以质押财产折价,也可以就拍卖、变卖质押财产所得的价款优先受偿"。第437条第1款规定,"出质人可以请求质权人在债务履行期届满后及时行使质权;质权人不行使的,出质人可以请求人民法院拍卖、变卖质押财产"。第436条第2款从文义角度明显与抵押权实现途径存在不同,质权人实现质权除却协商折价这一私力救济途径外,"也可以就拍卖、变卖质押财产所得价款优先受偿",就该种实现途径,法条并未明确质权人是需通过法院进行拍卖变卖还是自身拥有单方拍卖、变卖的决定权利而可依自身意愿选择拍卖、变卖的方式和时间。

对此,质权作为占有型担保物权,质押人通过单方拍卖、变卖以实现质权存在现实可操作性,且从文义角度如若质权人在同出质人协商不能之时只能通过公力救济实现质权,法条完全可以采用同抵押权相同的表达方式。[①] 故质权人的私力救济途径有二,即协商折价和单方拍卖、变卖。[②] 第 437 条规定了出质人在一定前提下可以通过“请求人民法院拍卖、变卖质押财产”的方式实现质权人的质权以消除债务。

就权利质权的实现方法,《民法典》并未单独进行规定,根据第 446 条可知,权利质权的实现方法适用动产质权的规定。

(3)留置权:《民法典》第 453 条第 1 款规定,“留置权人与债务人应当约定留置财产后的债务履行期限;没有约定或者约定不明的,留置权人应当给债务人六十日以上的履行债务期限,但是鲜活易腐等不易保管的动产除外。债务人逾期未履行的,留置权人可以与债务人协议以留置财产折价,也可以就拍卖、变卖留置财产所得的价款优先受偿”。第 454 条规定,“债务人可以请求留置权人在债务履行期限届满后行使留置权;留置权人不行使的,债务人可以请求人民法院拍卖、变卖留置财产”。以上条文同实现质权不同之处在于,留置权人在留置后不能立即实现优先受偿,而是应当通过约定或者法律推定的方式为债务人保留一定的履行期限,该履行期限经过后,留置权人才可实现留置权。

(4)所有权保留:《民法典》第 642 条第 2 款规定,“出卖人可以与买受人协商取回标的物;协商不成的,可以参照使用担保物权的实现程序”。结合该条第 1 款的规定,出卖人行使其取回权的方式之一是参照适用《民诉法》规定的担保物权实现程序以实现非典型担保。

2.《民法典担保制度解释》项下的程序设计

(1)一般规定:《民法典担保制度解释》第 45 条第 1 款规定,“当事人约定当债务人不履行到期债务或者发生当事人约定的实现担保物权的情形,担保物权人有权将担保财产自行拍卖、变卖并就所得价款优先受偿的,该约定有效。因担保人的原因导致担保物权人无法自行对担保财产进行拍卖、变卖,担保物

---

① 参见李林启主编:《实现担保物权实证研究》,中国政法大学出版社 2018 年版,第 54 页。

② 参见金殿军:《请求法院拍卖、变卖担保财产的法律问题》,载《法学》2010 年第 1 期;谢鸿飞:《动产担保物权的规则变革与法律适用》,载《国家检察官学院学报》2020 年第 4 期。

权人请求担保人承担因此增加的费用的,人民法院应予支持"。在担保合同中约定以物抵债条款系流质流押,不能按照约定的方式实现担保物权。但担保合同中可以约定担保物权人通过自行拍卖、变卖担保财产的方式实现担保物权。实际操作中担保物权人采取该种私力救济方式实现担保物权,如若出现因担保人原因无法实现担保物权的情形,如非占有型担保物权人中的抵押权人需自行对抵押财产进行扣押以转移抵押财产的占有状态才能实现抵押权,则应当采取公力救济方法实现担保物权而不得进行私力救济。①

(2)应收账款质押:《民法典担保制度解释》第 61 条第 4 款规定,"以基础设施和公用事业项目收益权、提供服务或者劳务产生的债权以及其他将有的应收账款出质,当事人为应收账款设立特定账户,发生法定或者约定的质权实现事由时,质权人请求就该特定账户内的款项优先受偿的,人民法院应予支持;特定账户内的款项不足以清偿债务或者未设立特定账户,质权人请求折价或者拍卖、变卖项目收益权等将有的应收账款,并以所得的价款优先受偿的,人民法院依法予以支持"。以将有应收账款质押的,在一定条件下,可以准用实现担保物权案件程序。

(3)所有权保留:《民法典担保制度解释》第 64 条第 1 款规定,"在所有权保留买卖中,出卖人依法有权取回标的物,但是与买受人协商不成,当事人请求参照民事诉讼法'实现担保物权案件'的有关规定,拍卖、变卖标的物的,人民法院应予准许"。该条是对《民法典》相关规定的解释。

(4)融资租赁:《民法典担保制度解释》第 65 条第 1 款规定,"在融资租赁合同中,承租人未按照约定支付租金,经催告后在合理期限内仍不支付,出租人请求承租人支付全部剩余租金,并以拍卖、变卖租赁物所得价款受偿的,人民法院应予支持;当事人请求参照民事诉讼法'实现担保物权案件'的有关规定,以拍卖、变卖租赁物所得价款支付租金的,人民法院应予准许"。在《民法典》就融资租赁这一非典型担保的实现方法未作规定的基础上,《民法典担保制度解释》规定在出租人选择请求承租人支付全部租金,且承租人未履行义务的情况下,

---

① 最高人民法院民事审判第二庭:《最高人民法院民法典担保制度司法解释理解与适用》,人民法院出版社 2021 年版,第 403 页。

出租人有权申请人民法院拍卖、变卖租赁物以所得价款优先受偿。

（5）让与担保：《民法典担保制度解释》第 68 条第 1 款、第 2 款规定，“债务人或者第三人与债权人约定将财产形式上转移至债权人名下，债务人不履行到期债务，债权人有权对财产折价或者以拍卖、变卖该财产所得价款偿还债务的，人民法院应当认定该约定有效。当事人已经完成财产权利变动的公示，债务人不履行到期债务，债权人请求参照民法典关于担保物权的有关规定就该财产优先受偿的，人民法院应予支持”，“债务人或者第三人与债权人约定将财产形式上转移至债权人名下，债务人不履行到期债务，财产归债权人所有的，人民法院应当认定该约定无效，但是不影响当事人有关提供担保的意思表示的效力。当事人已经完成财产权利变动的公示，债务人不履行到期债务，债权人请求对该财产享有所有权的，人民法院不予支持；债权人请求参照民法典关于担保物权的规定对财产折价或者以拍卖、变卖该财产所得的价款优先受偿的，人民法院应予支持；债务人履行债务后请求返还财产，或者请求对财产折价或者以拍卖、变卖所得价款清偿债务的，人民法院应予支持”。让与担保合同中可以约定债权人通过折价、拍卖、变卖财产方式实现担保物权。在约定以物抵债时，产生同流质流押条款相同的效力，此时动产让与担保和不动产让与担保的实现方法应当分别参照《民法典》动产质押和不动产抵押实现方式进行优先受偿。

（二）程序法中实现担保物权的程序规范

《民事诉讼法》和《民诉法解释》落实《民法典》中关于担保物权实现的程序需求，与实体法相衔接，以不区分担保物权种类的方式构建了统一的实现担保物权的程序规范。

《民事诉讼法》于第 15 章特别程序中设置了专门的实现担保物权程序一节，以第 207 条和第 208 条两个条文，从申请主体、管辖法院、审查标准、救济手段方面进行了原则性规范。《民诉法解释》以《民事诉讼法》为基础细化了担保物权实现程序。第 359 条至第 371 条分别解释了申请人范围、细化不同类型权利质权的管辖法院、确定专门法院管辖范围、厘清混合担保情形下的申请顺位、明确当事人提交的材料内容、丰富被申请人和利害关系人的救济方法、确定法院审理内容和裁定范围等。

具体而言，申请主体为担保物权人和其他有权请求实现担保物权的人。担保物权人系抵押权人、质权人和留置权人，其他有权请求实现担保物权的人则包括抵押人、出质人、财产被留置的债务人、所有权人等。

担保物权竞合时登记在先的担保物权尚未实现不影响顺位在后的担保物权人通过公力救济实现担保物权。

法院审查范围和内容包括：主合同的效力、期限、履行情况，担保物权是否有效设立、担保财产的范围、被担保的债权范围、被担保的债权是否已届清偿期等担保物权实现的条件，是否损害他人的合法权益等。

就职权主义的适用，法院审查可以询问申请人、被申请人、利害关系人，必要时可以依质权调查有关事实。

就被申请人或利害关系人的异议权，被申请人对申请人的申请有异议的，应当在一定期限内向法院提出异议，同时说明理由并提供相应的证据材料。法院应当就异议一并审查。

就被申请人或利害关系人的救济，法院审查认为实现担保物权有实质性争议的，裁定驳回申请；对法院作出的准许拍卖、变卖担保财产的裁定有异议的，被申请人或利害关系人可以提出其异议。

二、实现担保物权的司法现状分析

（一）司法实践现状

《民法典》及《民法典担保制度解释》保留了《物权法》关于抵押权、质权、留置权的实现方式，此外还增加了关于新类型担保物权实现路径的相关规定，如以将来应收账款质押、非典型担保等。本章对实现担保物权程序的司法实践进行分析，目标案件范围为《民法典》生效之后即 2021 年 1 月 1 日之后至 2022 年 4 月 1 日全国各基层法院及专门法院适用《民事诉讼法》特别程序实现担保物权的案件，总数共计 610 件。

1. 全国地域分布特征

610 件案件中，306 件由浙江省各基层人民法院受理，221 件由重庆市各基层人民法院受理。陕西、上海、北京、广东的各基层人民法院分别各受理 17 件、16 件、15 件、13 件，新疆、山西、辽宁、海南、吉林、江苏、广西的各基层人民法院受理案件数均为个位数（见图 8－1）。其余省份在《民法典》生效后适用特别程序受理实现担保物权案件未可查询。样本案件地域分布极为不均匀,表明适用特别程序实现担保物权的普及度呈现明显的地域差距。

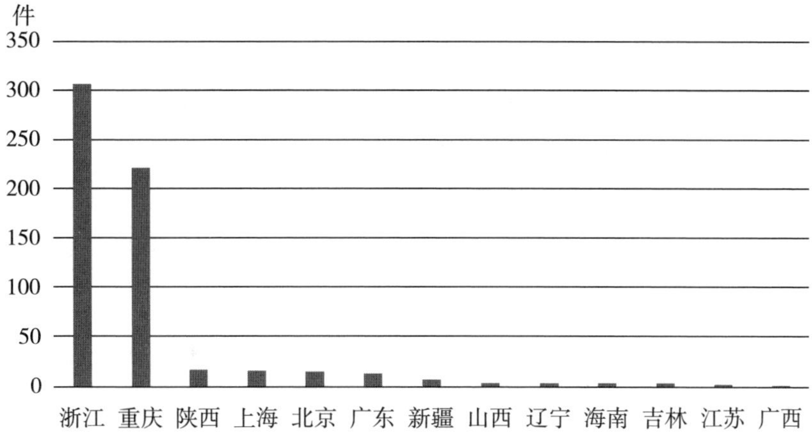

图 8-1　部分省级人民法院受理实现担保物权案件数量

2. 申请人主体种类

申请人主要可分为金融机构、自然人和企业法人。因实现担保物权案件的主债权债务关系多为金融机构借款合同关系,故金融机构作为申请人申请实现担保物权案件占比高达 71.13%。其中各类商业银行为申请人占比较大,除此之外,小额贷款公司、资产管理公司、融资租赁或担保公司、典当行作为申请人向法院申请实现担保物权的案件个数分别为 7 件、2 件、15 件、3 件。除金融机构外,自然人为申请人的案件占比 13.26%,企业法人为申请人的案件占比 15.61%(见图 8-2)。

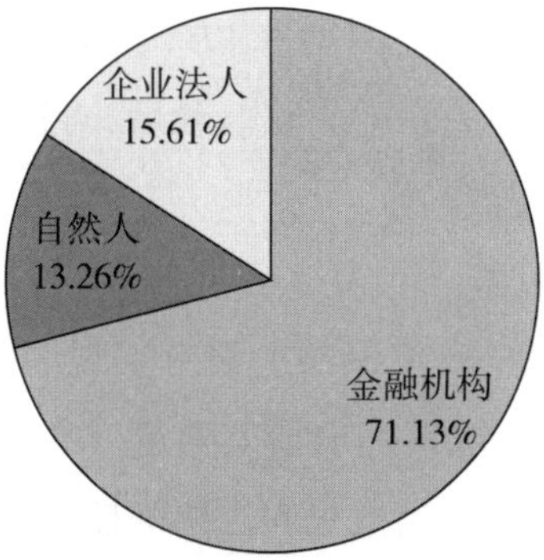

图 8-2　申请人主体类型分布

3. 申请实现的担保物权类型

在担保物权类型上,样本案例主要以典型担保为主,《民法典》确立的非典型担保只出现过1件,为依据融资租赁合同申请实现担保物权的案件。典型担保中抵押权实现案件占比最高。申请实现质权的案件仅8件,其中应收账款质押1件,存单质押1件。另外,在《民法典》明确规定反担保合同并非担保合同的从合同的情况下,申请实现反担保的案件出现了3件。

4. 法院裁定驳回的理由

根据《民事诉讼法》的规定,经审查,实现担保物权不符合法律规定的裁定驳回申请。在样本案例中,法院裁定驳回申请的案例共计71件,其中3件因申请内容部分存在实质性争议,对该部分裁定驳回,对申请符合法律规定的内容则裁定拍卖、变卖该部分对应的财产。裁定驳回的原因中,17件案例为被申请人或利害关系人提出异议,6件案例在各方均无异议的前提下法院采用职权主义主动审查认为实现担保物权存在实质性争议,3件案例为无法实现有效送达,45件案例为申请人提供的证据不能够有效证明担保物权实现条件成就。

5. 被申请人或利害关系人提出异议的类型

样本案例中共有24件中被申请人或利害关系人明确向法院表明对于申请实现担保物权持异议。其中,17件案例中的异议被法院采纳从而裁定驳回申请,7件案例中的异议或因法院经审查认定异议不存在或者持异议者未提供证据对异议的存在进行证明而未被采纳。申请人或利害关系人提出的异议主要分为以下类型。首先,对申请人主体资格的异议,申请人或通过债权转让成为主债权人或者接受担保物权人委托向法院申请实现担保物权。其次,对主债权的异议,典型的有主合同效力、主合同违约方认定、违约金计算标准和本金及利息的金额等关乎主债权债务关系的异议。最后,对担保关系的异议,分别涉及担保物权的范围、担保合同效力等。

6. 担保物权竞合的处理

样本案例中共有5件涉及担保物上设有实现顺位在先的其他担保物权。关于担保物权竞合存在的情况下的申请人陈述,1件案例中申请人未向法院陈述竞合情况的存在,1件案例申请人只向法院陈述了竞合事实存在,3件案例中申请人向法院既陈述了竞合的存在还表明了自身担保物权的顺位。关于法院的审查,1 件案例中法院只查明了担保物权竞存的存在,在裁定中以"按抵押权登记的先后顺序优先受偿"来说明执行抵押物后的受偿情况。其余 4 件案例中,法院均根据登记情况同时查明了竞合的存在和申请人受偿的顺位,并在裁定主文中明确执行担保财产所得的款项应当为顺位在先的担保物权人预留其应当受偿的部分后申请人才可就剩余款项优先受偿。

(二)各地区法院的指导方案

《民事诉讼法》2012 年修订时新增实现担保物权的程序规范并将之编入特别程序。此后,各地法院为了更好地适用该程序,提高审判质效,纷纷结合审判中出现的问题出台了细化的指导方案。浙江省高级人民法院和江苏省高级人民法院于 2012 年年底就及时发布了程序适用细则,重庆市高级人民法院、四川省高级人民法院、上海市高级人民法院等则随后公布各自的指导方案。

《民法典》对于担保制度进行了实体方面创新性的改革,对相应的实现担保物权程序亦进行了一定的推进或变更。由于《民事诉讼法》及其司法解释并未及时响应《民法典》等实体法的变动进行实现担保物权程序规范的对接,只有浙江省高级人民法院在《民法典》生效之后修改了《关于审理实现担保物权案件若干问题的解答》。

浙江省高级人民法院出台的《关于审理实现担保物权案件若干问题的解答》,开篇便言明修订系因《民法典》的实施。然而,遗憾的是,该解答并未对《民法典》担保制度改革可能会对实现担保物权程序的司法实践产生的影响进行指导和说明,仍然按照《民事诉讼法》和《民诉法解释》的立法逻辑和内容为法院具体适用非讼实现担保物权程序进行细化说明。例如,对《民诉法解释》中规定的"当事人对实现担保物权有实质性争议"的"实质性争议"进行定义、对被申请人提出异议时法院的审查标准进行细化说明、就担保物权竞合时后顺位担保物权人申请实现其担保物权时裁定主文的规范表达等。

第四节　程序规范及司法实践与《民法典》的衔接问题

《民法典》及《民法典担保制度解释》以全新的立法理念塑造了现代化的担保制度,通过规范权利主体的实体权利义务为营商环境的优化和中小企业融资难、融资贵问题的解决提供了法治保障。程序法和司法实践旨在实现经过实体法确定的权利义务关系,若缺少充分而配套的程序法规范和适用成熟的司法实践经验,则《民法典》构建的现代化担保制度将被束之高阁,无法真正地推进我国担保和信贷环境的改善。

分析我国现行实现担保物权程序的程序法规范和司法实践后,存在或与《民法典》《民法典担保制度解释》不协调或并未将实体法中涉担保物权实现部分进行程序化规范的问题。亟待《民事诉讼法》《民诉法解释》以及司法实践实现同实体规范的衔接,以防止出现程序法和实体法脱节以及实体权利义务无法通过有效的程序实现的窘境。

一、程序规范待衔接的内容

(一)程序规范同实体规范间的不一致

1. 程序性质的表述差异

《民法典》第 410 条第 2 款、第 437 条、第 454 条将适格主体采用公力救济途径实现担保物权的程序表述为"请求人民法院拍卖、变卖"担保财产。然而《民事诉讼法》将公力实现担保物权程序置于特别程序一章并在第 207 条中采用"申请实现担保物权"的表述来定性该程序。针对实体法中"请求"和程序法中的"申请",有学者明确指出,两者系不同性质和内容的实现程序,《民事诉讼法》中并未就"请求"人民法院拍卖、变卖担保财产程序进行规定。而《民法典》作为我国第一部以法典命名的法律,拥有相当高的法律位阶。《民事诉讼法》应当就其与《民法典》中的不同之处主动修改。①

2. 公力救济启动主体范围的差异

《民法典》第 410 条第 2 款、第 437 条和第 454 条明确规定了抵押权人、出质人和财产被留置的债务人可以请求人民法院拍卖、变卖抵押财产。《民事诉讼法》第 207 条规定申请实现担保物权程序的主体为"担保物权人"和"其他有权请求实现担保物权的人"。《民诉法解释》对《民事诉讼法》第 207 条的申请主体进行解释,"担保物权人"包括抵押权人、质权人、留置权人,"其他有权请求

---

① 参见王国征:《民法典的程序法回应》,载《湘潭大学学报(哲学社会科学版)》2022 年第 4 期。

实现担保物权的人”包括抵押人、出质人、财产被留置的债务人或者所有权人等。针对实体法和程序法对于程序启动主体的明显范围不同，有观点认为，诉讼法是对实体法中规定的实体权利实现作出的程序性规定，程序规定的依据来源于实体法，故对于实现担保物权的程序启动主体应当以《民法典》为依据确定，不宜作扩大解释。[①]《民事诉讼法》中的“担保物权人”应当仅指抵押权人，“其他有权请求实现担保物权的人”仅为出质人和财产被留置的债务人。依照此种观点，《民事诉讼法》《民诉法解释》同《民法典》在实现担保物权程序的启动主体范围上有待作衔接修改。[②]

（二）程序规范存在的实体法漏洞

1. 非典型担保物权非讼实现程序欠缺

《民事诉讼法》《民诉法解释》对于所有类型的担保物权的非讼实现程序进行了统一的规定。《民法典》《民法典担保制度解释》在所有权保留、融资租赁和让与担保中规定了专门的实现担保物权程序，且采用了“参照适用”的表述。然而在《民法典》生效后的司法实践中并未出现一例通过非讼程序实现非典型担保物权的案例。非典型担保存在的情况下，当事人均选择通过普通诉讼程序确定担保物权实现条件达成，再通过执行程序实现担保物权人的优先受偿。究其原因，首先，非典型担保本身在设立、认定以及担保权利行使方面同典型担保相比更为复杂。例如，在让与担保中，担保的合意不能从登记情况直接进行判断，需要结合合同约定和实际履行确定担保物的转让实质上是设立担保物权。其次，我国程序法并未对非典型担保的实现作出专门性的规范。认定的复杂性附加规范的空白导致申请人通过非讼程序实现非典型担保情况鲜少。实践中，非典型担保尤其是让与担保因体现了一定的设立担保方面的意思自治而在实践中被广泛采用。[③] 在非典型担保物权并无实质性争议之时，因为程序法的漏洞而使当事人选择通过诉讼来实现担保物权，不符合我国设定非讼程序实现担

---

① 参见高民智：《关于实现担保物权案件程序的理解与适用》，载《人民法院报》2012 年 12 月 9 日，第 4 版。

② 参见王国征：《民法典的程序法回应》，载《湘潭大学学报（哲学社会科学版）》2022 年第 4 期。

③ 参见杨立新：《物权法定缓和的绝处逢生与继续完善——〈民法典〉规定“其他具有担保功能的合同”概念价值》，载《上海政法学院学报（法治论丛）》2021 年第 1 期。

保物权的立法目标即降低担保物权实现的成本，更不利于我国构建现代化担保制度要求中的建立快捷、高效、低成本担保物权实现规则的实现。[①] 故有必要在《民事诉讼法》中针对非典型担保物权的特征设定具体的非讼实现规则。

2. 私力救济规范体系的缺失

《民法典》《民法典担保制度解释》在典型担保和非典型担保的实现程序规则中均规定了权利人可以“协议”实现担保物权，在质权和留置权的实现中甚至赋予了担保物权人单方拍卖、变卖担保财产以实现优先受偿的权利。然而，对于私力救济实现的保障，只存在协议损害其他债权人利益的，其他债权人可请求法院撤销协议和应当参照市场价格折价、变卖的规范。对于私力救济实现中担保关系各方的权利义务以及对其他利害关系人的权益保护并未进行细致规范，导致私力救济本身即可衍生纠纷，同私力救济提高执行效率的初衷相悖。[②] 故《民事诉讼法》需在私力救济方面进行规范漏洞的填补。

二、司法实践待对接的操作

分析《民法典》生效后我国实现担保物权程序的司法实践，虽然部分案件及时吸纳了《民法典》关于担保制度改革的内容进行释法说理，如对于流质流押条款效力的认定。[③] 但却依然存在以下未适用《民法典》关于担保物权制度新规范以及审查范围并未及时跟进《民法典》要求的问题。

（一）《民法典》新规的识别和适用问题

样本案例中出现了如下并未及时适用《民法典》关于担保制度新规范的问题。

首先，融资租赁中并未对是否成立价款超级优先权进行识别。《民法典担保制度解释》第 57 条第 1 款明确规定担保人以融资租赁方式承租动产，出租人为担保租金的实现而订立担保合同，并在该动产交付后 10 日内办理登记的，成

---

① 参见谢鸿飞：《动产担保物权的规则变革与法律适用》，载《国家检察官学院学报》2020 年第 4 期；林文学等：《〈关于适用民法典有关担保制度的解释〉的理解和适用》，载《人民司法 · 应用》2021 年 4 月刊。

② 参见王利明：《担保物权制度的现代化与我国〈民法典〉的亮点》，载《上海政法学院学报（法治论丛）》2021 年第 1 期。

③ 参见广东省始兴县人民法院（2021）粤 0222 民特 2 号民事裁定书。

立超级价款优先权，该权利在担保物上存在担保物权竞合时享有优先受偿的顺位。然而，样本案例中法院并未意识到超级价款优先权成立的可能从而对标的物的交付和登记办理时间进行审查，[①]法院径直审查了主债权成立及履行情况、标的物登记、被申请人是否提出异议后直接裁定准许申请人对担保财产优先受偿。此种审理方法不仅不利于《民法典》对担保物权竞合时明确的顺位规则的落地和价款超级优先权人的权利保护，还会造成之后的执行难题，甚至会导致后续关于顺位的纠纷产生。

其次，申请主体资格的审查。一起案例中，申请人系担保物权的受托人，在被申请人即抵押人对申请人主体提出异议的情况下，法院并未对受托人是否有权申请实现担保物权程序进行审查，而是结合其他因素认为该案存在实质性争议应当通过诉讼程序解决从而驳回了申请人的申请。[②] 然而《民法典担保制度解释》第 4 条明确规定了"当事人将担保物权登记在他人名下，债务人不履行到期债务或者发生当事人约定的实现担保物权的情形，债权人或者其受托人主张就该财产优先受偿的，人民法院依法应予支持"的三种情形，受托人在满足一定条件的情形下有权申请非讼程序实现担保物权。根据《民诉法解释》第 369 条第 2 款的规定，对于被申请人提出的异议法院应当审理。然而该案中法院并未根据实体法规范进行判断。

(二) 实体法律关系审查问题

实现担保物权案件中，如若法院通过审查确定存在关于担保物权实体权利义务关系的争议即存在实质性争议，则应当裁定驳回申请，并告知申请人向人民法院提起诉讼。[③] 虽然非讼案件的性质决定了法院不可能在该程序中受理并解决实体争议，但是法院却应当对于实质性争议的存在与否进行识别和确认。

然而在样本案例中，对于实质性争议是否存在以下主要的审查方法。第一，被申请人提出存在实质性争议，并提供相应的证据予以证明，法院通过审查确定实质性争议是否存在。[④] 第二，虽然被申请人对于实现担保物权明确表示

---

① 参见重庆市巴南区人民法院(2021)渝 0113 民特 95 号民事裁定书。

② 参见南京海事法院(2020)苏 72 民特 73 号民事裁定书。

③ 参见《民诉法解释》第 370 条。

④ 参见广东省东莞市第二人民法院(2021)粤 1972 民特 47 号民事裁定书。

无异议,但法院依照职权主义主动审查是否存在实质性争议。① 第三,只要被申请人提出该案存在实质性争议,法院就直接裁定驳回申请。②

其中第三种审查方法在司法实践中应当明确予以摒弃。理由如下,首先,该审查方法明显与《民诉法解释》第368条、第369条规定的法院的审查职责相悖。其次,不利于防止被申请人或者利害关系人滥用异议权。申请人采用公力救济可能是基于私力救济的协商无法进行,对于异议不进行审查判断直接驳回申请的做法会被一些存在主观恶意的被申请人或者利害关系人直接利用,滥用异议权,导致本可快速优先受偿的担保物权人权益受损。③

实质性争议的审查内容为实体法规定的担保物权的权利义务关系,不论申请人申请、被申请人或者利害关系人提出异议还是法院主动审查,法院的审查均系一定程度上适用《民法典》和《民法典担保制度解释》的相关规范。故为了更好地落实现代化担保制度在我国的建设,司法实践中对于实质性审查应当及时做到同实体法的对接,以免实体新规范的落空。

第五节　程序规范及司法实践与《民法典》的衔接方法

《民法典》和《民法典担保制度解释》按照现代化担保制度的标准构建了全新的担保体系,诉讼法和司法实践应当及时跟进,充分发挥程序法保障实体权利落地的作用。故针对本章第四节提出的《民事诉讼法》、《民诉法解释》以及司法实践中呈现出的同实体法不协调的问题,本节提出以下具体方案以实现程序和实体的配套和统一。

---

① 参见北京市大兴区人民法院(2021)京0115民特217号民事裁定书、重庆市渝北区人民法院(2021)渝0112民特534号民事裁定书、陕西省靖边县人民法院(2021)陕0824民特12号民事裁定书、重庆市渝北区人民法院(2021)渝0112民特233号民事裁定书。

② 参见北京市第一中级人民法院(2021)京0101民特794号民事裁定书、北京市海淀区人民法院(2021)京0108民特444号民事裁定书、北京市通州区人民法院(2021)京0112民特1004号民事裁定书、西安市未央区人民法院(2021)陕0112民特309号民事裁定书。

③ 参见马丁:《论实现担保物权程序中对申请和异议的审查》,载《中国政法大学学报》2022年第2期。

一、程序规范的统一协调和漏洞填补

(一)“请求”和“申请”间的衔接

1. 实体法关于实现担保物权程序性质的演变

实体法中关于实现担保物权程序性质的直接描述最早起始于《担保法》。《担保法》第 53 条第 1 款就抵押权的实现规定“债务履行期届满抵押权人未受清偿的,可以与抵押人协议以抵押物折价或者以拍卖、变卖该抵押物所得的价款优先受偿;协议不成的,抵押权人可以向人民法院提起诉讼”。故抵押权人在同抵押人就如何实现担保物权无法达成一致之时,只能通过向人民法院提起诉讼的方式才可实现其针对抵押财产的优先受偿权。

然而通过普通诉讼程序实现担保物权的方式在实践中存在以下明显不足之处。首先,实现担保物权的成本高。诉讼程序被评价为“诉讼成本最高的司法救济”。[①] 诉讼中当事人在一审程序后或许要继续经过二审程序、再审程序、执行程序等,且需要承担一定的诉讼费用、律师费用、鉴定费用等,故在时间、花费上均成本居高。其次,实现担保物权的效率低。因诉讼可经过的程序繁多,得到生效判决并成功执行花费时间较长,在此期间担保物的价值或会受市场影响而波动,且担保物权人需要承担担保人转移担保物或者恶意损耗担保物导致担保物价值贬损而无法满足其优先受偿利益的风险。

针对以诉讼方式实现担保物权存在的不足,《物权法》第 195 条第 1 ~ 2 款规定:“债务人不履行到期债务或者发生当事人约定的实现抵押权的情形,抵押权人可以与抵押人协议以抵押财产折价或者以拍卖、变卖该抵押财产所得的价款优先受偿。协议损害其他债权人利益的,其他债权人可以在知道或者应当知道撤销事由之日起一年内请求人民法院撤销该协议。抵押权人与抵押人未就抵押权实现方式达成协议的,抵押权人可以请求人民法院拍卖、变卖抵押财产。”从“向人民法院提起诉讼”到“请求人民法院拍卖、变卖”措辞的改变,体现了立法目的的转向。[②] 故当当事人对于抵押权实现方式不能协商一致时,抵押

---

① 方流芳:《民事诉讼收费考》,载《中国社会科学》1999 年第 3 期。

② 参见任重:《担保物权实现的程序标的:实践、识别与制度化》,载《法学研究》2016 年第 2 期。

权人并非只能通过诉讼途径实现抵押权。[①]《民法典》在内容上完全继受了《物权法》的表述。

2.《民事诉讼法》对于实现担保物权程序的性质安排

《物权法》对于实现担保物权程序性质的改变当时被誉为我国担保物权制度的一项"革命性"规定。[②] 然而因此时的《民事诉讼法》并未对此作出任何回应,导致2013年之前司法实践中仍然沿用普通诉讼程序实现担保物权。[③] 对于《物权法》修改的"请求人民法院拍卖、变卖"所对应的程序性质,学术界主要形成了普通程序说、强制执行说和非讼程序说三种观点。持普通程序说的认为,"请求"从文义上对应的应当是普通程序。[④] 强制执行说认为抵押权人在抵押权实现条件成就之时直接向法院申请强制执行以实现其担保物权。[⑤] 非讼程序说认为诉讼程序旨在解决争议各方的实体争议,当担保物权实现不存在争议时,实现担保物权无须适用诉讼程序。[⑥]

关于实现担保物权程序性质,2012年修正的《民事诉讼法》在《物权法》作出修订之后第一次予以回应。2012年修正的《民事诉讼法》在寻求更为高效和便捷的路径实现担保物权的立法理念下,[⑦]在第15章特别程序下新增第7节实现担保物权案件,规定了担保物权人和其他有权请求实现担保物权的人可以向人民法院"申请实现担保物权"。

《民事诉讼法》中的"申请"实现担保物权虽归属于特殊程序,且我国诉讼法并未对诉讼程序作诉讼和非讼二分,但该程序一般作非讼程序定性,[⑧]因实现担保物权程序同非讼程序间存在特征的一致性。非讼案件的实质在于利害关

---

① 最高人民法院民事审判第二庭:《最高人民法院民法典担保制度司法解释理解与适用》,人民法院出版社2021年版,第406页。

② 参见高圣平:《担保物权实行途径之研究——兼及民事诉讼法的修改》,载《法学》2008年第2期。

③ 参见王胜明主编:《中华人民共和国民事诉讼法释义》,法律出版社2012年版,第461页。

④ 参见最高人民法院物权法研究小组编著:《〈中华人民共和国物权法〉条文理解与适用》,人民法院出版社2007年版,第583页。

⑤ 参见刘智慧主编:《中国物权法释解与应用》,人民法院出版社2007年版,第568页。

⑥ 参见俞晓飞:《应以非讼程序作为抵押权实现的前提》,载《江苏法治报》2008年12月28日;肖建国、陈文涛:《论抵押权实现的非讼程序构建》,载《北京科技大学学报(社会科学版)》2011年第1期。

⑦ 参见任重:《担保物权实现的程序标的:实践、识别与制度化》,载《法学研究》2016年第2期。

⑧ 参见最高人民法院民事诉讼法修改研究小组编著:《〈中华人民共和国民事诉讼法〉修改条文理解与适用》,人民法院出版社2012年版,第424页。

系人或者起诉人在不存在民事权益争议的前提下,请求人民法院对某种法律事实或者民事权利的存在与否予以确认,从而使一定的民事法律关系发生、变更和消灭。[①] 非讼程序的特点包括非民事争议性、一审终审、适用独任制、不适用审判监督程序、案件审结期限较短等。[②]

3."申请"与"请求"的对接

《民法典》及《物权法》摒弃了《担保法》规定的在协商不能的情况下担保物权人只能通过诉讼程序实现担保物权的制度设计。但是"请求人民法院拍卖、变卖"的程序描述并未将通过普通诉讼程序实现担保物权的路径排除。[③]《民事诉讼法》规定的"申请"实现担保物权所对应的非讼程序适用且最终能获得执行依据的前提是无民事权益争议即不存在关于担保物权的实体权利的争议。如若存在实体权利方面的争议则担保物权人不能够通过非讼程序获得以拍卖、变卖的财产优先受偿的结果。争议存在的情况下,只能通过诉讼程序将实体争议确定后才可以确定能否拍卖、变卖担保财产。《民诉法解释》第 370 条对此明确规定,如若申请人申请通过非讼程序实现担保物权,经法院审查发现存在实质性争议则裁定驳回申请,并告知当事人向人民法院提起诉讼。无实质争议的前提下担保物权明确成立,直接通过非讼程序获得执行依据与担保物权的权能相符。担保物权属于物权,具有支配权的属性,在担保物权实现条件成就时若还需通过诉讼确认权属并实现权能,无异于将担保物权视作请求权。[④]

我国现下通过人民法院实现担保物权的路径有以下两种。其一,存在关于担保物权的实体权利义务争议即存在实质性争议的情况下,当事人可先通过诉讼程序确定担保物权的实现条件是否满足,条件满足的判决系法院拍卖、变卖担保财产的执行依据。如若当事人选择在争议存在的情况下向法院申请通过非讼程序实现担保物权,法院不会径直裁定拍卖、变卖担保财产,而是在审查后裁定驳回申请并告知申请人应当将程序转化为诉讼程序审查实质争议,再依实

---

① 参见李林启:《我国实现担保物权的程序性质》,载《湖南科技大学学报(社会科学版)》2015 年第 3 期。

② 参见张卫平:《民事诉讼法》,法律出版社 2019 年版,第 465 页、第 466 页。

③ 最高人民法院民事审判第二庭:《最高人民法院民法典担保制度司法解释理解与适用》,人民法院出版社 2021 年版,第 409 页。

④ 参见孙紫妍:《论我国实现担保物权特别程序的完善》,载《荆楚学刊》2021 年第 6 期。

体判决申请执行。其二,不存在实质性争议的情况下,当事人可以向人民法院申请非讼程序实现担保物权,法院审查后确认不存在实质性争议且担保物权实现条件已经满足,则裁定准许拍卖、变卖担保财产。

《民法典》中的“请求”实质上包含了上述两种担保物权公力实现路径,而《民事诉讼法》规范的是其中的一种路径即不存在实质性争议前提下的实现程序。如若《民法典》将“请求人民法院拍卖、变卖”限缩至“申请人民法院拍卖、变卖”则无疑将通过普通诉讼程序取得拍卖、变卖执行依据的路径堵死。此情形下,担保物权仅在无实质性争议的前提下才可以通过公力救济得以实现,不仅导致《民诉法解释》第370条设计的非讼程序向诉讼程序转化的规范无处适用,更会令《民法典》和《民法典担保制度解释》构建的规范实体权利的担保制度形同虚设。故《民法典》中的“请求”和《民事诉讼法》中的“申请”并不存在出入,而是对部门法所涵射的不同程序内容进行表述。

(二)申请人范围的衔接

《民法典》中明确抵押权人、出质人和财产被留置的债务人有权申请实现担保物权。以上三种申请人在申请之时均处于非占有担保财产的状态。《民诉法解释》将质权人、留置权人、抵押人这类在担保物权设立后占有担保财产的权利人以及所有权人划入了申请人的行列。本章重点讨论占有型担保物权下的担保物权人和担保财产所有权人是否有资格成为申请人从而可采用公力救济的方式拍卖、变卖担保财产。

1. 非占有担保财产的担保物权人

作为担保物权人的质权人和留置权人在担保物权设立后取得对担保财产的占有。根据前文分析其实现担保物权甚至无须同出质人和债务人协商,在担保物权实现条件达成之时拥有单方拍卖、变卖担保财产以实现优先受偿的权利。有观点据此认为,质权人和留置权人在与担保人就实现担保物权无法协商一致时,可以通过自行拍卖、变卖担保财产的方式实现担保物权,无须依靠公权力。[①] 但是,不论是从实践还是从法理出发,质权人和留置权人均有通过公力救济实现其担保物权的正当性。首先,客观而言,在我国尚未对实现担保物

---

① 参见李林启主编:《实现担保物权实证研究》,中国政法大学出版社2018年版,第51页。

权私力救济形成规范体系的当下，质权人和留置权人均存在私力救济不能的现实可能性。若排除两者申请实现担保物权的权利，则会出现在质权和留置权的实现无任何实质争议的情况下，质权人和留置权人私力救济不能时只能通过诉讼程序获得执行依据，这无疑与实现担保物权程序改革的初衷即提高实现担保物权程序的效率相悖。其次，就法理的角度而言，私力救济于我国的法律体系中为公力救济的补充，在明确允许质权人和留置权人可私力救济的前提下，禁止其通过非讼程序实现公力救济于逻辑上可谓不通。[①]《民法典》对于质权人和留置权人通过非讼程序实现担保物权并未明确作出禁止性规定，法不禁止即可为，质权人和留置权人有权成为非讼实现担保物权程序的申请人。

2. 非占有担保财产的担保人

不同于质权和留置权中的担保人，根据抵押权设立规则，抵押人在抵押期间仍然占有抵押物。实践中或出现，抵押人作为主债权债务中的债务人或者为主债权债务提供担保的第三人，在债务到期债务人确定无法清偿债务之时，抵押权人即债权人选择不对抵押物进行变现，则会出现债务金额因逾期利息增加而增加，同时抵押物的价值可能受市场的影响而波动抑或毁损、灭失的可能性上升。此种情形下，抵押人亦会产生寻求救济对抵押物拍卖、变卖使主债务清偿的需求。[②] 同理，《民法典》赋予出质人和财产被留置的债务人申请人身份即是为了在质权人、留置权人怠于行使担保物权情形下保障出质人和财产被留置的债务人的权利，故抵押人申请实现抵押权同时具备现实需求和理论支持。此外，虽然出质人、财产被留置的债务人以及抵押人均非担保物权人，但是在担保财产被拍卖、变卖之前其均是担保财产的所有权人，申请人民法院对自己所有财产进行拍卖、变卖是行使所有权权能中财产处分权的体现，[③]故抵押人和担保财产的所有权人亦应当拥有申请非讼程序的权利。

---

① 参见王明华：《论担保物权的实现》，山东大学2014年博士学位论文，第100页。

② 参见李林启主编：《实现担保物权实证研究》，中国政法大学出版社2018年版，第13页、第52页。

③ 参见李林启主编：《实现担保物权实证研究》，中国政法大学出版社2018年版，第22页。

3. 申请人范围的《民法典》解释

从《民法典》的角度,《民事诉讼法》在申请人范围上的规定与其并不存在冲突,理由如下:首先,《民法典》明确列举的申请人都是在担保物权实现条件成就之时不占有担保财产的一方,故《民法典》明确该类主体拥有公力救济的权利,对于其他在担保物权实现条件成就时占有担保财产的主体在实体法中不予以一一列明并不表明其无权通过公力救济实现担保物权。其次,《民法典》中新增了非典型担保物权,此系《民法典》对担保制度改革的亮点。如若将实现担保物权程序的申请人严格限定为《民法典》明确列举的抵押权人、出质人和财产被留置的债务人,则非典型担保物权这类新型担保无法通过现有规范实现其担保物权,这明显与《民法典》担保制度改革的目标即提高担保物权实现的效率不符合。以所有权保留为例,《民法典》明确规定的所有权保留的实现可以参照适用担保物权实现程序,严格限定申请人主体会导致担保制度的体系解释出现混乱。故《民法典》并未将申请人主体严格限制为抵押权人、出质人和财产被留置的债务人,《民事诉讼法》和《民诉法解释》中关于申请人范围的规定并不存在与《民法典》需要协调统一的问题。

(三)非典型担保非讼实现程序的空白填补

《民法典》《民法典担保制度解释》就非典型担保中的所有权保留、融资租赁和让与担保明确了一定的实现程序规范。这三类担保均就标的物所有权的保留或者让与进行约定并通过一定的登记公示手段使其具有担保的效力。① 此三类担保各具特征,故《民事诉讼法》需要分别针对这三类担保就以下内容进行特别规范。

1. 所有权保留的双层非讼程序构建

所有权保留交易中约定的出卖人保留的所有权,其设立目的是担保出卖人价款债权的实现,故实质上已经“功能化”为担保物权。② 关于所有权担保价值的实现手段,《民法典》第 642 条第 2 款规定:“出卖人可以与买受人协商取回标

---

① 参见杨宏芹、叶志港:《〈民法典〉对抵押权制度的修改和完善》,载《聊城大学学报(社会科学版)》2021 年第 1 期。

② 参见最高人民法院民事审判第二庭:《最高人民法院民法典担保制度司法解释理解与适用》,人民法院出版社 2021 年版,第 560 页。

的物;协商不成的,可以参照适用担保物权的实现程序。”《民法典担保制度解释》第 64 条第 1 款规定:“在所有权保留买卖中,出卖人依法有权取回标的物,但是与买受人协商不成,当事人可以请求参照民事诉讼法‘实现担保物权案件’的有关规定,拍卖、变卖标的物的,人民法院应予准许。”

所有权保留买卖的标的物仅为动产,[①]当事人在合同中可就买受人取得标的物所有权的条件进行约定。约定条件达成之前,买受人直接占有标的物。在所有权转移前,买受人存在以下情况,损害出卖人利益的,出卖人可以行使取回权:其一,买受人未按照约定支付价款,经催告后在合理期限内仍未支付;其二,买受人未按照约定完成特定条件;其三,买受人将标的物出卖、出质或者作出其他不当处分。[②] 该取回权的行使方式并非出卖人将标的物取回恢复占有状态,而是通过同买受人协商、参照适用担保物权实现程序抑或诉讼程序中的任一一种方式行使。[③] 因出卖人的所有权系担保权,取回权对于出卖人而言系执行担保权。[④] 取回权的行使并不意味着所有权保留买卖合同的解除,因为买受人在一定且合理的回赎期内能够通过消除自己的违约行为进行回赎,从而阻断取回权发挥法律效力。[⑤] 如若买受人在回赎期内放弃回赎,则出卖人应当以合理的价格转卖标的物,并采用多退少补的规则,在转卖的价格扣除买受人欠付价款和其他必要费用后仍有剩余的部分返还于买受人。[⑥] 如若买受人认为出卖人不以合理的价格转卖或者并未遵循多退少补规则,则买受人有权请求参照担保物权实现程序,申请法院拍卖、变卖标的物。[⑦]

在所有权保留中可能存在两种情形需要参照适用非讼程序实现担保物权(见图 8 - 3)。

---

① 参见《买卖合同解释》第 35 条。

② 参见《民法典》第 642 条第 1 款。

③ 参见最高人民法院民事审判第二庭:《最高人民法院民法典担保制度司法解释理解与适用》,人民法院出版社 2021 年版,第 538 页。

④ 参见纪海龙:《民法典动产与权利担保制度的体系展开》,载《法学家》2021 年第 1 期。

⑤ 参见《民法典》第 643 条第 1 款。

⑥ 参见《民法典》第 643 条第 2 款。

⑦ 参见最高人民法院民事审判第二庭:《最高人民法院民法典担保制度司法解释理解与适用》,人民法院出版社 2021 年版,第 539 页。

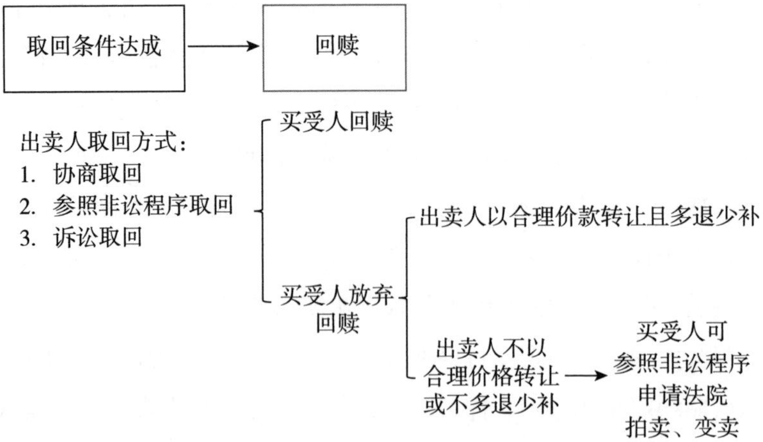

图 8-3　所有权保留非讼实现担保物权程序适用节点

(1)出卖人行使取回权的非讼程序规则

取回条件满足后，出卖人作为申请人可向法院申请实现担保物权以保障其保留所有权的担保功能的实现。程序设计时应将重点放在对法院审查内容和方式的规制上。基于所有权保留的特殊性，法院在审查时，应注重审查以下几点。

①出卖人保留的所有权是否经过登记。非典型担保中的登记除通过“未经登记不得对抗善意第三人”的规则发挥维护交易安全的功能外，对于实现非典型担保而言发挥着确定所有权的对抗范围的功效，即保障标的物上的其他担保权人的优先受偿顺位。[①] 如若出卖人保留的所有权并未登记，因无法确认担保物权的顺位，则法院对于出卖人就拍卖、变卖标的物所得价款优先受偿的申请应裁定不予准许。[②]

②查明出卖人就买受人违约行为是否存在其他诉讼。因出卖人还可以通过提起诉讼的方式进行救济，如若出卖人请求法院解除买卖合同抑或是请求判决买受人履约，则非讼程序应当被裁定驳回。

③审查是否存在取回权行使的阻却事实。如若买受人支付了标的物总价

① 参见刘竞元：《民法典动产担保的发展及其法律适用》，载《法学家》2021 年第 1 期。

② 参见最高人民法院民事审判第二庭：《最高人民法院民法典担保制度司法解释理解与适用》，人民法院出版社 2021 年版，第 546 页。

款的 75% 以上，或者买受人实施无权处分后，第三人已经善意取得标的物的所有权或者其他物权，则出卖人不享有取回权。[①]

④审查财产状态。标的物交付于买受人后，虽然所有权并未同时转移，但标的物毁损灭失的风险却转移给买受人承担。[②] 如若因不可归责于买受人的原因导致标的物灭失，出卖人此时行使取回权是否会受标的物客观灭失的影响，取决于标的物灭失后是否存在代位物，如若存在则出卖人可以就该代位物通过非讼程序行使其取回权，如若不存在代位物则该申请因无诉讼标的而应予驳回。[③]

⑤审查回赎期经过，买受人放弃回赎。就《民事诉讼法》程序规则而言，虽然取回权的权能是出卖人可就标的物选择申请非讼实现担保物权的方式发挥保留所有权的担保功能从而清偿其价款债权。但同时，《民法典》赋予买受人在此情形下于合理的回赎期内回赎标的物的权利。非讼许可裁定于法律效果上具有强制执行力，即许可拍卖、变卖担保财产的裁定是申请人民法院强制执行的依据。[④] 在出卖人通过非讼方式行使其取回权的过程中，法院未在回赎期经过即作出裁定，准许裁定必将会侵犯买受人的回赎权利。故《民事诉讼法》应当特别规定，在出卖人行使取回权的非讼实现担保物权程序中，法院应当在明确买受人放弃回赎的前提下作出裁定。

（2）买受人放弃回赎的非讼程序规则

买受人放弃回赎后，出卖人应当以合理的价格将标的物转卖给第三方，并将扣除了买受人欠付价款和其他必要费用后的剩余价款返还给买受人。如若出卖人并未将标的物以合理价格进行转卖或者未返还相应的价款，买受人为了保障标的物以公平合理的价格进行转卖，可以参照适用非讼实现担保物权程序，通过公力救济的方式保障自身权益。此情形下，非讼实现担保物权程序设计应当侧重法院对标的物状态的审查。如若买受人在出卖人实际转卖之前申

---

① 参见《买卖合同解释》第 26 条。

② 参见《民法典》第 604 条。

③ 参见周江洪：《所有权保留买卖的体系性反思》，载《社会科学辑刊》2022 年第 1 期。

④ 参见李林启：《论实现担保物权非讼许可裁定的效力》，载《湘潭大学学报（哲学社会科学版）》2016 年第 6 期。

请非讼程序,则标的物为所有权保留合同的标的物;如若买受人在出卖人转卖之后发现自身利益受损,此时标的物客观已经不存在,转卖买卖合同关系下的买受人在出卖人有权处分的基础上取得该物的所有权,此时,买受人非讼程序的申请因标的物客观不存在而应被驳回,法院应告知买受人通过诉讼程序请求损失赔偿。

2. 融资租赁功能主义保留的单层非讼程序

融资租赁中出租人的所有权同所有权保留交易中出卖人的所有权相同,均因为起到担保主债权即价款或者租金的支付而被功能化为担保物权。在权利的设立、对抗方面,因《民法典》对于融资租赁亦规定了“未经登记,不得对抗善意第三人”,融资租赁同动产抵押、所有权保留并无不同。虽然在功能本质和设立方面,融资租赁同动产抵押以及所有权保留并无区别,但是《民法典》对于融资租赁在担保实现功能方面的规则设置却存在同所有权保留和动产抵押明显不同之处。其中最为核心的就是融资租赁中承租人违约时,出租人享有的是合同解除权而不享有取回并执行租赁物的权利。[①] 相较于动产抵押的抵押人可以自由转让抵押物,融资租赁中承租人对于租赁物的权限则明显受限,如若承租人未经出租人同意转让、抵押、质押或者以其他方式处分,出租人可以解除合同。[②] 故对于融资租赁,《民法典》在向功能主义方面的迈步相较于所有权保留的步伐更小。[③]

此种实体法层面的保留等比例折射到程序法设计中,对于融资租赁出租人所有权的非讼实现程序,《民法典》并未同所有权保留那般作出明确的规定,只有在《民法典担保制度解释》第 65 条第 1 款中规定“在融资租赁合同中,承租人未按照约定支付租金,经催告后在合理期限内仍不支付,出租人请求承租人支付全部剩余租金,并以拍卖、变卖租赁物所得的价款受偿的,人民法院应予支持;当事人请求参照民事诉讼法‘实现担保物权案件’的有关规定,以拍卖、变卖租赁物所得价款支付租金的,人民法院应予准许”。在运用非讼程序快速实现担保物权方面,《民法典担保制度解释》规定在融资租赁情形下,只有出租人请

---

① 参见纪海龙:《民法典动产与权利担保制度的体系展开》,载《法学家》2021 年第 1 期。
② 参见《民法典》第 753 条。
③ 参见纪海龙:《民法典动产与权利担保制度的体系展开》,载《法学家》2021 年第 1 期。

求承租人支付租金的前提下才可申请非讼程序。

出租人申请非讼程序实现担保物权时，法院需要注重审查以下几个方面。第一，申请人的申请内容。如若申请人申请收回租赁物，则法院应当裁定驳回该申请。第二，租赁物状态。如若租赁物为虚构状态，则该融资租赁合同本身即无效，[①]出租人的所有权自然无发挥担保功能的基础。第三，登记状态，此同所有权保留。

3. 让与担保的分类参照程序规则设计

《民法典》在担保制度改革上采用了物权法定缓和主义并引进功能主义立法模式，最为典型的体现是将具有担保功能且在交易实践中长期大量存在的让与担保在经过一定的公示手段后实质化为担保物权。[②] 从而达到了尊重当事人意思自治，最大限度地发挥担保制度的融资功能作用，促进商事交易健康发展的立法目标。[③]

(1)让与担保的内核和司法实践

让与担保系指债务人或者第三人为担保债务的履行，将担保物的财产权（常为所有权）转移于债权人，而使债权人在不超过担保目的的范围内取得担保物的财产权，在债务清偿后，担保物返还债务人或者第三人，债务不得清偿时，债权人就该标的物受偿的制度。[④] 在司法实践中，让与担保应用最多的标的物为房屋和股权。[⑤] 让与担保成立一般需要具备以下几点特征，第一，设定让与担保时，担保人需要将标的物的所有权暂时转让给债权人，债权人成为形式上的所有权人；第二，为使担保人保持对担保标的物的使用效益，债权人和担保人会签订关于标的物的借用或者租赁合同，由担保人继续使用标的物；第三，债务人清偿债务后，债权人应当返还标的物的所有权；第四，债务人未按约清偿债务，

① 参见《民法典》第737条。

② 参见王利明：《担保制度的现代化：对〈民法典〉第388条第1款的评析》，载《法学家》2021年第1期。

③ 参见最高人民法院、国家发展和改革委员会《关于为新时代加快完善社会主义市场经济体制提供司法服务与保障的意见》（法发〔2020〕25号）第14条。

④ 参见王利明：《物权法研究》（第4版），中国人民大学出版社2016年版，第1267页。

⑤ 参见姚辉、李付雷：《“理性他者”的依归——让与担保实践争议探源与启示》，载《中国人民法学学报》2018年第6期。

债权人并非当然地取得标的物的所有权，而是应当履行清算义务。[①]

《民法典》承认让与担保的担保功能后，因为让与担保的公示内容仅为所有权转移，不能明确显示出实质上的担保功能，故让与担保存在同财产转让在公示外观上的相似性。在司法实践中，以股权让与担保为例，截至目前，全国范围内涉及股权让与担保的纠纷均通过诉讼解决，诉讼中的争议焦点多为判断让与担保是否成立。法院通过审查股权转让价格是否合理即与股权对应的实际价格是否明显背离常理，[②]受让人是否实际行使股权[③]等因素判断双方是否实际上存在成立让与担保的合意以及让与担保成立的外在因素是否满足。因前述让与担保公示无法明示其属性，故相关纠纷一般存在关于让与担保认定的争议。实现让与担保于此情形下若适用非讼程序则会出现实质性争议而需转而适用诉讼程序。故司法实践中一般较少在让与担保中直接通过非讼程序实现担保功能。然而，在法律主体对让与担保不存在实质性争议时，非讼实现让与担保的程序设计有其存在的合理性和必须性。

（2）非讼实现程序让与担保程序的分类参照和适用范围

《民法典担保制度解释》第 68 条对于让与担保的实现程序进行了规范，首先，针对债权人与债务人或者第三人就让与担保实现方式进行私力救济的约定，第 1 款规定“债务人或者第三人与债权人约定将财产形式上转移至债权人名下，债务人不履行到期债务，债权人有权对财产折价或者以拍卖、变卖该财产所得价款偿还债务的，人民法院应当认定该约定有效……”，如若约定“债务人不履行到期债务，财产归债权人所有，人民法院应当认定该约定无效，但是不影响当事人有关提供担保的意思表示的效力”。最高人民法院在一则关于股权让与担保的公报案例中对实现让与担保程序相关的内容作如下阐述，股权转让登记的前提下，债务人到期不履行债务，债权人和债务人或者第三人约定通过以股抵债的方式清偿债务的，该约定有效。[④] 故可以对实现让与担保的途径进行

---

① 参见最高人民法院民事审判第二庭：《最高人民法院民法典担保制度司法解释理解与适用》，人民法院出版社 2021 年版，第 566 页。

② 参见最高人民法院（2021）民申 7209 号民事裁定书。

③ 参见最高人民法院（2020）民申 4636 号民事裁定书、最高人民法院（2020）民终 1149 号民事判决书。

④ 参见最高人民法院（2018）民终 751 号民事判决书，载《最高人民法院公报》2020 年第 2 期。

关于私力救济的约定，但是实现途径仅限于清算型，约定的归属型实现方式无效即只能折价清偿而不可直接转移标的物所有权。

其次，对于公力救济实现让与担保的规定，财产权利变动已经完成公示且债务人不履行到期债务，“债权人请求参照《民法典》关于担保物权的规定就该财产优先受偿的，人民法院应予支持”或“债务人请求对财产折价或者以拍卖、变卖所得的价款清偿债务的，人民法院应予支持”。对于采用公力救济，债权人或者债务人均可参照《民法典》关于担保物权的有关规定请求人民法院介入实现担保物权。①

根据现有规范，让与担保实现程序存在私力救济和公力救济两条途径。针对私力救济，当事人在合同中约定的清算型实现途径有效，而流质型约定无效。在让与担保实现条件达成之后，当事人既可以协商以物抵债的归属型清算方案，也可以约定处分型清算方案。②

就非讼程序设计而言，本节聚焦于让与担保非讼实现的公力救济层面。让与担保的实现，即债权人可对标的物享有优先受偿权，实现程序启动的前提之一在于就财产权利完成了变动的公示。③ 在公示完成的基础上，除通过普通诉讼方式取得执行依据外，《民法典担保制度解释》明确让与担保可以“参照民法典关于担保物权的有关规定”实现担保物权，即可根据担保标的物的种类类推适用最相近的非讼程序。让与担保标的物大体可分为不动产、动产和股权，故参照应当对标与之最为相似的在《民法典》中已经明确了实现方式的担保物权类型。对于不动产让与担保，可参照适用不动产抵押的相关实现程序的规定。对于动产担保物权，可参照适用动产质押。④ 对于股权让与担保，可参照股权质押。⑤ 结合非讼实现担保物权程序旨在无实质性争议的前提下快速高效实现担

① 参见王闯：《让与担保法律制度研究》，法律出版社 1999 年版，第 357 页。

② 参见刘牧晗：《股权让与担保的实行及效力研究——基于裁判和学说的分析与展开》，载《国家检察官学院学报》2022 年第 2 期。

③ 参见最高人民法院民事审判第二庭：《最高人民法院民法典担保制度司法解释理解与适用》，人民法院出版社 2021 年版，第 565 页、第 569 页。

④ 参见最高人民法院民事审判第二庭：《最高人民法院民法典担保制度司法解释理解与适用》，人民法院出版社 2021 年版，第 569 页。

⑤ 参见最高人民法院民事审判第二庭：《最高人民法院民法典担保制度司法解释理解与适用》，人民法院出版社 2021 年版，第 573 页。

保物权，而根据当下让与担保多就让与担保是否成立这一实体权利义务关系产生纠纷，故结合前述已考证的司法实践，可预测非讼实现担保物权在让与担保中的实际适用范围较窄。只有在申请人、被申请人以及利害关系人均对让与担保的设立和实现无异议且通过法院的审查的前提下，才可通过非讼程序直接获得拍卖、变卖标的物的执行依据。否则，即使债权人或者债务人申请非讼实现让与担保，仍会出现异议出现并成立后程序转化为普通诉讼程序的局面，此种可谓司法资源的重复浪费。

（四）私力救济规范的空白填补

1. 私力救济实现担保物权的必要性

根据前述分析，我国现存实体法明确规定实现担保物权路径分为私力救济和公力救济。公力救济即担保物权的实现采取公法上的方式，通过诉讼或者非讼程序获得强制执行即拍卖、变卖担保财产的执行依据，从而使担保物权人优先受偿。[①] 于此相对的私力救济是不通过国家机关和法定程序，依靠自身或者私人力量，实现担保物权。[②] 国家公权力介入的公力救济可通过法院的监督保障担保物权的公正实现，防止债权人恶意处分担保物而对债务人或者提供担保的第三人的利益造成侵害。[③] 私力救济明显缺少公权力机关的介入以保障权益和公平。但是私力救济相较于公力救济而言可以降低成本提高效率，[④]且体现了对当事人意思自治的尊重，[⑤]从而容许担保物权人经由合理的程序自理实现担保物权被视作现代担保法发展的趋势之一。[⑥]

2. 我国现有私力救济规范

我国对于实现担保物权程序设计从《担保法》、《物权法》到《民法典》，经历

---

① 参见毛亚敏：《担保法论》，中国法制出版社 1997 年版，第 176 页。

② 参见徐昕：《私力救济的概念》，载陈光中、江伟主编：《诉讼法论丛》（第 9 卷），法律出版社 2004 年版，第 593 页。

③ 参见金殿军：《请求法院拍卖、变卖担保财产的法律问题》，载《法学》2010 年第 1 期。

④ 参见谢鸿飞：《〈民法典〉担保制度内在体系的变迁》，载《东南学术》2021 年第 5 期。

⑤ 参见王利明：《担保物权制度的现代化与我国〈民法典〉的亮点》，载《上海政法学院学报（法治论丛）》2021 年第 1 期。

⑥ 参见谢在全：《担保物权制度的成长与蜕变》，载《法学家》2019 年第 1 期。

了从诉讼到非讼再到允许当事人自由约定私力救济的发展历程。[①]《民法典》对于流质流押条款性质和效力的改变体现了配套实现担保物权程序设计应当朝着更为尊重当事人意思自治的方向发展。关于私力救济实现担保物权,《民法典》《民法典担保制度解释》针对不同类型的担保物权就路径的采用和内容进行了规范(见图 8－4)。

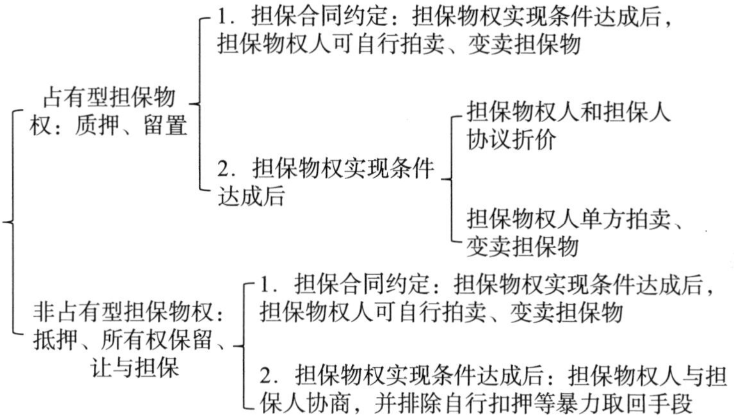

图 8－4　私力实现担保物权现有规则

针对抵押权,《民法典》第 410 条第 1 款和第 3 款规定了在抵押权实现条件达成之后,抵押权人可以与抵押人协商以抵押财产折价。协议损害其他债权人利益的,其他债权人可以请求人民法院撤销该协议,抵押财产折价或者变卖的,应当参照市场价格。

针对质权和留置权,《民法典》第 436 条第 2 款和第 453 条第 1 款规定,质权或者留置权实现条件达成后,质权人或留置权人可以与出质人或者债务人“协议”以质押财产或者留置财产“折价”,也可以就“拍卖、变卖”质押财产或者留置财产“所得的价款优先受偿”。此外,质押财产或者留置财产“折价或者变卖的,应当参照市场价格”。根据前文分析,质权人和留置权人私力实现担保物权的路径有二:其一,在质权和留置权实现条件成就后,同出质人或者债务人协商折价;其二,质权人和留置权人直接行使单方拍卖、变卖担保财产的权利。

① 参见最高人民法院民事审判第二庭:《最高人民法院民法典担保制度司法解释理解与适用》,人民法院出版社 2021 年版,第 404 页。

针对所有权保留,《民法典》第 642 条第 2 款和《民法典担保制度解释》第 64 条规定,在出卖人取回权成立后,出卖人可以同买受人协商取回标的物。针对所有类型的典型担保物权和让与担保,《民法典担保制度解释》第 45 条第 1 款和第 68 条第 1 款、第 2 款规定,在担保合同中,当事人约定当债务人不履行到期债务或者发生当事人约定的实现担保物权的情形,担保物权人有权将担保财产自行拍卖、变卖并就所得的价款优先受偿的,该约定有效。但是在担保合同中约定债务人不履行到期债务则担保财产归债权人所有的,属于流质流押条款,不产生所有权转化的效力,但是“不影响当事人有关提供担保的意思表示的效力”。在实现私力救济时如若“因担保人原因导致担保物权人无法自行对担保财产进行拍卖、变卖”的,应当通过公力救济实现担保物权而不宜继续采用私力救济的方式。[①]

3. 私力实现担保物权规范的漏洞填补

《民法典》和《民法典担保制度解释》对于私力救济实现担保物权在条件和方式上进行了较为详细的规范。对于私力实现担保物权的救济规范方面,《民法典》《民法典担保制度解释》就典型担保物权的私力实现程序,担保人和利害关系人针对担保物权实现条件达成后担保物权人同担保人间形成的折价协议的内容和履行方面进行了一定的规范,协议损害其他债权人利益的,其他债权人可以提起撤销该协议之诉。担保物折价或者变卖应当参照市场价格。对于非占有型担保物权即担保物权成立时担保物权人不占有担保物,包括抵押、所有权保留和让与担保,《民法典担保制度解释》规定,如若私力实现担保物权需要担保物权人自行扣押担保物的不宜进行私力救济,以防止出现暴力实现担保物权的情况。

以上规范对于私力救济最易被诟病的缺点即难以保障担保物权实现的公平公正仍不能做到完全弥补,故我国的实体法并未对私力救济中各主体权利义务以及矛盾救济进行规范,导致适用私力救济实现担保物权会因缺少规制而出现纠纷从而无法真正发挥私力救济提高担保物权实现效率的目标。因私力救

① 参见最高人民法院民事审判第二庭:《最高人民法院民法典担保制度司法解释理解与适用》,人民法院出版社 2021 年版,第 403 页。

济程序设计于我国无相类似的规范进行参考,故有必要参照对私力实现担保物权规范较为完善的《美国统一商法典》《欧洲示范民法典草案》改良我国的私力救济规范体系。

对标《美国统一商法典》《欧洲示范民法典草案》,我国对于私力实现担保物权存在的主要问题是对于担保物权人权利义务规范欠缺。具体而言,担保物权人的权利主要涉及占有标的物和处分标的物,义务则为处分担保物的一般注意义务和对担保财产所有人以及其他利害关系人预先通知的义务。

(1)违约通知义务

债务人违约后担保物权人私力实现担保物权之前,为保障担保人的异议权、其他利害关系人的监督权以及在担保物上存在担保物权竞合的其他担保物权人知情权,担保物权人有必要对于自己即将通过私力实现担保物权的行为通知到各利害关系方。

首先,通知的对象应当包括债务人、担保物所有权人、担保物上的其他担保物权人、担保物上的其他债权人。①

其次,通知的时间应当及时发出,使通知受领方能够有效并及时地接受通知并在有异议的情况下有提出异议的条件。②

最后,通知的内容需包括债务人违约的事实、担保物的描述、被担保的债权范围和数额、私力救济所需花费的费用以及私力救济将采取的具体方案例如转让、拍卖或变卖。③

(2)非占有型担保物权担保物转移占有规则

对于质权、留置权这类占有型担保物权,担保物权实现条件成就之时,担保物被担保物权人占有,担保物无须转移占有。但是对于非占有型担保物权,担保物权人私力实现担保物权的前提在于占有该担保物。《民法典担保制度解释》明确反对暴力占有转移,且基于我国当前尚无相应的公立程序可以满足非占有型担保物权人转移标的物占有的请求。故在非占有型担保物权人无法通过和平方式取得担保物的占有的前提下,担保物权人不可以适用存在暴力占有

① 参见《欧洲示范民法典草案》第 9 -7:209 条。

② 参见《担保交易示范法草案》第 93 条第 3 款。

③ 参见《欧洲示范民法典草案》第 9 -7:208 条。

担保物的私力救济途径,只能通过公力救济实现担保物权。

(3)处分担保物的一般注意义务

担保物权人处分担保物时应当在不损害担保财产利害关系人利益的前提下选择最优的处分方式。联合国国际贸易法委员会制定的《担保交易示范法草案》规定了担保物权人需遵守"善意和商业上合理"的注意义务。该规定为强制性规定,不可通过约定排除。[①] 注意义务的具体内容包括以商业合理价格进行变价,如若可进入公开市场则应当参照市价变价,如若属于私下交易则担保人可请求担保物权人预先告知价格范围以保证担保人提出异议的救济可能。[②]

(4)折价规则

折价系以物抵债,担保物权人取得担保物。[③] 折价仅发生在担保物权实现条件成就后,担保物权人以协议形式与担保人进行折价。如若在担保合同中即约定担保物权人有权折价,则属于流质流押条款。

为了保障债务人和其他债权人的利益,应当补充规则。第一,担保物权人应当将折价协议和方案送达担保物所有人、其他为该债务提供担保的人和担保物上其他的担保物权人。[④] 第二,折价协议受通知人应当在收到通知一定期间内,可以书面的方式对折价表示反对。如若担保物权人接受对于折价的反对,则不可折价,只得以拍卖、变卖的方式处分担保物;如若担保物权人不接受折价反对,则应当采用公力救济的方式实现担保物权。[⑤]

此外,针对所有权保留的特殊性,即使是在取回权成就时,出卖人和买受人选择私力取回即协商取回,也应当保护买受人在回赎期内可回赎买卖合同标的物的权利。私力实现担保物权规则应当明确所有权保留情形下,买受人回赎后出卖人保留的所有权灭失,买受人取得买卖合同标的物的完整的所有权。

---

① 参见《担保交易示范法草案》第78条。

② 参见《欧洲民法典示范草案》第9-7:212条。

③ 参见最高人民法院民法典贯彻实施工作领导小组主编:《中华人民共和国民法典物权编理解与适用》(下),人民法院出版社2020年版,第1111页。

④ 参照《美国统一商法典》第9-621条。

⑤ 参见《欧洲民法典示范草案》第9-7:216条;ALI(美国法学会)、NCCUSL(美国统一州法委员会):《美国〈统一商法典〉及其正式评述》(第三卷),高圣平译,中国人民大学出版社2006年版,第29页、第418~419页。

二、司法实践中的审查内容的衔接

本章第三节已经分析了司法实践中存在的担保制度规范的识别和实质性审查方面需要同《民法典》进行衔接的问题。为保障《民法典》和《民法典担保制度解释》所构建的现代化担保制度更好地通过司法实践落实，法院应当从申请主体资格、主债权债务关系、担保关系、第三人合法权益以及被申请人或利害关系人异议五个方面进行审查，以与《民法典》等实体法规范相衔接。

（一）特殊申请主体资格的确认

除《民事诉讼法》笼统规定的担保物权人和其他有权请求实现担保物权的人以外，《民法典》和《民法典担保制度解释》分别规定了以下特定情形下申请人是否拥有申请主体资格。

1. 禁止或者限制转让抵押财产约定下的抵押财产受让人

《民法典》第 406 条明确抵押人在抵押期间可以自由转让抵押财产，无须以抵押权人的同意为前提，因抵押权具有追及效力，对于抵押权人而言抵押物的受让人因全面受让抵押物上的所有权利而成为新抵押人。一般情况下，抵押人可以成为非讼实现担保物权程序的申请人，然而抵押人为抵押财产受让人时是否拥有申请人资格，法院需特殊考量的因素为抵押权人和抵押物原所有人间签订的抵押合同是否约定了禁止或限制转让抵押财产，以及该约定是否登记。

根据《民法典担保制度解释》第 43 条的规定，如若禁止或者限制转让抵押财产的约定经过登记，则该登记具有对抗效力，原抵押人违背约定转让抵押财产的，该转让不发生物权效力，即约定经登记则抵押财产的受让人并未取得该抵押物的所有权，其对于抵押权人而言并未成为新抵押人。此种情形下，表面抵押财产受让人实质上因并未受让抵押财产而并未成为抵押人，故其不具备申请实现担保物权程序的主体资格。

如若禁止或者限制转让抵押财产的约定未经登记，原抵押人违背约定转让抵押财产的，转让是否发生物权效力要依据抵押财产受让人主观来作区分。如若受让人善意，即受让时不知晓该禁止或者限制转让约定的存在，转让发生物权效力，抵押财产受让人对于抵押权人而言成为新的抵押人，受让人也因此拥有实现担保物权程序的申请人资格。如若受让人恶意，即受让时知道或者应当知道该约定存在,则转让不发生法律效力,抵押关系不变,受让人不具备申请主体资格。

2. 学校、幼儿园、医疗机构、养老机构等

学校、幼儿园、医疗机构、养老机构等具有公益服务性质的主体是否有申请实现担保物权程序的资格,法院需审查主体登记类型和担保物权种类。具体而言,若学校、幼儿园、医疗机构、养老机构等登记为营利法人,则根据《民法典担保制度解释》第6条第2款的规定,因其在担保资格上等同于一般的公司,可以提供任何担保,[①]故登记为营利法人的则具备实现担保物权程序的申请主体资格。

若学校、幼儿园、医疗机构、养老机构等为以公益为目的的非营利法人。根据《民法典》第399的规定,原则上不具备担保资格。但是考虑此类主体也存在融资需求,《民法典担保制度解释》第6条规定了设立以下两种担保物权情形下,此类主体具有担保资格,因此也相应地可以申请实现担保物权:一是在购入或者以融资租赁的方式承租教育设施、医疗卫生设施、养老服务设施和其他公益设施上保留所有权;二是以教育设施、医疗卫生设施、养老设施和其他公益设施以外的不动产、动产或者财产权利设定的担保物权。[②]

3. 预告登记权利人

签订抵押合同后,抵押权人并未办理抵押登记而办理了预告登记,此情形下,抵押权人是否能够申请实现担保物权取决于其在申请之时是否具备办理抵押权登记的条件。根据《民法典担保制度解释》第52条的规定,法院经审查认定已经办理建筑物所有权首次登记且不存在预告登记失效等情形的,预告登记下的抵押权人具备申请实现抵押权的主体资格。如若法院审查存在尚未办理建筑物所有权首次登记、预告登记的财产与办理建筑物所有权首次登记时的财产不一致、抵押预告登记已经失效的情形,则预告登记的抵押权人当下不具备办理抵押登记的条件从而不可申请实现担保物权程序,但待到办理抵押登记条

① 参见最高人民法院民事审判第二庭:《最高人民法院民法典担保制度司法解释理解与适用》,人民法院出版社2021年版,第130页。

② 参见林文学等:《〈关于适用民法典有关担保制度的解释〉的理解和适用》,载《人民司法·应用》2021年4月刊。

件具备之时,其仍然具备申请实现担保物权的主体资格。

4. 仲裁条款存在下的申请人资格

担保合同中约定仲裁条款意味着担保合同相关的争议管辖权归相应的仲裁机构或临时仲裁拥有,法院对于争议无管辖权。在此种情况下,有关权利主体是否能够申请法院实现担保物权取决于担保物权的实现是否具有实质性争议。因直接通过非讼程序实现担保物权系在相关主体对担保物权的实现不存在实体关系的实质性争议的前提下,快速实现主债权的清偿,降低担保物权发挥其全能的成本。① 故如若存在实质性争议,则该争议解决的管辖权当然地依据仲裁条款归仲裁庭享有,只有在相关主体就担保物权实现无争议的情况下,启动法院非讼程序才具有法律依据。以上结论同《民法典担保制度解释》第 45 条第 2 款的规定,如若担保物权的实现存在实质性争议则应当仲裁解决争议,此时提出申请者不具备申请资格,如若担保物权的实现不存在实质性争议且担保物权实现条件已经达成,则提出申请一方具备申请资格。

5. 担保物权的受托持有者

当债权人和担保物权人存在身份形式上的分立时,即债权人并非公示的担保物权人,公示的担保物权人基于债权人的委托登记成为担保物权人。此情形下,根据《民法典担保制度解释》第 4 条的规定,债权人和受托人均具备非讼实现担保物权程序的申请人资格。

(二) 独立担保约定下的主债权债务关系审查

主债权债务关系审查的内容主要包括主合同的效力、期限和履行情况。司法实践中实现担保物权的审查内容与《民法典》新规范需要衔接之处为担保合同中约定了担保合同效力独立于主合同的情形。根据《民法典担保制度解释》第 2 条的规定,担保独立的约定无效,但是此约定只产生该部分约定无效的法律后果,担保合同仍然有效,担保物权依照法律规定附随地依附于主债权债务而设立。此情形下,法院不能因为存在独立担保的约定而认定担保物权设立无效,应直接审查主债权债务以及担保物权是否满足法定实现标准。

---

① 参见最高人民法院民事审判第二庭:《最高人民法院民法典担保制度司法解释理解与适用》,人民法院出版社 2021 年版,第 404 页。

(三)担保关系的系统审查

担保关系中的以下审查内容需要同《民法典》《民法典担保制度解释》相衔接:担保物权是否有效设立、担保财产的范围和状态、被担保债权的范围。

1. 担保物权的设立

(1)公司主体对外担保的设立审查标准

首先,部分公司对外担保无须经决议程序即可对公司形成有效设立。《公司法》第15条规定了除相对人为善意的情况,公司对外担保只有在担保经过公司相关机关决议通过后对公司才产生担保物权效力,否则,对于公司而言担保物权并未设立,其无须承担担保责任。《民法典担保制度解释》结合我国普遍存在的法定代表人未经公司决议径行对外提供担保的情况,并经过实践验证,[①]于第8条明确规定,经法院审查存在以下几种情况即使担保的决定未经过公司决议,担保物权对于公司而言仍然有效设立,一是金融机构开立保函或者担保公司提供担保;二是除上市公司外的公司为其全资子公司开展经营活动提供担保;三是担保合同系单独或者共同持有公司2/3以上对担保事项有表决权的股东签字同意。

其次,上市公司对外担保的有效设立需与披露内容相吻合。因上市公司以其财产对外设立担保涉及众多中小投资者的利益,故《民法典担保制度解释》第9条明确上市公司对外担保的设立除了满足《公司法》第15条规定的内部决议程序的要求外,还需满足担保合同的内容与上市公司披露的内容完全一致。如若债权人并非根据上市公司披露的担保信息签订担保合同,则该担保合同对于上市公司而言不发生效力,上市公司无须承担担保责任即担保物权对上市公司而言并未设立。

(2)反担保设立的独立性

当担保合同无效,但担保人以其担保标的已经对债权人实际清偿债务,担保人是否可以依据已经设立的反担保在其无法向债务人实现求偿时向提供反

---

① 参见林文学等:《〈关于适用民法典有关担保制度的解释〉的理解和适用》,载《人民司法·应用》2021年4月刊。

担保的担保人请求实现担保物权系司法实践中需解决的问题。[①] 该问题的关键在于判断反担保在本担保无效时是否能有效设立,即反担保是否独立于本担保。反担保中的担保物权是否设立取决于反担保合同的效力是否独立于担保合同。基于反担保合同订立的目的在于担保本担保中的本担保人向债务人的追偿权,该担保物权的设立基于本担保人和债务人之间的委托担保关系。故反担保合同不从属于本担保合同。[②]《民法典担保制度解释》第 19 条明确了反担保合同独立于担保合同,故反担保物权的设立独立于担保物权的设立,法院于审查反担保是否设立时,无须考量本担保是否有效设立。

(3)流动质押的指示交付

债权人、出质人和监督人通过签订三方协议的形式设立"存货 + 第三人直接监管"模式的流动质押因在我国已经存在一定的实践基础而被法律认可。[③]《民法典担保制度解释》第 55 条对该模式下流动质押的设立设定了较为严格的条件,除相应的合同效力无瑕疵外,标的物的交付条件为指示交付,即第三方监督人系接受质权人的委托对质物进行占有,流动质权才得以成立。如若第三方占有质物系基于出质人的委托,流动质权则未设立。

(4)借新还旧中新贷担保的设立

借新贷用作还旧债,新债所借价金并未实际进入债务人的生产经营活动中而是仅作偿还旧债所用,因目的仅为填补旧债而未投入生产,所以无任何创造增值的可能,新债被偿还的概率相较于一般债务而言较低,为新债提供担保因此风险较大。此时为了保护新贷的担保人,《民法典担保制度解释》第 16 条明确规定,如若旧贷没有担保或者旧贷与新贷的担保人并非同一人的情况下,如若新贷担保人提供担保时对于借新还旧的事实不知情的,新贷的担保物权不成立,法院应对旧债和新债一并进行审查。

---

① 参见浙江省台州市椒江区人民法院(2022)浙 1002 民特 42 号民事裁定书、浙江省天台县人民法院(2021)浙 1023 民特 1271 号民事裁定书、浙江省台州市椒江区人民法院(2021)浙 1002 民特 795 号民事裁定书、重庆市巴南区人民法院(2021)渝 0113 民特 2940 号民事裁定书。

② 参见高圣平:《融资性担保公司求偿担保若干争议问题研究》,载《暨南学报(哲学社会科学报)》2012 年第 11 期。

③ 参见王利明:《担保物权制度的现代化与我国〈民法典〉的亮点》,载《上海政法学院学报(法治论丛)》2021 年第 1 期。

2. 担保财产范围和状态的审查

(1)将有的应收账款质押标的物的确定

根据《应收账款质押登记办法》第 2 条的规定,应收账款系权利人因提供一定的货物、服务或设施而获得的要求义务人付款的权利以及依法享有的其他付款请求权,包括现有的和未来的金钱债权,但不包括证券化了的债权以及法律、行政法规禁止转让的付款请求权。故应收账款未基于合同而产生的普通金钱之债。对于应收账款质押,《民法典》将质押财产的范围扩大至将有的应收账款。将有的应收账款是指出质时应收账款债务人或者质押标的尚未确定或者特定的金钱债权,包括不动产收益权、经营性收费权等。①

因将有的应收账款存在不确定性,故将有的应收账款质押的质权人在向应收账款债权人申请实现质权之时,法院需要根据是否存在为应收账款设立的特定账户确定质押财产的内容和范围。根据《民法典担保制度解释》第 61 条第 4 款的规定,如若存在特定账户,则质押财产为该账户中的款项;如若特定账户中的款项不足以清偿债务或者未设立特定账户,则质押财产为将有的应收账款本身即质权人可以请求拍卖、变卖收益权并就所得价款优先受偿。

(2)从物的一并处分

对于抵押权设立后抵押物产生的从物,为保障抵押人和其他债权人的利益,抵押权的效力不能及于该从物。但是为了实现物尽其用,提高担保物权实现的效率,《民法典担保制度解释》第 40 条第 2 款规定,在实现担保物权程序中,该从物可以一并处理即一并拍卖、变卖,但是抵押权人对于从物拍卖、变卖所得的价款不享有优先受偿权。

3. 被担保债权范围的审查

(1)担保人独立违约责任的排除

担保合同中约定担保人违约责任条款即如若担保人不承担担保责任应当就其行为承担独立的违约责任。如若认定该约定有效则担保人未按约承担担保责任,在实现担保物权程序时计算其担保的债务范围除了主债权对应的债务

---

① 参见林文学等:《〈关于适用民法典有关担保制度的解释〉的理解和适用》,载《人民司法·应用》2021 年 4 月刊。

之外还需加上担保人违约责任。然而，担保责任本身系担保人替债务人承担清偿债务责任。[1] 如若允许担保责任的范围超出主债务的范围，则属于对担保责任在内容和范围上的从属性规则的突破，可能会造成债权人为防止不能获得主债权全部清偿的情况下通过担保人独立违约条款的约定从担保人处获益的滥用权力的情形出现。[2] 故担保债权不包含该担保人独立违约责任。法院在实现担保物权程序中行使职权主义对被担保债权范围进行审查时应当对扩大担保人担保范围的约定进行审查。

（2）最高额担保中最高债权额的确定

最高额担保中最高债权额限度一直存在"债权最高限额说"和"本金最高限额说"两种观点。"债权最高限额说"认为最高额以主债权及其利息、违约金等合并计算为限，超过的部分不属于被担保债务的范围；"本金最高限额说"认为最高额仅针对主债权，主债权之外的利息、违约金等仍属于被担保债权范围。[3] 相比较而言，"债权最高限额说"更侧重对担保人的保护，而"本金最高限额说"使担保范围扩大而更有利于担保物权人。[4] 同时，对于担保物的受让人和担保物权顺位在后的其他担保物权人而言，"债权最高限额说"可以更清晰地预测被担保的债权范围和金额，更有利于维持交易安全和第三人利益。[5]《民法典担保制度解释》第 15 条规定，最高债权额的范围应当尊重当事人意思自治，故法院在审查时应当先审查担保合同是否就最高额存在明确约定。如若担保合同中并未对最高债权额的范围作出选择，则采用"债权最高限额说"确定被担保债权范围。

（四）第三人合法权益保护的审查

实现担保物权程序中的第三人一般而言包括担保财产交易的普通债权人

---

① 参见林文学等：《〈关于适用民法典有关担保制度的解释〉的理解和适用》，载《人民司法·应用》2021 年 4 月刊。

② 参见曹明哲：《〈民法典担保制度司法解释〉对担保从属性的贯彻与适用》，载《法律适用》2021 年第 9 期。

③ 参见谢在全：《民法物权论》（中册），中国政法大学出版社 2011 年版，第 391 页。

④ 参见魏星、丁晓雨：《最高额抵押担保中"最高额"的司法认定——基于 136 份案例的实证分析》，载《天津法学》2018 年第 3 期。

⑤ 参见柯澄川：《最高额抵押债权优先受偿的范围》，载《人民司法》2019 年第 29 期。

和担保财产上的其他担保物权人。对于这两类第三人合法权益的保护,《民法典》和《民法典担保制度解释》设计了以登记为中心的保护机制。法院在审查实现担保物权是否保障了第三人合法权益时,应主要关注将《民法典》和《民法典担保制度解释》中以下新规内容融入审查范围和标准中。

1. 正常经营活动买受人的豁免权

动产抵押、已经办理登记的所有权保留和融资租赁中,如若买受人在正常经营活动中已经支付合理价款并取得标的物,则标的物上的担保物权消灭,担保物权人无法获得准许该标的物拍卖、变卖的裁定。对于正常买受人的识别,《民法典担保制度解释》第 56 条明确了判断标准。对于正常买受人而言,无论担保物权是否进行了登记,基于对于普通消费者的保护,其拥有查询登记的豁免权。

2. 登记对抗效力下的交易安全保护

《民法典》和《民法典担保制度解释》已经形成了关于动产抵押和非典型担保的较为统一的登记对抗制度,即未经登记不得对抗善意第三人。该制度设计的目的是保护第三人的交易安全。①

《民法典担保制度解释》第 54 条和第 67 条规定了对未经过登记的动产抵押和非典型担保在实现担保物权程序中应当如何保护善意第三人。

首先,对于担保物的买受人,如若其不知晓担保物上存在担保物权,则善意的买受人无须继受担保物上的担保物权,未经登记的担保物权人实现担保物权的申请应当被驳回。

其次,对于担保物的承租人,承租人为善意时,担保物权人申请实现担保物权时,租赁关系不受影响,担保物权人只能"带租"拍卖、变卖担保财产。②

最后,对于担保财产其他债权人已经申请人民法院对担保财产采取查封、扣押措施的,如若法院已经作出了保全裁定或者采取执行措施,则担保物权人实现担保物权的申请应当被驳回。

---

① 参见最高人民法院民事审判第二庭:《最高人民法院民法典担保制度司法解释理解与适用》,人民法院出版社 2021 年版,第 471 页。

② 参见最高人民法院民事审判第二庭:《最高人民法院民法典担保制度司法解释理解与适用》,人民法院出版社 2021 年版,第 473 页。

3. 价款超级优先权对登记顺位的影响

对于担保财产上设立的其他竞存的担保物权的担保物权人,《民法典》形成了以登记为中心的顺位实现规则,以公开透明的方式确保其可通过查询登记的方式预测其享有的担保物权实现的顺位和可能性。①

公示在先顺位在先为顺位规则的原则。然而实践中存在为了保障生产经营的顺利进行,担保人以融资取得的动产为该动产的价款提供担保的情形,②如若在交付动产后的10日内为担保物权办理登记,则该担保物权实现的顺位优先于该动产上登记在先的除留置权外的其他担保物权,此种担保物权称作价款超级优先权。故法院在审查担保物权实现顺位之时不能仅凭借登记先后顺序直接判断顺位,而应对是否成立价款超级优先权进行审查。

(五)被申请人或利害关系人异议的审查

以上司法审查的启动可能因被申请人或者利害关系人在实现担保物权程序中向法院提出异议,即使在被申请人和利害关系人未提出异议的情况下,法院也可以根据非讼程序的职权审查原则主动对上述问题进行审查。

然而,对于担保物权的存续期间,即主债权诉讼时效经过,相关权利人是否可以申请实现担保物权的问题,类似于诉讼时效,法院不宜主动进行审查,只有在被申请人或利害关系人提出异议时法院才需审查。③

在主债权诉讼时效经过的情况下,被申请人或利害关系人在实现担保物权程序中向法院提出担保物权实现的异议,法院应当根据担保物权种类的不同分别进行审查。根据《民法典》第419条和《民法典担保制度解释》第44条的规定,如若担保物权为抵押权和以登记作为公示方式的权利质权,当主债权的诉讼时效届满之时,该担保物权不再受保护,法院应当驳回申请;如若担保物权为留置权、动产质权和以交付权利凭证作为公示方式的权利质权,主债权诉讼时效经过不会导致担保物权的消灭,法院应当驳回异议。

---

① 参见王利明:《担保物权制度的现代化与我国〈民法典〉的亮点》,载《上海政法学院学报(法治论丛)》2021年第1期。

② 参见杨宏芹、叶志港:《〈民法典〉对抵押权制度的修改和完善》,载《聊城大学学报(社会科学版)》2021年第1期。

③ 参见江苏省徐州市中级人民法院(2015)徐商终字第0934号民事判决书;曹明哲:《〈民法典担保制度司法解释〉对担保从属性的贯彻与适用》,载《法律适用》2021年第9期。

第六节 本章结论

《民法典》对于担保制度进行了从理念到构架再到具体内容的立法改革，对标现代化担保制度设计，采纳缓和物权法定的功能主义立法模式，打破按照担保物权种类进行分类规范的规制体系，形成统一的登记对抗和优先顺位规则，扩大意思自治范围，承认实践中探索并长期采用的具有担保功能的非典型担保物权的法律效力并加以规制。此次系统性实体改革，实现了担保充分发挥实现资金融通、担保物物尽其用、担保体系透明可预测的目标。担保制度实现程序规则，虽然亦经历了从单一的普通诉讼程序到出现能快速实现担保物权的非讼实现程序的飞跃性创新。但是当下的担保物权实现程序采用一体化的规范，并未就《民法典》和《民法典担保制度解释》中体现的需配套特殊程序的非典型担保进行特别程序设置，亦未就《民法典》中明确合法性的私力救济实现担保物权进行配套程序保障规范。故实现担保物权程序需进行以下同实体法间的对接和漏洞填补。首先，针对所有权保留应当设计双重非讼实现程序，即出卖人取回权行使的非讼程序和买受人放弃回赎的非讼程序。其次，针对让与担保应当按照担保物的种类类推适用最相类似的担保物权种类的非讼实现程序。最后，针对私力救济实现担保物权程序应当构建系统性的权利义务规范体系，着重针对担保物权人的违约通知义务、禁止非占有型担保物权担保物占有转移、处分担保物的一般注意义务和折价规则进行规范设计。

第九章

《民法典》代位权效力规则的程序法展开

第一节 概　　述

在前列各章的基础上，本章聚焦《民事诉讼法》与《民法典》等实体法在代位权这一具体制度下的协调和对接。代位权行使的效力是代位权制度的核心问题之一，不仅直接决定债权人、债务人和相对人的权利义务，而且影响了其他债权人的利益。妥善协调债权人、债务人、相对人和其他债权人的权利义务，不仅需要民事实体法提供静态的规则体系，更需要民事程序法根据不同参与主体的不同利益诉求作出动态的调整和安排。《民法典》出台之初，民法学者和民事诉讼法学者就敏锐地发现了这一交叉领域的重要性。在 2020 年 10 月举行的东海卓越论坛"民法与民事诉讼法的对话"上，王利明教授与张卫平教授分别代表民法和民事诉讼法学界展开了高峰对话，王利明教授提出了《民法典与民事诉讼法密切关联的五个问题》，其中就包括"债权人的代位权制度怎样落地"这一重要命题，并指出如果不解决好程序法问题，《民法典》第 537 条就很难实施好。[①] 遗憾的是，张卫平教授仅部分回应了上述五个问题，其中并未涉及《民法典》代位权效力的程序法实现问题。本章探讨的重点不在于《民法典》第 537 条确立的效力规则是"入库规则"的修正[②]抑或确定了"直接清偿规则"[③]，而是立足解释论和程序法的视角探讨：一旦正在进行的代位权诉讼遭遇"债务人对相对人的债权或者与该债权有关的从权利被采取保全、执行措施，或者债务人破产"等程序机制，法院应当如何处理，特别是如何最大化地实现民法典代位权效力规则与现有民事诉讼规范体系、司法实践经验的"兼容"，推动《民法典》代位权制度落地实施。为了行文简洁，本章将债权人与债务人之间的债权简称为"本债权"，将债务人与相对人之间的债权简称为"次债权"，同时本章主要针对本债权和次债权均为金钱债权的情形展开讨论，并将相对人限于次债务人的范

---

① 参见王利明：《民法典与民事诉讼法密切关联的五个问题》，载中国法学创新网 2020 年 11 月 9 日，http://www.fxcxw.org.cn/dyna/content.php? id=15287。

② 参见韩世远：《债权人代位权的解释论问题》，载《法律适用》2021 年第 1 期。

③ 参见石宏主编：《〈中华人民共和国民法典〉释解与适用·合同编》，人民法院出版社 2020 年版，第 141～147 页。

畴进行讨论。

第二节　问题的提出

《民法典》第537条规定，人民法院认定代位权成立的，由债务人的相对人向债权人履行义务，债权人接受履行后，债权人与债务人、债务人与相对人之间相应的权利义务终止。债务人对相对人的债权或者与该债权有关的从权利被采取保全、执行措施，或者债务人破产的，依照相关法律的规定处理。相比之前的《合同法》，《民法典》代位权效力规则在形式上发生了较大变化：一是明确"债权人接受履行后"，才发生本债权债务和次债权债务相应终止的后果；二是增设了代位权效力与相关民事诉讼制度的适用关系。

对于第一点变化，主要是为了消除一种误解，即认为法院认定代位权成立的，拟制发生债务人将其对次债务人的债权转移给债权人的效果，债务人以向债权人让与次债权而替代债务履行，消灭债权人与债务人的债权债务关系。[①]上述观点将代位权成立的效力视为债的法定转移，并将次债务人不能清偿的风险完全转嫁给债权人，导致债权人行使代位权对债权的实现并无增益，因此并不可取。[②]《民法典》增加规定了"债权人接受履行后"，无疑否定了"代位权成立发生次债权法定转移"的观点，有助于减少《民法典》理解适用上的争议。

对于第二点变化，从权威的参考资料来看，同样是为了消除一种误解，即有观点认为，我国代位权行使的法律效果既然采取了"直接受偿规则"，允许次债务人直接向债权人履行债权，就实际上赋予了行使代位权的债权人优先受偿权的性质，因此即使次债权被采取了保全、强制执行措施，行使代位权的债权人的债权仍然处于优先地位。[③]本章认为，产生上述误解的根本原因在于，"优先受偿权说"未能从诉讼法视角全面审视代位权效力规则与保全、强制执行的关系，

---

① 参见徐澜波：《合同债权人代位权行使的效力归属及相关规则辨析》，载《法学》2011年第7期。

② 参见茆荣华主编：《〈民法典〉适用与司法实务》，法律出版社2021年版，第369页。

③ 参见黄薇主编：《中华人民共和国民法典释义及适用指南》，中国民主法制出版社2020年版，第814页；石宏主编：《〈中华人民共和国民法典〉释解与适用·合同编》，人民法院出版社2020年版，第145页。

错误地将“代位权成立”等同于“本债权和次债权”获得实际清偿，忽视了代位权成立到债权实现之间的不确定性。

从代位权纠纷处理的视角，债权人从代位权诉讼中取得针对次债务人的胜诉判决，到获得债权的清偿之间，还有很远的路要走，取得胜诉判决并不意味着债权一定能得到清偿，更谈不上必然获得优先清偿。正是为了消除“直接清偿规则赋予代位权人优先受偿权”的误解，立法者在代位权效力规则中，增加了处理代位权与民事诉讼保全、强制执行以及破产制度关系的规则指引——“依照相关法律处理”。这一增设也是对学者“一直主张代位权行使的优先受偿应当设有例外，否则代位权的效力会过于强大”①呼声的一种回应。学者们对此增设规则的理解是，如果债务人对相对人的权利已经被采取保全措施、执行措施的，则应当依据保全、执行的相关规定处理，即便债权人主张债权人代位权，也并不当然享有优先受偿的权利。原因在于：在其他债权人没有采取任何主张债权的措施时，赋予主张代位权的债权人优先受偿的权利具有一定合理性；而在其他债权人已经对债务人的债权采取保全措施，甚至已经进入执行阶段，主张代位权的债权人不应当享有优先于其他已经采取保全措施的债权人受偿的权利。②类似观点认为，《民法典》第537条第2句的规定限制了债权人代位权在优先受偿方面的效力。③ 上述观点甚至认为，在债权人行使代位权的时候，法院需要确定是否已经有人对债务人提起诉讼并已经获得胜诉的判决。如果已经获得胜诉的判决，可以认为债权已经是合法的、确定的，则应当将该财产在胜诉的债权人与代位权人之间平均分配。④

实际上，在没有其他债权人与代位债权人竞争的情况下，无论是次债务人向债权人直接清偿还是次债务人向债务人清偿后，再由债务人向债权人清偿，都谈不上代位权人享有优先受偿的权利。而一旦发生多个债权人的清偿竞争，法院依据《民法典》第537条作出“由次债务人向债权人履行”的判决，真的会产

---

① 王利明：《民法典合同编总则若干重大疑难问题》，载法学创新网2021年11月2日，http://fxcxw.mzyfz.com/dyna/content.php?id=12797。

② 参见王利明主编：《中国民法典释评·合同编·通则》，中国人民大学出版社2020年版，第368页。

③ 崔建远、陈进：《债法总论》，法律出版社2021年版，第138页。

④ 王利明：《合同法研究》（第2卷），中国人民大学出版社2015年版，第114页。

生学者们担忧的获得优先清偿的效力吗？答案恐怕未必！从判决的强制执行力来看，代位权胜诉判决与普通民事诉讼中的给付判决并无任何差异，[①]代位权胜诉判决本身不可能赋予代位债权人任何优先受偿的权利，也无法改变代位债权人在实体法上的清偿顺位，一旦行使代位权的债权人遭遇债务人的其他债权人，多个债权人之间的清偿顺位，取决于强制执行程序中对执行竞合的处理规则。因此，《民法典》第537条第2句并非对第1句的限制或例外规定，而是对第1句直接清偿规则"非优先权性质"的一种提示和强调。正如学者所言：《民法典》第537条第2句作为注意规定，旨在解决多个债权人对代位所得的竞争与分配问题。这一问题并不直接与债权人代位权行使的法律效果相关，而属于债务人责任财产的分配这一体系性问题，问题的答案主要存在于民事保全法、民事执行法以及破产法之中。[②]

那么答案究竟如何呢？从代位权纠纷的司法处理流程来看，《民法典》第537条第1句可以分为两个阶段：一是代位权纠纷的审理阶段，即"人民法院认定代位权成立的，由债务人的相对人向债权人履行义务"；二是代位权胜诉判决的执行阶段，即"债权人接受履行后，债权人与债务人、债务人与相对人之间相应的权利义务终止"。执行阶段以审理阶段为前提，但并非审理阶段的必然结果。而《民法典》第537条第2句相关程序法措施，既可能出现在代位权纠纷审理阶段，也可能出现在代位权纠纷执行阶段，这些程序法措施对于审理阶段需要讨论的问题是：一旦正在进行代位权诉讼遭遇"次债权被采取保全、执行措施，或者债务人破产"等程序机制，法院能否继续依据《民法典》第537条第1句判决"债务人的相对人向债权人履行义务"；而执行阶段需要讨论的问题是：债权人取得代位权胜诉判决后，能否顺利实现"债权人接受履行后，债权人与债务人、债务人与相对人之间相应的权利义务终止"这一效力预设。上述两个阶段

---

① 理论上对于代位权的性质存有较大争议，存在请求权说、请求权权能说、管理权说、形成权说等多种观点。参见史尚宽：《债法总论》，中国政法大学出版社2000年版，第463页；王利明：《合同法研究》（第2卷），中国人民大学出版社2015年版，第89～92页；陈华彬：《债法总论》，中国法制出版社2012年版，第179页。本章认为无论代位权如何定性，代位权胜诉判决具有强制执行力这点不容否认，而"在判决中，产生执行力并进而形成债务名义的只有给付判决"，因此将代位权胜诉判决归入给付判决并无不妥。参见[日]新堂幸司：《新民事诉讼法》，林剑锋译，法律出版社2008年版，第508页。

② 参见金印：《债权人代位权行使的法律效果》，载《法学》2021年第7期。

的问题,又需要分为次债权被采取保全措施、次债权被采取强制执行措施和债务人破产三种具体情形分别加以讨论。

第三节 次债权被采取保全措施对未决代位权诉讼的影响

民事诉讼保全措施与代位权制度关系密切。比较法上,有观点认为在拥有完善民事执行与民事保全制度的情况下,还有没有必要继续保留作为原始形态的债权人代位权制度,是值得探讨的问题。在日本,债权人在取得债务名义之前,可以通过假查封防止债务人向次债务人追讨债权或让与债权。虽然将代位权制度视为“为强制执行而作准备的制度”的观念对于中国的法律人是相对陌生的,中国代位权制度的存在与民事执行及保全制度是否完备不具有必然的联系,[①]但是,不可否认我国民事执行及保全制度与代位权制度之间也同样存在密切关系,只有在具体的诉讼执行程序中才能完整、清晰地呈现代位权效力规则的真实模样。

一、次债权被采取保全措施的两种诉讼场景及其内涵

我国《民事诉讼法》上的保全措施包括财产保全和行为保全两大类,前者针对诉讼程序中被告的财产实施,后者是针对被告的行为实施。《民法典》第 537 条第 2 句所谓次债权被采取保全措施,究竟是何种保全措施,具体可以分为两种诉讼场景分别加以讨论。

(一)普通诉讼场景中次债权被采取财产保全措施

所谓普通诉讼场景,是指原告债权人以债务人为被告提起给付之诉,在此诉讼中或诉讼前,对债务人的财产也即次债权采取保全措施,其中诉讼当事人为债权人和债务人,次债务人是纯粹的案外人。该诉讼场景中,对次债权采取保全措施的规范依据是《民诉法解释》第 159 条的规定:“债务人的财产不能满

① 参见韩世远、王成、[日]小口彦太、濑川信久、松冈久和、渡边达德:《中国合同法研究:中日民事法学之对话》,文元春、杨远舟译,人民法院出版社 2019 年版,第 187 ~ 189 页。所谓原始形态的债权人代位权制度,是指债权人代位权作为享有金钱债权的代位债权人保全债务人的责任财产、为强制执行而作准备的制度。

足保全请求,但对他人有到期债权的,人民法院可以依债权人的申请裁定该他人不得对本案债务人清偿。该他人要求偿付的,由人民法院提存财物或者价款。"该规定将次债权视为被告债务人财产的一种特殊存在形式,允许原告债权人对其采取保全措施,因此该保全措施应当属于特殊的财产保全措施。其特殊性在于,与不动产、动产等有形财产不同,债权本质上是债权人请求债务人为一定行为或者不为一定行为的权利。① 因此针对债务人债权的保全措施,与针对债务人不动产、动产、知识产权等绝对性财产的保全措施,具有很大不同。针对绝对性财产的保全措施通常命令的对象是债务人,不会涉及第三人的权利义务,第三人仅负有不得损害被保全财产的不作为义务。而以次债权作为保全对象,在禁止债务人收取或处分次债权的同时,必然要同时禁止次债务人向债务人履行给付义务。因此针对次债权的财产保全措施,打破了财产保全措施通常无涉第三人的特点,产生了限制案外人也即次债务人作为义务的效力。从上述规定来看,我国《民事诉讼法》对债权保全的规定,是以普通诉讼场景作为制度构建模型的,是将次债权作为债务人财产的一种特殊形态加以看待的。

(二)代位权诉讼场景中次债权被采取行为保全措施

所谓代位权诉讼场景,是指原告债权人以次债务人为被告提起代位权诉讼,要求次债务人向其给付,在此诉讼中或诉前,对次债权采取保全措施,其中诉讼当事人为债权人和次债务人,而债务人为第三人。该诉讼场景中,次债权显然并非被告次债务人的财产,因此债权人不能依据《民诉法解释》第 159 条的规定来对次债权采取保全措施。但是,基于次债权作为财产的特殊性,在代位权诉讼中,次债权虽不能称为被告次债务人的财产,但却同样可以被采取保全措施。作为原告的债权人可以依据《民事诉讼法》第 103 条的规定,申请对作为被告的次债务人采取行为保全措施,裁定禁止其向作为第三人的债务人作出给付行为,从而实现与普通诉讼场景中财产保全相同的法律效果。

可见,《民法典》第 537 条中对次债权采取保全措施的债权人,不仅包括目前学界经常提到的"未提起代位权诉讼,但是直接起诉债务人的其他债权人",而且包括"另案提起代位权诉讼的其他债权人"。前者在普通诉讼场景中,依据

---

① 参见史尚宽:《债法总论》,中国政法大学出版社 2000 年版,第 1 页。

《民诉法解释》第159条对次债权采取财产保全措施,后者依据《民事诉讼法》第103条对次债权采取行为保全措施。上述两种保全措施,均指向次债务人对债务人的给付行为,都可能会对正在进行的代位权诉讼产生影响。

二、次债权被采取保全措施的法律效力

(一)债务人不得处分或收取

在我国司法实践中,无论何种诉讼场景,针对次债权的保全措施,通常均以"冻结"裁定的方式作出。冻结裁定由法院依据债权人的申请,针对次债权,以命令"次债务人不得对债务人清偿"的方式作出。依"冻结"的文义可知,债权被冻结的效力为,债务人与次债务人的债权债务关系被暂时固定,不得发生任何变动。债务人不得要求次债务人清偿,次债务人也不得主动清偿,且债务人也不得处分或放弃被冻结的次债权。这里的不得处分,并不产生禁止债务人所为一切处分行为的绝对效力,而是仅产生不得对抗申请执行人相对性效力。① 从比较法来看,上述"冻结"效力与德、法等国关于债权查封、扣押的效力大致相当。德国法认为,针对金钱债权的查封,对于债务人而言,其并不丧失次债权,而是次债权成为法定不得转让的债权,之后债务人的处分行为对债权人(同时是保全申请人)不发生效力;对于次债务人而言,不得再向债务人支付,即使次债务人支付也不发生清偿的效力。② 法国法认为,针对金钱债权的扣押,被扣押债权被视为冻结,债权人虽不丧失该债权但不能收取、处分;对受扣押申请第三人(次债务人)而言,他成为这种债权的保证人。③

(二)赋予债权人优先受偿权

德国、法国等国针对金钱债权的保全措施不仅对债务人和次债务人产生实

---

① 参见《最高人民法院关于人民法院民事执行中查封、扣押、冻结财产的规定》(2020年修正)第24条第1款:被执行人就已经查封、扣押、冻结的财产所作的转移、设定权利负担或者其他有碍执行的行为,不得对抗申请执行人。参见张尧:《以民事司法查封财产设定抵押的效力分析》,载《法学家》2022年第1期。

② [德]奥拉夫·穆托斯特:《德国强制执行法》,马强伟译,中国法制出版社2019年版,第159~160页。

③ [法]让·文森、雅克·普雷沃:《法国民事执行程序法要义》,罗结珍译,中国法制出版社2002年版,第98~100页。

体法上的约束力,而且通过保全程序以国家意志赋予债权人具有实体法效力的优先权。如德国法赋予申请查封的债权人以“查封质权”,该质权效力与当事人依意思表示设立的质权具有同等效力,并且允许多个债权人重复查封债务人的同一债权,并由此产生多个时间顺位不同的查封质权。此外,查封质权受到破产程序的影响,除非在破产申请至少一个月或者三个月前已经实施了查封,否则,查封质权将因破产程序的启动而归于消灭。[①] 法国法上,对于金钱债权的保全扣押,同样赋予采取保全措施的债权人以“动产质权”,并且同样允许针对债务人的财产采取多重扣押措施。依据法国《1991 年 7 月 9 日第 91 - 650 号关于改革民事执行程序的法律》第 75 条的规定,对于欠款债权实施扣押,当然意味着将不得处分的欠款予以寄存,并且产生《法国民法典》第 2075 - 1 条所规定的效果。而《法国民法典》第 2075 - 1 条规定,经法院裁判决定,以担保或保全之名,将钱款、物品或有价证券进行寄托或寄存,即告其有专门用途并且产生第 2073 条(动产质权)所指的优先权。[②] 另根据法国《关于实施 1991 年 7 月 9 日第 91 - 650 号关于改革民事执行程序的法律、设置新的民事执行程序规则的法令(1992 年 7 月 31 日第 92 - 755 号法令)》,财产已经受到扣押时,债务人有义务将此事由告知本次对相同财产实施扣押的所有新债权人,并且告明此前实施扣押的人的身份。[③] 不仅德国、法国等大陆法系国家如此,从域外经验看,大多数国家明确规定,查封可以使查封债权人直接获得担保物权。[④]

与上述域外经验不同,我国针对次债权的冻结措施并不赋予债权人实体法上的质权或类似担保物权,但是我们承认查封、冻结等保全措施能够赋予申请债权人清偿上的优先顺位。不同之处在于,这种优先获得清偿的权利,仅是一种程序法意义上的权利,不具有独立的实体法地位,且仅限于债务人为法人的情形(下文详述)。此外,与比较法上允许重复查封、扣押的做法不同,我国《民事诉讼法》第 106 条明确规定:财产已被查封、冻结的,不得重复查封、冻结。同

---

① 参见[德]奥拉夫·穆托斯特:《德国强制执行法》,马强伟译,中国法制出版社 2019 年版,第 130 ~ 133 页。

② 参见《法国新民事诉讼法典》,罗结珍译,法律出版社 2008 年版,第 1270 页。

③ 参见《法国新民事诉讼法典》,罗结珍译,法律出版社 2008 年版,第 1274 页。

④ 参见刘玮哲:《论民事司法查封的效力》,载《国家检察官学院学报》2019 年第 4 期。

时,我们司法实践独创了轮候保全制度。依据《查扣冻规定》第 26 条第 1 款规定,"对已被人民法院查封、扣押、冻结的财产,其他人民法院可以进行轮候查封、扣押、冻结。查封、扣押、冻结解除的,登记在先的轮候查封、扣押、冻结即自动生效"。对被执行的财产,人民法院非经查封不得处分。其他法院对该财产再为查封的,属于轮候查封,轮候期间不产生查封效力,轮候查封的法院一般无权对该财产进行处分。[①]

需要特别说明的是,理论上有观点认为,提起代位权诉讼本身就是债权保全措施之一,行使代位权对次债权具有保全效力,以免妨碍债权人行使代位权,从而保障代位权制度立法目的的实现。[②] 反对观点认为,《民事诉讼法》上的诉讼保全制度需要申请人提供担保,才能对处分行为作出限制,而代位诉讼的起诉行为并无提供担保的要求,若其强大到同样可以排除私法自治,则难言衡平。[③] 起诉行为及其效果无法发挥类似查封、扣押、冻结的保全效力,也缺乏司法文书作为其形式要件。程序法以保全程序保障债权的实现,如肯定代位诉讼对债务人处分权的限制,似有使债权人代位权发挥冻结、查封程序作用之虞,也不利于对交易安全的保护。[④] 笔者认为,考虑到我国民事诉讼行为保全制度是 2012 年修正《民事诉讼法》才增设的"新制度",在此之前,在代位权诉讼场景下,由于次债权并非被告次债务人的财产,难以被采取财产保全措施,而民事诉

---

① 赵晋山等:《民事诉讼法执行程序司法解释若干问题的理解与适用》,载《人民司法》2016 年第 16 期。《最高人民法院关于查封法院全部处分标的物后轮候查封的效力问题的批复》:"……轮候查封、扣押、冻结自在先的查封、扣押、冻结解除时自动生效,故人民法院对已查封、扣押、冻结的全部财产进行处分后,该财产上的轮候查封自始未产生查封、扣押、冻结的效力……"轮候查封的意义仅在于,在首封法院未能及时处置查封财产的情况下,轮候查封法院可以商请首封法院移送查封财产处置权。参见《最高人民法院关于人民法院办理财产保全案件若干问题的规定》第 21 条第 1 款:"保全法院在首先采取查封、扣押、冻结措施后超过一年未对被保全财产进行处分的,除被保全财产系争议标的外,在先轮候查封、扣押、冻结的执行法院可以商请保全法院将被保全财产移送执行。但司法解释另有特别规定的,适用其规定。"

② 参见最高人民法院民法典贯彻实施工作领导小组主编:《中华人民共和国民法典合同编理解与适用(一)》,人民法院出版社 2020 年版,第 506 页。类似观点参见王利明:《合同法研究》(第 2 卷),中国人民大学出版社 2015 年版,第 116 页、第 118 页;史尚宽:《债法总论》,中国政法大学出版社 2000 年版,第 471 页。

③ 参见周江洪:《关于〈民法典合同编〉(草案)(二次审议稿)的若干修改建议》,载《法治研究》2019 年第 2 期。

④ 邱聪智:《新订民法债编通则》,中国人民大学出版社 2004 年版,第 308 页;林诚二:《民法债编总论》,中国人民大学出版社 2003 年版,第 412 页。

讼又缺乏行为保全措施，此时如果认为“提起代位权诉讼本身就能够发生禁止债务处分或收取债权，禁止次债务人擅自向债务人履行”的效力，似乎有其现实必要性。但是，其后，代位权诉讼场景的债权人，与普通诉讼场景下的其他债权人一样，都具备充足的诉讼法工具，能够防止债务人在债权人提起代位权诉讼（或普通诉讼）时，擅自处分、收取次债权以妨害代位权诉讼目的的实现，因此完全没有必要以破坏程序法保全制度体系为代价，强行在实体法中赋予代位权诉讼以程序保全的效力。

三、次债权被采取保全措施不影响债权人取得代位权胜诉判决

在代位权纠纷审理阶段，针对次债权的冻结措施既可能来自普通诉讼场景中的其他债权人，也可能来自平行进行的代位权诉讼的其他债权人，[①]但均具有非终局性的特点，可能因债权人败诉、债务人清偿或提供担保而被解除，也可能随着上述两种诉讼场景的胜诉判决进入强制执行程序。理论上，针对次债权的保全措施，仅是暂时性限制了债务人行使权利和次债务人履行义务，但对次债权的存续却不产生任何实体法上的影响，因此不会影响债权人依代位权成立要件取得代位权胜诉判决。有观点认为，若债权人代位权诉讼正在进行，相对人可提出被代位债权已经被采取保全或执行措施的抗辩，这会导致债权人代位权诉讼败诉，因为代位债权人会因债权本身被采取保全或执行措施而丧失相应的债权收取授权。[②]

本章认为上述观点值得商榷。首先，针对次债权的保全措施是否阻碍债权人取得代位权胜诉判决，关键在于保全措施是否影响代位权成立要件的满足，而通说代位权成立的四个要件：本债权合法、次债权到期、债务人未以仲裁或诉

① 参见《最高人民法院关于适用〈中华人民共和国合同法〉若干问题的解释（一）》（已废止）第16条第2款：两个或者两个以上债权人以同一次债务人为被告提起代位权诉讼的，人民法院可以合并审理。从文义来看，“可以合并审理”意味着并非必须合并审理，因此就同一次债权，可以存在多个平行进行的代位权诉讼。在司法实践中，法院基本秉持上述观点，参见北京市第二中级人民法院（2021）京02民终5983号民事判决书。

② 参见金印：《债权人代位权行使的法律效果》，载《法学》2021年第7期。

讼方式行使次债权影响债权人到期债权实现、次债权并非专属债务人。[①] 其次,在我国司法实践中,在认定代位权是否成立时,并不考虑次债权是否被采取保全措施,即使次债权已经被另案采取冻结措施,债权人也能依代位权成立要件取得胜诉判决。[②] 再次,从债的履行的角度来看,对于正在进行的代位权诉讼而言,次债权被冻结至多构成嗣后暂时不能,而依据债的履行障碍理论[③],并不妨碍法院作出次债务人向债权人履行的判决。比较法上,在多重买卖合同关系中,当有卖主的债权人请求临时扣押或发布禁止处分标的物的临时命令等情况发生时,不能称为履行不能。前者情形下,债务人能较容易地请求解除临时扣押;后者情形下让与标的物也是可能的。[④] 因此,次债权被冻结的情况下,并不构成履行障碍,不影响债权人在诉讼阶段取得代位权胜诉判决。最后,如果认为次债权被采取保全措施,会阻碍债权人取得代位权胜诉判决,则会导致代位权是否成立取决于其他债权人诉讼执行行为,而且变相剥夺了债权人依据代位权判决参与次债权执行和分配的权利,极不合理。

债权人提起代位权诉讼的根本目的在于实现本债权的清偿。而代位权胜诉判决仅赋予债权人在次债权范围内针对次债务人的给付请求权。该给付请

---

① 参见王利明主编:《中国民法典释评 · 合同编 · 通则》,中国人民大学出版社 2020 年版,第 359 ~ 362 页。

② 参见最高人民法院(2020)民再 231 号民事判决书。该案中,最高人民法院查明债务人宋某平对次债务人中岭公司享有的次债权已经被另案取得生效判决的代位权人、其他债权人采取强制执行措施,且查封、冻结的金额远超次债权金额,但是仍判决中岭公司在次债权范围内向债权人清偿。参见天津市高级人民法院(2014)津高民四终字第 35 号判决书,该案中,天津市高级人民法院查明涉案次债权已经被另案法院冻结后,仍继续判决次债务人向债权人清偿。沈阳市沈河区人民法院 2017 辽 0103 民初 9475 号民事判决书、沈阳市中级人民法院(2018)辽 01 民终 10683 号民事判决书、沈阳市中级人民法院(2017)辽 01 民终 11056 号民事判决书,在上述代位权案件中,次债务人以涉案次债权已经被另案法院多次冻结为由提出抗辩,而法院在查明涉案次债权被另案法院三次冻结的情况下,均认为次债权被另案采取保全措施,均不影响债权人取得代位权胜诉判决,而多个债权人之间的冲突竞合问题,应当在执行程序中加以解决。

③ 对于以非种类物为履行标的的债务而言,嗣后永久不能会产生消灭继续履行请求权的法律效果,而嗣后一时不能并不免除债务人继续履行的义务,通常只发生履行迟延的问题。参见陈华彬:《债法总论》,中国法制出版社 2012 年版,第 137 页;史尚宽:《债法总论》,中国政法大学出版社 2000 年版,第 384 页。在传统民法上,金钱之债原则上不存在履行不能的问题,但也存在例外情形,金钱债务同样可能因债务人被有权机关采取禁止支付的命令,而陷入嗣后一时不能。参见贺剑:《对赌协议何以履行不能?——一个公司法与民法的交叉研究》,载《法学家》2021 年第 1 期。

④ 参见[日]我妻荣:《我妻荣民法讲义Ⅳ新订债权总论》,王燚译,中国法制出版社 2008 年版,第 128 页。

求权的最终实现要依靠债务主动或被动的清偿。在多个债权人均要求次债务人履行的情况下，代位权胜诉判决的履行面临不确定性，需要依据我国强制执行规范加以具体分析。由于代位权纠纷审理阶段的保全措施与执行阶段的保全措施，具有执行效力上的同质性。① 因此，次债权被采取保全措施，究竟对代位权胜诉判决的实现产生何种影响，我们将与执行程序中执行措施一并讨论。

第四节　次债权被采取强制执行措施对代位权胜诉判决的影响

在强制执行理论上，针对债务人财产的强制执行措施，主要包括控制性执行措施和处分性执行措施，控制性执行措施主要包括查封、扣押、冻结等执行保全措施，其目的在于防止债务人转移、处分或毁坏其财产；处分性执行措施主要是拍卖、变卖、以物抵债等变价措施，其目的在于将已经控制的债务人财产变成金钱，以满足债权人的债权。② 鉴于审理阶段保全措施的效力和执行阶段保全措施效力的同质性，执行阶段保全措施对代位权纠纷审理阶段的影响，与上文一致，不再赘述。依据《民诉法解释》第 484 条的规定，对被执行的财产，人民法院非经查封、扣押、冻结不得处分，这就意味着控制性执行措施是处分性执行措施的前提和基础。与一般财产的强制执行措施类似，针对债权的强制执行措施同样包括控制和变价两个阶段，不同之处在于一般财产的变价是通过拍卖、变卖财产来实现的，而对债权的变价措施理论上虽然也可以进行拍卖、变卖，但主要还是通过命令次债务人向申请执行人履行的方式来实现的。问题在于，在代位权胜诉判决的履行过程中，如果次债权之上存在的保全措施被解除，债权人通过次债务人的主动给付或被动强制执行，即可实现本债权和次债权的清偿，但是一旦针对次债权的保全措施仍然存在，则次债务人不得违背冻结裁定向债权人主动清偿，其他轮候冻结的债权人也无法通过强制执行要求次债务人向自

---

① 参见 2020 年修正的《查扣冻规定》第 29 条：财产保全裁定和先予执行裁定的执行适用本规定。依据修正前的《查扣冻规定》（法释〔2004〕15 号）第 4 条的规定，诉讼前、诉讼中及仲裁中采取财产保全措施的，进入执行程序后，自动转为执行中的查封、扣押、冻结措施……

② 谭秋桂：《民事执行法学》，北京大学出版社 2015 年版，第 210 ~ 218 页。

己清偿。这种情况下,采取保全措施的债权人可能是普通诉讼场景下取得胜诉判决的其他债权人,也可能是代位权诉讼场景下的其他债权人,前者通过到期债权执行程序要求次债务人向自己清偿,后者通过直接针对代位权胜诉判决的执行程序要求次债务人向自己清偿,由此形成多个债权人均依据生效裁判要求次债务人向自己清偿的局面。

这里需要说明的是,针对次债务人的强制执行程序与普通执行程序不同,在普通执行程序中,作为债务人的被执行人以其全部财产对全部债权人负有清偿义务,而次债务人仅在其欠付的次债权范围内对全部债权人负有限清偿义务。因此,一旦次债务人承担的有限责任不足以清偿全部债务,则多个债权人必然面临无法全部获得清偿的状况,由此引发多债权人之间的执行竞合。[①] 这种情况下,代位权胜诉判决能否实现"本债权和次债权"同时消灭的效力预设,取决于我国强制执行法对执行竞合的处理原则。对于金钱债权执行竞合的处理方法,世界各国做法不同,概括起来主要有三种做法:优先主义、平等主义和团体优先主义,具体与各国民事执行立法规定的基本清偿原则密切相关,理论上难分优劣。[②] 而我国现行法采取的是独特的混合主义,具体而言是根据被执行的主体(债务人)的性质以及财产状况的不同决定采用优先主义还是平等主义,[③]因此应当区分债务人的主体性质,分别加以论述。

一、债务人为法人时,对次债权采取冻结措施的时间顺位决定了代位权胜诉判决获得清偿的先后顺位

对于债务人为法人的强制执行程序,我国采取"优先主义",即取得代位权胜诉判决的债权人与其他债权人依据"冻结"次债权的先后顺序,按照"先到先

---

① 参见陈计男:《强制执行法释论》,台北,元照出版有限公司 2002 年版,第 679 页。广义的执行竞合,是指相同或不同债权人,依不同性质的执行名义,同时或先后对同一债务的执行标的物申请强制执行。至于执行标的物是否足以清偿全体债权,在所不同,但是执行标的物足以清偿全体债权的情况下,无论清偿顺位如何,债权之间并不构成结果意义上的竞争关系,因此,本章仅针对次债权不足以清偿全体债权这一典型情形进行讨论。

② 参见谭秋桂:《民事执行法学》,北京大学出版社 2015 年版,第 272 ~ 276 页;陈计男:《强制执行法释论》,台北,元照出版有限公司 2002 年版,第 575 ~ 577 页。

③ 葛行军、刘文涛:《关于执行财产分配的立法思考》,载《法学研究》2001 年第 2 期。

得原则”获得清偿。理论上，在债务人的次债权不足以清偿其全体债权人，又无其他财产的情况下，债务人已经满足破产的实质要件，无论是行使代位权的债权人还是普通诉讼程序中的债权人，均有权申请债务人破产，从而以破产程序打破强制执行程序中的先到先得原则。依据《民诉法解释》第 511 条的规定，执行中作为被执行人的企业法人符合《企业破产法》第 2 条第 1 款规定情形的，执行法院经申请执行人之一或被执行人同意，应当裁定中止对该被执行人的执行，将执行案件相关材料移送被执行人住所地人民法院，启动债务人破产程序。然而，从我国当前的司法实践看，相当一批资不抵债的执行案件难以正常转入破产程序，许多本应通过破产程序清理的债权债务迟迟停留在执行程序中，执行积案因此居高不下。为此《民诉法解释》第 514 条又规定，当事人不同意移送破产或者被执行人住所地人民法院不受理破产案件的，执行法院就执行变价所得财产，在扣除执行费用及清偿优先受偿的债权后，对于普通债权，按照财产保全和执行中查封、扣押、冻结财产的先后顺序清偿。因此，对于已经具备破产原因，但因各种客观情况不能进入破产程序的企业法人，强制执行程序中仍然贯彻“优先主义”。① 正如上文所述，债权人此时获得的优先权不同于质权或担保物权，仅是执行程序赋予先采取执行措施（含保全措施）的债权人以程序性的优先权，这种优先权与债权人选择的诉讼场景无关，无论是代位权诉讼场景中的债权人还是普通诉讼场景中的其他债权人，地位一律平等。这种对于实体法上具有平等地位的普通债权，赋予其程序法上优先权的制度安排，完全是一种法政策选择的结果，这种制度设置的优劣，应当属于强制执行法讨论的范围，此处不再赘述。② 但这也恰恰说明《民法典》第 537 条确立的代位权效力规则并不能赋予代位权人以任何优先受偿权，以免与强制执行法的制度安排形成冲突，破

---

① 参见赵晋山、葛洪涛：《〈民事诉讼法〉司法解释执行程序若干问题解读》，载《法律适用》2015 年第 4 期。

② 从对世界各国立法例的检讨来看，混合主义较适于我国的现行制度，故应在执行财产分配的问题上采用混合主义。但从法律的发展趋势来看，由于一般破产主义最终会被立法采用，可能我们以后的制度也要作相应的变动改采优先主义，以便法律制度之间的协调一致。参见葛行军、刘文涛：《关于执行财产分配的立法思考》，载《法学研究》2001 年第 2 期。笔者赞同上述观点，从世界范围的发展趋势来看，在强制执行领域贯彻优先主义原则已是大势所趋，传统上采取平等主义原则的法国、日本，也都不同程度地修正平等主义，逐渐转向优先主义。

坏不同债权人在强制执行程序上的地位平等性。从强制执行法的角度来看,也不应因诉讼审理程序的不同,而使债权人获得不同的清偿地位,否则,将导致直接针对债务人的普通诉讼程序被空置。可见,虽然我国强制执行程序并未赋予债权人以“查封质权”,但却直接赋予了先采取执行措施的债权人以清偿顺位上的优先权,这种程序上的优先权与“查封质权”具有异曲同工之效。对于无担保的普通债权人而言,真正决定债权清偿顺位的是冻结措施,而不是诉讼场景的选择,代位权胜诉判决不能也不应该赋予债权人以优先受偿权。我国司法实践中,在面临执行竞合时,代位债权人能否获得清偿,也完全取决于代位债权人何时对次债权采取保全措施,这点与其他债权人完全平等。[①]

二、债务人为非法人时,次债权被采取冻结措施不赋予债权人优先受偿权,但影响债权人获得参与分配的资格

对债务人为非法人的强制执行程序,我国采取有限的平等主义原则,来处理债权人竞争清偿的问题。依据《民诉法解释》第506条的规定,在执行程序开始后,被执行人的其他已经取得执行依据的债权人发现被执行人的财产不能清偿所有债权的,可以向人民法院申请参与分配。对人民法院查封、扣押、冻结的财产有优先权、担保物权的债权人,可以直接申请参与分配,主张优先受偿权。

在此必须着重说明的是,《民诉法解释》第506条所指的“被执行人”是以普通诉讼场景作为设计模型的,具体是指普通诉讼程序中的债务人,而非到期债权强制程序中的次债务人,对于债权人未起诉债务人,而直接起诉次债务人获得代位权胜诉判决的,在强制执行程序中,应将其视为已经取得针对债务人的胜诉判决,否则代位权诉讼场景中债权人将因“未取得针对债务人执行依据”,而丧失参与分配的资格。我国司法实践中,对于直接行使代位权的债权人,并不需要再次起诉债务人,即可取得参与分配的资格。毕竟,无论债权人是在普通诉讼场景下,针对债务人到期债权采取强制执行措施(债权人取得针对债务人的执行依据),还是在代位权诉讼场景下直接针对次债务人的强制执行程序

① 在司法实践中,对于已经具备破产原因的债务人,只要在强制执行时仍未启动破产程序,法院基本秉持“先到先得”处理多个债权人的竞争关系,而完全不考虑债权人在何种诉讼场景中采取强制执行措施。典型案例可参见江苏省高级人民法院(2020)苏执复114号执行裁定书。

(债权人取得针对次债务人的执行依据),两者最终均指向次债务的给付行为和责任财产,两种执行程序本质上都是以债务人的次债权来清偿本债权,因此不应将代位权诉讼场景中的债权人排除在执行参与分配程序之外。这既是实现代位权制度"强化债权实现"这一立法目的客观需要,也是我国代位权制度独特性的体现——"债权人代位权制度已经不再是传统民法原来意义上的债权保全制度,已变更为一项特殊的债权清偿制度"。① 对于具备参与分配资格的债权人,按照《民诉法解释》第 508 条的规定,对于普通债权,原则上按照其占全部申请参与分配债权数额的比例受偿。可见,在符合执行参与分配条件的时空条件的情况下,无论各债权人对次债权采取冻结措施的时间顺位如何,均按照债权比例平等清偿。但是这种平等清偿,并非全体普通债权人之间的平等,而是仅限于已经获得执行依据的债权人,并且必须在被执行人的财产执行终结前提出参与分配的请求,而一旦次债权被强制清偿完毕,其他债权人即丧失参与分配的资格。不仅如此,对于另案正在审理的代位权纠纷而言,因次债权已经被消灭,另案债权人丧失胜诉可能;而对于已经另案取得的代位权胜诉判决,因判决生效后次债权消灭的事实导致其胜诉判决丧失强制执行力,但是另案债权人有权继续向债务人主张清偿。

尽管在执行参与分配程序中,针对次债权的冻结措施并不能使债权人获得优先受偿的程序权利,但这并不意味着冻结措施毫无意义。由于我国强制执行程序禁止针对同一次债权采取重复冻结,只有首次冻结才是真正发生法律效力的执行措施,而其后的冻结措施均属轮候冻结,并不立即发生冻结效力。根据《最高人民法院关于首先查封法院与优先债权执行法院处分查封财产有关问题的批复》第 1 条的规定,执行过程中,应当由首先查封、扣押、冻结法院负责处分查封财产。其他法院对该财产再为查封的,属于轮候查封,轮候期间不产生查封效力,轮候查封的法院一般无权对该财产进行处分。② 因此,一旦债权人首先对次债权采取冻结措施,将取得针对次债权的处分权,未经其同意,轮候冻结法院无权要求次债务人向其债权人清偿,也无权直接处分次债务人的财产来清偿

① 参见梁慧星:《合同通则讲义》,人民法院出版社 2021 年版,第 220 页。

② 参见赵晋山等:《民事诉讼法执行程序司法解释若干问题的理解与适用》,载《人民司法》2016 年第 16 期。

其债权人。这种情况下,无论是代位债权人还是普通债权人,只要其作为首次冻结债权人,即可控制次债权处分时间,从而控制参与分配的"时间窗口期",而轮候冻结次债权的其他债权人即使先取得生效判决,也必须等待首次冻结债权人来处分次债权,才能申请加入执行参与分配程序中,获得平等清偿。[①] 这种情况下,无论债权人选择代位诉讼抑或普通诉讼,只要其首先采取冻结次债权的措施(无论是诉前、诉中还是执行中),均可通过控制对次债权的处分权,来获取参与分配的资格,同时可以通过加速次债权的强制执行进程,来排除其他债权人的参与分配的机会,从而实现己方债权清偿的最大化。

第五节 债务人破产对代位权效力的影响

一、债务人破产终结代位权诉讼执行程序

虽然债务人并非代位权诉讼的当事人,但代位权行使的标的却是作为债务人财产的次债权,因此一旦债务人陷入破产,代位权的行使必须受到破产程序的影响。《民事诉讼法》中的强制执行和破产程序作为债的强制清偿的两种方式,强制执行程序大多奉行的是顺位原则,也即先到先得原则("先到磨坊先使磨"),该原则鼓励债权人竞赛;破产程序作为特别执行程序,平等清偿(按份清偿)是其核心理念,以便所有债权人都得到平等对待。[②] 代位权制度无论是被视为"强制执行之准备"还是"简易债权回收"制度,均服务于行使代位权的债权人实现个别清偿,因此针对次债务人的代位权诉讼程序不能与针对债务人的破产程序并存。比较法上,法国代位权诉讼程序与破产制度也构成相互排斥的关系。一旦债务人进入破产程序,凡涉及债务人总财产(包括资产与负债)的权利与诉权,均由清算人行使,任何债权人都不能取代清算人收取行使清算程序的人的债权;即使代位行使其权利,亦同。[③] 我国司法实践中,在债务人陷入破产

---

① 参见2020年修正的《最高人民法院关于人民法院执行工作若干问题的规定(试行)》第56条:对参与被执行人财产的具体分配,应当由首先查封、扣押或冻结的法院主持进行。首先查封、扣押、冻结的法院所采取的执行措施如系为执行财产保全裁定,具体分配应当在该院案件审理终结后进行。

② [德]乌尔里希·福尔斯特:《德国破产法》,张宇晖译,中国法制出版社2020年版,第6~7页。

③ 参见《法国民法典》,罗结珍译,法律出版社2004年版,第908页。

的情况下，债权人代位权诉讼程序与债务人破产程序同样构成排斥关系。依据《企业破产法若干规定（二）》第 21 条、第 22 条和第 23 条的规定，针对债务人的破产申请被受理后，债权人就债务人的次债权行使代位权的，人民法院不予受理；针对债务人的破产申请被受理前，债权人就债务人的次债权行使代位权的诉讼程序尚未审理终结的，应中止审理（债权人不要求次债务人向其清偿的除外），待破产宣告后，判决驳回债权人的诉讼请求；①债权人已经取得代位权胜诉判决的尚未执行完毕的，应中止执行，由债权人向破产管理人申报债权。

二、已执行完毕的代位权胜诉判决不受破产撤销权影响

对于代位权胜诉判决已经执行完毕，债权人自次债务人处获得实际清偿之后，债务人陷入破产程序是否影响代位债权人已经取得的利益，目前尚未形成一致意见。有观点认为，如果债权人所获清偿是在法院受理债务人破产申请前 6 个月发生的，仍构成债务人的偏颇清偿，债务人的破产管理人可以依据《企业破产法》第 32 条的规定请求法院撤销次债务人对债权人的清偿。② 但我国司法实践对此持否定意见，依据《企业破产法若干规定（二）》第 15 条的规定，债务人经诉讼、仲裁、执行程序对债权人进行的个别清偿，管理人依据《企业破产法》第 32 条的规定请求撤销的，人民法院不予支持。但是，债务人与债权人恶意串通损害其他债权人利益的除外。可见债务人在诉讼、仲裁、执行程序之下对债权人进行的个别清偿，不构成破产法意义上的偏颇清偿，管理人不得请求撤销。本章认为，司法实践的上述做法更具实践合理性。

首先，债务人破产时，多项复杂法律关系在同一时刻爆发，法律须兼顾多项常会相互冲突的价值，在该背景下，一味强调平等清偿也不切实际，因此适用《企业破产法》时要特别留意平等原则的例外。③ 恰当的破产撤销制度，在对债

---

① 本章认为此处判决实体上驳回债权人诉讼请求，表述不够准确，应裁定终结诉讼，告知债权人向受理债务人破产的法院申报债权。参见《广东省高级人民法院关于民商事审判适用代位权制度若干问题的指导意见》第 12 条：债权人提起代位权诉讼后，债务人被宣告破产的，法院应终结诉讼，由债权人向受理破产案件的法院申报债权。

② 参见黄薇主编：《中华人民共和国民法典释义及适用指南》，中国民主法制出版社 2020 年版，第 815 页；金印：《债权人代位权行使的法律效果》，载《法学》2021 年第 7 期。

③ 参见许德风：《破产法论——解释与功能比较的视角》，北京大学出版社 2015 年版，第 3 页。

权人提供保护的同时,也不应过分损害交易安全。因此在规定了偏颇清偿撤销的一般规定后,还有必要对其加以一定的限制。[①] 债务人在丧失清偿能力的情况下,在可撤销期间恶意利用执行名义对个别债权人偏颇清偿,违背《企业破产法》公平受偿的基本原则,原则上应予以撤销。但是,自动履行或被强制执行生效裁判毕竟是债务人的法律义务,如执行行为可以任意被推翻,也将影响交易安全和经济秩序。所以对其虽可行使撤销权,但法律应设置严格的条件,即以当事人存在恶意为前提,而举证责任则应由债务人及执行相对人承担。正是基于债权平等保护和交易安全平衡考量,《企业破产法若干规定(二)》第 15 条对依据诉讼、执行程序获得的偏颇清偿,除非债权人存在恶意,原则上不进行破产撤销,以便维护交易安全和法秩序的安定性。

其次,作为偏颇清偿撤销的例外规定,《企业破产法若干规定(二)》第 15 条的基本逻辑与比较法上发展趋势是一致的:重视破产撤销权背后的利益平衡,对善意债权人基于个别清偿(包括强制执行清偿)获得的利益予以特殊保护,而不予撤销。而判断是否善意的标准,在于债权人获得清偿时,是否知道债务人已经具备了破产原因。[②] 考虑债权人的主观状态,尤其是对个别债权人以强力谋求债权实现的行为进行限制,对债权人受偿时善意的状态直接或间接地加以保护,更符合企业破产的内在规律。未来解释适用我国《企业破产法》第 32 条第 2 句但书规定时,宜将主观要件纳入考虑之中,终极解决方案是修改这项不当规定,更宽容地对待债务人的个别清偿行为。[③] 因此,《企业破产法若干规定(二)》第 15 条看似超出了《企业破产法》第 32 条第 2 句的文义解释范畴,但实际上对该规定进行了符合破产法法理的续造,由此将债权人的主观因素引入破产撤销权考量的范围,从而实现了强制执行债权人与破产债权人之间的利益平衡。对于代位权诉讼而言,纠纷发生在债权人与次债务人之间,债务人并非诉讼的当事人,且我国司法实践中对于代位权行使向来都不以债务人“无资力”为

---

① 参见许德风:《破产法论——解释与功能比较的视角》,北京大学出版社 2015 年版,第 396 页。

② 参见房绍坤、崔艳峰:《论破产临界期内强制执行行为的撤销》,《甘肃社会科学》2013 年第 5 期。

③ 参见许德风:《破产法论——解释与功能比较的视角》,北京大学出版社 2015 年版,第 409 页、第 415 页。

要件,[①]因此对于行使代位权的债权人而言,没有义务去探究债务人的清偿能力,更谈不上明知或应知债务人无清偿能力,而意图通过代位权诉讼"突击"获得清偿进而损害其他债权人的利益,因此债权人通过代位权胜诉判决获得的清偿,更具正当性,即使嗣后债务人进入破产程序的,管理人原则上不得主张偏颇清偿撤销,除非其能够证明债权人与非代位权诉讼当事人的债务人之间恶意串通损害其他债权人的利益。

第六节 本章结论

《民法典》第537条代位权行使的效力,应当被置于审判阶段和执行阶段分层加以考察,代位权成立仅能使债权人取得针对次债务人的胜诉判决,并不能保证债权人实际获得次债务人的清偿。次债权被另案债权人采取冻结措施,无论该措施是审判阶段还是执行阶段的保全措施,均不影响债权人取得代位权胜诉判决,但冻结措施将对执行阶段代位权效力的实现产生重要影响。债务人为法人时,采取冻结措施的先后顺序决定了取得代位权胜诉判决的债权人能否获得优先受偿;而债务人为非法人时,对次债权采取冻结措施并不能赋予代位债权人优先受偿权,但是却能赋予首冻债权人针对次债权的处置权,进而保障其取得参与分配的资格,平等接受次债务人的清偿。

① 参见茆荣华主编:《〈民法典〉适用与司法实务》,法律出版社2021年版,第364页;曹守晔等:《〈关于适用合同法若干问题的解释(一)〉的理解和适用》,载《人民司法》2000年第3期;韩世远、王成、[日]小口彦太、濑川信久、松冈久和、渡边达德:《中国合同法研究:中日民事法学之对话》,文元春、杨远舟译,人民法院出版社2019年版,第189页。

《民事诉讼法》及相关司法解释修改建议稿

一、关于共同诉讼的修改建议

建议将《民事诉讼法》第 55 条第 1 款修改如下,将因同一事实或法律上原因发生的牵连型法律关系纳入共同诉讼,为类似必要共同诉讼提供规范依据。

【修改建议】

当事人一方或者双方为二人以上,其诉讼标的是共同的,或者根据同一事实或法律上的原因享有权利或负担义务,或者诉讼标的是同一种类、人民法院认为可以合并审理并经当事人同意的,为共同诉讼。

【修改理由】

类似必要共同诉讼在我国民事诉讼法学界已有较多讨论,实践中亦有适用需求,但在法律规范层面尚无明文规定。我国《民事诉讼法》第 55 条以数人之间诉讼标的共同抑或诉讼标的同一种类为标准,对共同诉讼进行形态区分,分为必要共同诉讼与普通共同诉讼两大类型。学界有观点认为,《民事诉讼法》第 55 条第 1 款前段规定的实为固有必要共同诉讼,而后段规定的是普通共同诉讼,作为两者之间的过渡形态,类似必要共同诉讼在我国法律中没有明文规定。

实践中,对于牵连型法律关系,即数人之间根据同一事实上或法律上原因而享有权利或负担义务,如连带债务,存在共同诉讼的需要。然而,由于我国理论与实务对于诉讼标的的识别存在多种理解,在牵连型法律关系中,数人之间事实或法律关系结合的紧密程度介于诉讼标的不可分与可分之间,根据具体案件审理情况,可能适用固有必要共同诉讼、类似必要共同诉讼抑或普通共同诉讼。在《民事诉讼法》第 55 条对共同诉讼形态采用二分格局的情况下,易使牵连型法律关系在共同诉讼形态适用上陷入非此即彼的困境。将牵连型法律关系纳入共同诉讼范畴,有利于增强该类案件在共同诉讼形态适用上的灵活性,有利于实践中根据具体案件事实查明等需要灵活适用共同诉讼形态。而且,牵连型法律关系中亦存在较多适用类似必要共同诉讼的情形,增加本条建议稿亦可在法律规范层面使类似必要共同诉讼与固有必要共同诉讼适当区分。

在域外立法例方面,《德国民事诉讼法》在规定共同诉讼时,将牵连型法律关系纳入共同诉讼。该法第 59 条规定:“数当事人对于诉讼标的有共同权利,或根据同一事实上及法律上的原因而享有权利或负担义务时,可以作为共同诉讼人共同诉讼或共同被诉。”该法第 60 条规定：“诉讼标的的请求或义务是同种类的，并且是由基本上同种类的事实上及法律上原因而引发的，数当事人也可以作为共同诉讼人共同起诉或被诉。”《日本民事诉讼法》也将牵连型法律关系纳入共同诉讼。该法第 38 条规定：“作为诉讼标的的权利或者义务由数人共同享有或承担，或者于数人间，作为诉讼标的的权利或义务基于同一事实上或法律上的原因发生时，该数人可作为共同诉讼人起诉或被诉。作为诉讼标的的权利或义务为同种类，且基于事实及法律上的同种原因时，亦同。”

综上，数当事人之间因同一事实上或法律上的原因而享有权利或负担义务时，如连带债务，可能存在共同诉讼的需要。在该类案件中，数人之间事实或法律关系结合的紧密程度位于诉讼标的可分与不可分之间，其诉讼形态需要结合具体案件中事实查明的需要等情况加以认定，其中较多案件宜适用类似必要共同诉讼。我国《民事诉讼法》第 55 条尚未明确该类案件在共同诉讼形态中的定位，提出本条建议稿，旨在对该类案件更加灵活地适用共同诉讼形态，并在一定程度上为类似必要共同诉讼提供规范依据。本条建议稿应与《民诉法解释》第 221 条进行衔接，后者适用于共同诉讼以外的其他情形的诉的合并，系对诉讼标的并非共同且亦非同种类的案件而言，而本条建议稿仍以诉讼标的共同或同一种类为限，仅就介于诉讼标的不可分与诉讼标的同种类可分之间的案件类型而言。

二、关于重复起诉的修改建议

依据诉讼标的的界定与内涵，建议将《民诉法解释》第 247 条修改如下。

【修改建议】

当事人就已经提起诉讼的事项在诉讼过程中或者裁判生效后再次起诉，若后诉与前诉的诉讼标的相同或者后诉的诉讼请求实质上否定前诉裁判结果，构成重复起诉。

当事人重复起诉的，裁定不予受理；已经受理的，裁定驳回起诉，但法律、司法解释另有规定的除外。

【修改理由】

现行《民诉法解释》第 247 条，要求构成重复起诉需同时满足当事人相同、诉讼标的相同、诉讼请求相同或者后诉的诉讼请求实质上否定前诉裁判结果，但在确认之诉与形成之诉中，诉讼标的为诉讼请求，而在给付之诉中，诉讼标的为请求权，即请求他人为或者不为特定行为，其间包括当事人与请求内容，因此当事人、诉讼标的、诉讼请求间实际存在相互重合的内容，故可将“当事人相同、诉讼标的相同、诉讼请求相同”合并为“诉讼标的相同”。

三、关于证明责任的修改建议

建议将客观证明责任概念正式引入司法解释，将《民诉法解释》修改如下。

（一）第 90 条修改建议

【修改建议】

当事人对自己提出的诉讼请求所依据的事实或者反驳对方诉讼请求所依据的事实，应当提供证据加以证明，但法律另有规定的除外。

在作出判决前，当事人未能提供证据或者证据不足以证明其事实主张的，由负有证明责任的当事人承担不利的后果。

【修改理由】

《民诉法解释》所使用的“举证证明责任”是证明责任相关概念混淆使用的妥协，是将“客观证明责任”引入我国的路径选择，但在使用“举证证明责任”时，其或是指客观证明责任，或是指具体举证责任，而易致理解偏差，故建议进一步将“举证证明责任”的表述修改为“证明责任”，并注意与《民诉法解释》第 108 条实现条文间的有序衔接。

（二）第 91 条修改建议

【修改建议】

人民法院应当依照下列原则确定证明责任的承担，但法律另有规定的除外：

（一）主张法律关系存在的当事人，应当对产生该法律关系的要件事实承担证明责任；

（二）主张法律关系变更、消灭、限制或者权利受到妨害的当事人，应当对该法律关系变更、消灭、限制或者权利受到妨害的要件事实承担证明责任。

【修改理由】

为正确使用“证明责任”的相关概念，明确将“证明责任规范说”作为我国证明责任制度的基础立论,应将“客观证明责任”概念正式引入我国证明责任条文,确认《民诉法解释》第 91 条也是客观证明责任分配的条文依据,故将第 91 条中的“举证证明责任”修改为“证明责任”。且因在《民法典》中,除存在法律关系产生、变更、消灭、受到妨害之外,亦存诉讼时效届满、同时履行抗辩权、先履行抗辩权、不安抗辩权等法律关系受到限制的情形,故把法律关系限制的证明责任分配,规定于第 91 条中。

(三)第 108 条修改建议

【修改建议】

对当事人提供的证据,人民法院经审查并结合相关事实,确信事实主张的存在具有高度可能性的,应当认定该事实存在。

对各方当事人提供的证据,人民法院经审查并结合相关事实,认为负担证明责任一方的当事人主张事实真伪不明的,应当视为该事实不存在。

法律对于待证事实所应达到的证明标准另有规定的,从其规定。

【修改理由】

为正式引入“客观证明责任”概念,将第 108 条第 1 款中的“举证证明责任”予以删除,并将第 108 条第 2 款中的“举证证明责任”修改为“证明责任”,将违反客观证明责任的法律后果,通过本款予以明确。

四、关于家事领域的修改建议

(一)修改《民事案件案由规定》

【修改建议】

在第二级案由“三十五、监护权特别程序案件”项下增加第三级案由“申请确认意定监护人资格”。

在第二级案由“二、婚姻家庭纠纷”项下增加第三级案由“意定监护协议纠纷”。

【修改要点】

在特别程序中新增申请确认意定监护人资格案件,在诉讼程序中新增意定监护协议纠纷。

【修改理由】

第一,对标《民法典》立法精神和相关规定,保障意定监护制度统一正确适用。《民法典》新增意定监护制度，与我国民法上原有的法定监护制度共同构成了相对完善的监护制度体系。目前监护权相关案件的程序立足于传统的法定监护制度设计，难以完全契合意定监护相关案件的差异化需求。考虑意定监护与法定监护不仅存在赋权模式的实质差异，还蕴含监护理念和监护范式的整体转型，如果对意定监护相关案件与法定监护相关案件混用同一套的程序，将不利于现代监护理念的落地生根。为此，有必要为意定监护相关案件设置独立的配套案由并设计独立的程序规则。

第二，非讼程序层面，贯彻“尊重自我决定权”理念。目前第三级案由为“监护权特别程序案件”。该第三级案由项下原有“申请确定监护人”“申请变更监护人”“申请撤销监护人资格”三个第四级案由，而在《民法典》颁布后又增加“申请指定监护人”“申请恢复监护人资格”两个第四级案由。“申请变更监护人”、“申请撤销监护人资格”和“申请恢复监护人资格”所指向的实体法条文都相对明确，新增的“申请指定监护人”指向的是《民法典》第 31 条，应当也不存在争议，“申请确定监护人”项下则同时包含适用《民法典》第 30 条（协议确定监护人）和《民法典》第 33 条（意定监护）的案件。为避免因混用同一案由带来法律适用的混乱和审查重点的偏离，可以增设第四级案由“申请确认意定监护人资格”明确指向《民法典》第 33 条，聚焦于意定监护协议内容的形式审查，即相关协议是否具备意定监护协议的要素、是否存在相关无效事由以及是否已经具备生效条件等。

第三，诉讼程序层面，关注意定监护制度的双重属性。一方面，意定监护是监护制度的一大类型，而监护制度主要指向身份关系，受到传统民法上亲属法的规制。另一方面，意定监护来源于英美法上的“持续性代理权”制度，代理权源于委托合同关系，受到传统民法上财产法的规制。法定监护制度仅具有单一身份法属性，因而设置相应的非讼程序一般已经足以应对相关案件的处理需要，而意定监护制度兼具身份法和财产法双重属性，实践中可能出现更为复杂的情况。一方面，部分当事人订立的意定监护协议兼具一般委托合同、遗赠扶养协议和意定监护协议的多重属性，或者设置作为履行意定监护职责之对价的财产给付内容，协议双方可能就此类协议的履行、解除及效力发生争议。另一方面，意定监护协议的订立可能引发意定监护受托人与潜在法定监护人之间关于监护权归属的争议。两类案件均已形成两造相抗的诉讼程序构造,有必要通过诉讼程序处理。为此,需要增设相应的诉讼案由。

(二)修改《民事诉讼法》关于诉讼中止和终结的规定

【修改方案一】

将《民事诉讼法》第 153 条第 1 款第 1 项“一方当事人死亡,需要等待继承人表明是否参加诉讼的”修改为:“一方当事人死亡,需要等待继承人、遗产管理人表明是否参加诉讼的。”

将《民事诉讼法》第 154 条第 1 项“原告死亡,没有继承人,或者继承人放弃诉讼权利的”修改为:“原告死亡,继承人、遗产管理人放弃诉讼权利的。”

【修改要点】

在《民事诉讼法》第 153 条第 1 款第 1 项中的“继承人”后增加“遗产管理人”。

删除第 154 条第 1 项中的“没有继承人”,“继承人”后增加“遗产管理人”。

【修改方案二】

将《民事诉讼法》第 153 条第 1 款第 1 项“一方当事人死亡,需要等待继承人表明是否参加诉讼的”修改为:“一方当事人死亡,需要等待遗产管理人表明是否参加诉讼的。”

将《民事诉讼法》第 154 条第 1 项“原告死亡,没有继承人,或者继承人放弃诉讼权利的”修改为:“原告死亡,遗产管理人放弃诉讼权利的。”

删去第 154 条第 2 项“被告死亡,没有遗产,也没有应当承担义务的人”。

【修改要点】

将《民事诉讼法》第 153 条第 1 款第 1 项中的“继承人”修改为“遗产管理人”。

将《民事诉讼法》第 154 条第 1 款第 1 项中的“没有继承人”删除,将“继承人”修改为“遗产管理人”。

将《民事诉讼法》第 154 条第 1 款第 2 项“被告死亡,没有遗产,也没有应当承担义务的人”的情形删除。

【修改理由及方案对比】

两套修改方案的目的均在于明确遗产管理人的诉讼主体资格,对诉讼中止、终结的有关规定作出适应性调整。诉讼过程中一方当事人死亡,我国《民事诉讼法》目前确定的一般应对方式是追加全部继承人参加诉讼。在《民法典》设立遗产管理人制度的语境下后,“处理被继承人的债权债务”成为遗产管理人的一项法定职责,而参与诉讼是遗产管理人处理被继承人债权债务的必要方式。为此,需要《民事诉讼法》赋予遗产管理人相应的诉讼主体资格。

两套修改方案的差异在于对遗产管理人性质的理解以及对遗产管理人与继承人之间关系的处理:

修改方案一对遗产管理人性质的理解接近“代理说”中的“继承人代理说”,即认为遗产管理人与继承人实质同一,诉讼过程中一方当事人死亡,其继承人成为实质当事人,被继承人指定的遗嘱执行人及继承人一致推选的遗产管理人参加诉讼,应当是基于继承人的利益行使诉讼权利,其诉讼主体地位接近于继承人的代理人。相较于目前的应对方式,修改方案一的主要差异在于无人继承(没有继承人或者继承人均放弃继承)情形下,虽不存在继承人,但存在法定遗产管理人(被继承人生前住所地的民政部门或者村民委员会)。因没有继承人或者继承人均放弃继承的情形下,遗产最终将成为无主物进而归属于国家,民政部门或者村民委员会系基于国家的利益行使诉讼权利,这一情形仍与“继承人代理说”一脉相承。因此,修改方案一对现行条文的修改幅度较小,主要修改内容在于将“遗产管理人”与“继承人”一并列为待追加的主体,以适应现实中可能出现的多种情形;同时考虑到在《民法典》第 1145 条确立的选任模式下不可能出现遗产管理人缺位的情形,故将“原告死亡且无继承人”的情形从诉讼终结的法定事由中删除。修改方案一的优势在于程序简易快捷,即在赋予遗产管理人诉讼主体资格的同时并未否定继承人的诉讼主体资格,在继承人对遗产管理人不存在争议的情形下直接追加遗产管理人参加诉讼,在没有被继承人指定的遗嘱执行人或者继承人一致推选的遗产管理人的情形下继续沿用追加全体继承人参加诉讼的既有应对模式,大部分情形下无须另行启动遗产管理人确定程序,仅在部分争议情形下需要在诉讼中启动非讼程序确定遗产管理人。

而修改方案二对遗产管理人性质的理解则接近“固有权说”中的“机关说”,即认为遗产管理人是法律所认可的被继承人利益之机关。诉讼过程中一方当事人死亡，即处于无诉讼能力的状态，遗产管理人参加诉讼，代替其处理各项财产性事务，意义在于填补当事人因故丧失诉讼能力带来的诉讼主体空缺，此时遗产管理人性质上是被继承人的法定诉讼担当。无论是从设置法定诉讼担当以弥补诉讼主体的诉讼能力之欠缺的角度，还是从设置遗产管理人以平衡遗产清算所涉及之多方主体利益的角度，将遗产管理人确定为法定诉讼担当均具备正当性基础。基于这一理解，遗产继承程序进一步划分为债权债务清理阶段和遗产分割阶段，在债权债务清理阶段，遗产管理人依法独立履行遗产管理职责，基于遗产之保值、增值需要实施相关遗产管理事务，不受个别继承人主观意愿的约束。此时继承人的处分行为受到限制，其虽然名义上是遗产的所有者，却不得有效处分遗产管理人管理下的标的物，在债权债务清理程序完成前被实际架空。[①] 因此，在修改方案二确定的模式下，只有“遗产管理人”才是未决诉讼中的待追加主体；同时，在债权债务清理阶段，遗产范围尚无法完全确定，“被告死亡且没有遗产”不能成为诉讼终结的理由，相应未决诉讼应当正常进行，债权确定后是否有遗产可供执行应当是执行程序中考虑的问题，不能成为诉讼程序终结的理由。修改方案二的优势在于更为符合遗产管理人制度的本质，缺点在于将遗产管理人设定为参加诉讼的唯一主体，意味着必须赋予相关当事人遗产管理人身份，由此可能频繁出现需要另行启动遗产管理人确定程序的情形，导致纠纷进程延宕。

（三）进一步完善《民事诉讼法》第十五章第四节“指定遗产管理人案件”相关规定

【修改建议】

第 195 条修改建议：人民法院受理申请后，经审查核实，申请指定作为遗产管理人的有关单位和个人符合法律规定且不存在无法履行遗产管理职责情形的，判决指定其作为遗产管理人；申请指定作为遗产管理人的有关单位和个人不符合法律规定或者存在不宜担任遗产管理人、无法履行遗产管理职责情形

---

① 这一程序设计的立法例包括：《德国民法典》第 2211 条规定：对于遗产管理人所管理之遗产标的物，继承人不得处分。于此情形，准用关于有利于由无权利人取得权利之规定。《日本民法典》第 1115 条规定：有遗言执行者，相续人不得处分相续财产，或有妨于执行遗言之行为。我国台湾地区“民法”第 1216 条规定：继承人于遗产管理人执行职务中，不得处分与遗嘱有关之遗产，并不得妨碍其遗嘱之执行。

的,判决驳回其申请。

【修改要点】

明确法院应当对遗产管理人资格进行实质审查。

【修改理由】

《民事诉讼法》关于指定遗产管理人案件的新增规定较为原则化,未对遗产管理人的任职资格作出限制。由于遗产管理人具备代理人的部分特征,且为有效履行职责之需要,法院在指定遗产管理人时,仍应当对申请指定作为遗产管理人的有关单位和个人的任职资格进行审查,遗产管理人的资格限制可以参照破产管理人的资质标准进行设计。不宜担任遗产管理人的情形包括因故意犯罪受过刑事处罚、曾被列入失信人名单、涉嫌违法行为正被相关部门调查、三年内曾因不适当履职被法院处罚或者解任的管理人、与其他继承人之间有未了结的债权债务关系等。

【修改建议】

第 197 条修改建议:被指定的遗产管理人违反遗产管理职责,严重侵害继承人、受遗赠人、债权人合法权益的,利害关系人可以向人民法院申请撤销遗产管理人资格,并另行指定遗产管理人。

【修改要点】

明确遗产管理人侵害债权人合法权益亦构成解任事由。

【修改理由】

遗产管理,是指为遗产的保值或者增加,或者为清偿债务所为的事实行为或者法律行为,包括遗产之保存、利用、改良所必要的一切处置。必要的遗产管理行为包括修缮、保存、订立租赁合同、转移所有权、清偿债务、债权让与和免除、提起诉讼或者仲裁等事实行为或者法律行为。遗产管理人超越必要管理权限而为处分行为或者负担行为,应当就违反适当管理或者善良管理义务的行为向其他继承人和债权人承担责任。遗产管理人侵害债权人合法权益亦构成严重违反义务的情形,故应当明确此时法院可根据利害关系人的申请对其解任。

(四)在《民事诉讼法》中新增监护权特别程序案件的规定

【修改建议】

在《民事诉讼法》第十五章中新增一节"监护权案件"。

第×条　被指定的监护人不服居民委员会、村民委员会或者民政部门指定，应当自接到通知之日起三十日内向人民法院提出异议。经审理，认为指定并无不当的，裁定驳回异议；指定不当的，判决撤销指定，同时另行指定监护人。判决书应当送达异议人、原指定单位及判决指定的监护人。

有关当事人依照民法典第三十一条第一款规定直接向人民法院申请指定监护人的，适用特别程序审理，判决指定监护人。判决书应当送达申请人、判决指定的监护人。

第×条　有关当事人申请变更监护人，人民法院经审理认定监护人存在法律规定的丧失监护能力或者不宜继续担任监护人等情形的，判决变更监护人；认定监护人不存在上述情形的，应当判决予以驳回。

第×条　符合法律规定的人员或者有关组织向人民法院申请撤销监护人资格，人民法院经审理认定监护人存在法律规定的严重侵害被监护人合法权益等情形的，判决撤销其监护人资格，安排必要的临时监护措施，并按照最有利于被监护人的原则依法指定监护人；认定监护人不存在法律规定的严重侵害被监护人合法权益等情形的，应当判决予以驳回。

第×条　被监护人的父母或者子女被撤销监护人资格后向人民法院申请恢复监护人资格，人民法院经审理认定符合法律规定的恢复条件的，在尊重被监护人真实意愿的前提下，可以视情况判决恢复其监护人资格；认定不符合法律规定的恢复条件的，应当判决予以驳回。

第×条　以书面形式确定自己监护人的成年人丧失或者部分丧失民事行为能力时，利害关系人可以向人民法院申请确认意定监护人资格。

第×条　人民法院审理确认意定监护人资格的案件，应当对意定监护协议是否成立、生效条件是否成就以及受托人是否具备履职能力和资格等进行审查，必要时应当对该公民的民事行为能力进行鉴定。申请人已提供鉴定意见的，应当对鉴定意见进行审查。

人民法院经审理认定意定监护协议不存在无效事由且依法生效的，判决确定意定监护协议中的受托人为意定监护人；认定意定监护协议无效或未依法生效的，应当判决予以驳回。

人民法院在审理确认意定监护人资格的案件的过程中，利害关系人就意定监护协议真实性提出异议的，应当裁定终结特别程序，并告知利害关系人可以另行起诉。

第×条　监护权案件可以由被监护人住所地人民法院管辖。

【修改要点】

在特别程序中新增监护权案件。

【修改理由】

第一，在第十五章“特别程序”中规定监护权案件，将《民诉法解释》第349条规定上升为立法，以解决长期以来监护权案件在基本法律层面的程序规则缺失的问题，并在程序法上对接《民法典》关于指定监护人、撤销监护人资格、恢复监护人资格的实体法规定，从而实现对被监护人合法权益的充分保护。

第二，《民法典》仅对意定监护制度作了原则性规定，具体法律适用问题仍留待司法机关通过裁判方式完成续造，这应当是司法机关介入意定监护制度实践的工作重点。从司法实践情况来看，涉及意定监护法律适用问题的主要有两大案件类型，其一是意定监护协议的效力审查和监护人资格认定；其二是意定监护受托人与潜在法定监护人之间关于监护权归属的争议。前一类型聚焦协议内容的形式审查，即相关协议是否具备意定监护协议的要素、是否存在相关无效事由以及是否已经具备生效条件等，如果不具备无效事由且已具备生效条件，则应当确认意定监护人资格。后一类型则已形成实质性争议，应当启动相应的诉讼程序处理。

五、关于执行程序的修改建议

建议修改、完善《查扣冻规定》，具体如下。

（一）关于保留所有权买卖的修改建议

1. 增加出卖人不得排除执行的具体情形

【修改建议】

被执行人购买第三人保留所有权的财产，有下列情形之一的，第三人主张排除对财产的执行，人民法院不予支持：

（一）非因合理原因，财产所有权未经登记的；

（二）被执行人支付的价款超过价款总额的百分之七十五。

【修改理由】

《查扣冻规定》第 16 条规定,保留所有权已办理登记的,第三人主张取回财产的,可以提出案外人执行异议,但对保留所有权未登记的第三人是否可以提出案外人执行异议主张取回财产未予明确。虽然第三人保留的所有权具有担保功能,但从《民法典》物权编中关于所有权的概念以及合同编中关于出卖人和买受人之间权利义务的分配,出卖人并未失去所有权的处分权能以及买受人亦未取得所有权。因此,即便第三人保留的所有权未经登记,但该所有权作为其实体权利,其仍具有提出案外人执行异议的程序性权利。

保留所有权的登记并非所有权取得的要件,虽然《民法典担保制度解释》对所有权未登记不得对抗第三人的范围参照动产抵押的情形,但一般动产所有权对抗第三人的范围与动产抵押对抗第三人的范围并非相同,且参照适用的前提限于所有权发挥担保功能。但鉴于《民法典》对所有权保留提供了登记的途径以保护出卖人的权利,因此第三人对未经登记的所有权主张排除执行,应不予支持。

对所有权已经登记的第三人而言,原则上其排除执行的请求应予以支持,但在执行程序中应兼顾效率价值。当被执行人支付的价款已经达到较高比例,由法院直接处置财产,能同时兼顾第三人价款的受偿和申请执行人债权的实现。因此,可以参照《买卖合同解释》第 26 条规定,以 75% 作为标准。

2. 增加买受人使用查封财产及对返还价款优先受偿的规定

【修改建议】

第三人按照其与被执行人在买卖合同中约定的付款方式及期限支付款项期间,可以合理方式继续使用该财产。

第三人主张解除合同的,就出卖人应返还第三人已经支付价款的部分,第三人可从财产的变价款中优先于申请执行人受偿。

【修改理由】

《查扣冻规定》第 14 条相较于原规定,对于第三人要求继续履行的,删除了在"合理期限"内交付全部价款的规定,表明买受人的付款义务无须加速到期。但买受人要求排除对财产执行的,仍需按照其与被执行人之间合同的约定,支付全部价款。在买受人按照合同约定正常支付价款期间,应当保证其对财产的正常使用,限制法院对财产的处分行为。

当买受人因财产查封而选择解除合同时,其负有向出卖人返还财产的义务,并对出卖人享有因违约产生的债权,该违约债权包括买受人已经支付的价款等。如已经支付的价款劣后于申请执行人受偿,将对其显失公平,因此相应价款部分应从财产变价款中优先向买受人返还。

(二)关于融资租赁的修改建议

1. 增加关于直接租赁模式下的规定

【修改建议】

出租人与承租人约定租赁合同到期后,租赁物的所有权归出租人所有,该租赁物因承租人未履行债务而被查封,所有权非因合理原因未登记的,出租人请求排除对该租赁物查封的,人民法院不予支持。租赁物变价后的款项中,属于租赁物残值对应的部分由出租人享有。

出租人与承租人约定租赁合同到期后,未登记的租赁物所有权归出租人的,该租赁物因出租人未履行债务而被查封,承租人可以请求负担其租赁权拍卖租赁物。承租人主张解除租赁合同的,出租人返还与承租人已付租金相关的款项,承租人可从租赁物的变价款中优先受偿。

【修改理由】

对于租赁物在合同履行完毕后归属于承租人的情形,由于其交易方式类似于分期付款的所有权保留买卖,因此相关的问题可以参照所有权保留买卖的规定进行处理。对于租赁物的所有权在合同履行完毕后归出租人所有的情形,在承租人为被执行人时,需要考虑的问题在于出租人未登记的所有权能否排除执行,以及在不能排除执行的情形下,因承租人无法返还原物而对出租人的赔偿,能否在租赁物变价款中优先受偿。

由于租赁期届满后,出租人对租赁物享有的是完全的所有权,而非担保性的所有权,表明其在订立合同时并未有放弃租赁物归属其所有的意思,仅在合同履行过程中法律规定将该所有权定性为具有担保功能的权利。但《民法典》第 745 条对所有权的登记对抗效力并未按照租赁物最终归属进行细分,考虑到法律适用的统一性,在前述情形下对出租人排除执行的请求应不予支持。但是,出租人所保留的租赁物剩余价值,从未有向承租人转移的意思,不能将该部分价值作为承租人的责任财产，允许出租人就该部分价值，从租赁物的变价款中优先受偿。

在出租人作为被执行人时，在租赁合同履行期间，对于无过错的承租人而言，仍应保障其在租赁期内的合同权利，在按照合同约定正常支付租金期间，应允许其继续合理使用租赁物。此外，由于租赁物的所有权始终保留在出租人一方，在符合条件时，可允许负担承租人的租赁权拍卖租赁物。当承租人解除租赁合同时，出租人返还与承租人已付租金相关的款项时，应允许承租人就该款项从租赁物的变价款中优先受偿。

2. 增加关于售后回租模式下的规定

【修改建议】

在售后回租中，租赁物因承租人未履行债务而被查封的，出租人以其系租赁物的所有权人请求排除执行的，人民法院不予支持。

【修改理由】

《融资租赁合同解释》第 2 条将售后回租交易归入融资租赁合同之中，但是与直租不同的是，售后回租并没有产生普通意义上的融物效果，仅发挥承租人自有之物的融资效用，售后回租偏离了融资租赁典型的功能定位，并产生不同于典型交易的法律效果；在交易的形式上，也与《民法典担保制度解释》第 68 条第 1 款规定的让与担保相同。在让与担保情形下的所有权已经完全担保功能化，所有权丧失了归属确认功能，仅具有变价功能。在《九民会议纪要》出台之前，学说上对让与担保多持异议的声音；但在《九民会议纪要》及《民法典担保制度解释》中规定了让与担保的交易形式以及法律效果，故宜在让与担保的路径下理解售后回租合同，也避免当事人借道售后回租，虚构或者伪造租赁物以行借贷担保之实。因此，在售后回租中，无论出租人的所有权是否已经登记，均不宜认定具有排除执行的效力。

六、关于实现担保物权特别程序的修改建议

(一)在《民诉法解释》中增加所有权买卖特别程序实现担保物权关于法院审查内容的专门规定

1. 出卖人取回权特别程序审查

【修改建议】

所有权保留出卖人向人民法院申请通过特别程序实现取回权时,人民法院审查存在下列情形之一的,应当裁定驳回申请:保留所有权未经登记的、存在以解除买卖合同或继续履行为请求的普通诉讼程序的、存在《最高人民法院关于审理买卖合同纠纷案件适用法律问题的解释》第 36 条规定的阻碍取回权行使的阻却事由的、标的物因不可归责于买受人的原因毁损灭失且无代位物的、回赎期经过买受人未放弃回赎权的。

【修改理由】

《民法典》和《民法典担保制度解释》明确所有权买卖出卖人可参照适用实现担保物权特别程序实现其取回权。所有权买卖的担保特质异化所有权功能,导致出卖人在取回权实现条件达成时无法直接请求买受人返还标的物,只能通过双方协商的方式或参照担保物权实现特别程序对标的物进行拍卖、变卖以实现出卖人债权。然而,法院进行参照适用时,在以特别程序框架为依据的前提下,应当充分考量取回权行使的特殊性,即作出是否准许出卖人拍卖、变卖标的物裁定时审慎审查取回权行使条件是否满足。根据相关实体法的规定,保留的所有权未经登记、买受人已经支付超 75% 的价款、标的物非因买受人原因灭失且无代位物等构成阻却取回权行使的法定因素。此外,程序上如若存在关于买受人违约之普通诉讼和回赎期未经过或者买受人未放弃回赎,则取回权的行使条件亦未满足。如果仅依照现行《民诉法解释》第 369 条规定的一般审查范围进行审查则会忽视所有权买卖取回权实现的特殊性,故建议增设此司法解释。

2. 买受人放弃回赎权的特别程序

【修改建议】

买受人放弃回赎,出卖人未将标的物以合理价格进行转卖或者未返还相应的价款,买受人可申请人民法院适用特别程序拍卖、变卖标的物。人民法院应

先予审查标的物的存续状况，标的物已实际转卖且无代位物的，人民法院应当裁定驳回买受人的申请并告知其可通过诉讼请求损害赔偿。

【修改理由】

买受人放弃赎回权后，出卖人未以合理价格转让标的物或出现未多退少补的情形，买受人有权参照适用特别程序对标的物进行拍卖、变卖。但是该程序的适用存在一个前提条件即买受人向法院提出申请时标的物仍然存在。如若标的物已经被出卖人处置且无代位物，则因标的物不存续而无推进特别程序的必要。故法院在审查时应当首先审查标的物时下状态，无须刻板遵循《民诉法解释》规定的审查顺序，在标的物不存续的情况下直接驳回申请，避免司法资源的浪费。同时应当告知申请人可通过普通诉讼程序请求对损害赔偿进行救济。

（二）在《民诉法解释》中增加融资租赁特别程序实现担保物权法院审查内容的专门规定

【修改建议】

融资租赁出租人向人民法院申请特别程序拍卖、变卖租赁物以所得价款支付租金的，出现下列情形之一的，人民法院应当裁定驳回申请：租赁物为虚构物、融资租赁未作登记。

【修改理由】

《民法典担保制度解释》中规定了出租人在请求承租人支付租金时，可申请参照适用实现担保物权特别程序，拍卖、变卖租赁物以所得价款支付租金。根据《民法典》第737条的规定，当事人以虚构租赁物方式订立的融资租赁合同无效。在此情形下，融资租赁的所有权以及所有权发挥的担保价值均无存在价值。故建议法院应当先予审查租赁物是否为虚构物，如若为虚构物则直接驳回申请，如若租赁物实际存在则按照《民诉法解释》第369条规定进行审查。

（三）在《民诉法解释》中增加让与担保特别程序实现担保物权通知利害关系人的专门规定

【修改建议】

申请实现让与担保，申请人按照《民诉法解释》第365条第1项的规定向人民法院提交的申请书中还应当记明利害关系人的姓名或者名称、联系方式等。

【修改理由】

判断让与担保是否成立应当综合考量合同约定、登记内容、履行情况等因素判断当事人间是否成立让与担保的真实意思表示。让与担保成立的登记从内容上看仅为财产或权利转让。故对外的公示效力远弱于普通担保。在申请实现让与担保时,利害关系人或受限于公示而无法预判自身风险,为保护标的物上权利者的权益,法院有必要掌握利害关系人信息,以便查明让与担保实现条件是否满足,保护各方权益。

【修改建议】

人民法院受理申请通过特别程序实现让与担保后,应当在五日内向被申请人和利害关系人送达申请书副本、异议权利告知书等文书。

被申请人和利害关系人有异议的,应当在收到人民法院通知后的五日内向人民法院提出,同时说明理由并提供相应的证据材料。

【修改理由】

因让与担保认定复杂,标的物上利害关系人应当在特别程序中享受同被申请人相同的权利。故法院应当同时将相关材料送达至利害关系人以便其明确自身权利被影响的可能,在法定时限内收集证据提出异议。

(四)填补私力救济实现担保物权程序规范空白

1. 担保物权人的违约通知义务

【修改建议】

违约发生后,担保物权人必须及时有效地向主债务人、担保物所以有权人、普通债权人、担保物上其他担保物权人等各利害关系人通知债务人违约事实、担保物状态、应清偿债务数额、拟采取私力救济的方式和费用、被通知方的权利等。

【修改理由】

《民法典》《民法典担保制度解释》在权利人实现抵押权、质权、留置权以及所有权保留时,均明确允许通过私力救济实现权利,以期高效实现担保物权。然而对于私立救济体系配套的程序设计却并未作出全面的规定,导致该救济途径适用存在风险。笔者参照对私力救济实现担保物权规范较为健全的《美国统一商法典》《欧洲示范民法典草案》等,结合我国实践,初步提出针对担保物权人权利义务的规范,保障其合理运用实体法律赋予的权利,避免相关主体利益受损。债务人违约时一般实现担保物权条件基本满足,担保物权人如若意欲通过私力救济实现担保物权,有必要将相关情况通知利害关系人,以便其对私力救济进行的可行性进行反馈。

2. 非占有型担保物权担保物转移占有规则

【修改建议】

非占有型担保物权人通过私力救济实现担保物权时禁止采取暴力手段转移担保物的占有,如若担保物占有人不予交付,担保物权人只能通过公力救济实现担保物权。

【修改理由】

非占有型担保物权系指担保物权实现条件成立时,担保物并未由担保物权人占有,如抵押权。担保物权人意欲通过私力救济实现担保物权,则首先需转移占有,再对担保物进行处分。《民法典担保制度解释》明确反对暴力转移占有,基于我国尚且无相应的程序满足担保物权人转移担保财产的请求。故在非占有型担保物权人无法通过和平方式取得担保物占有的情况下,担保物权人不可以采用存在暴力占有担保物的私力救济手段,只能通过公力救济实现担保物权。

3. 处分担保物的一般注意义务

【修改建议】

担保物权人选择私力救济实现担保物权应当考虑担保物状况,选择合适的处分手段。

【修改理由】

在私力救济实现担保物权的情况下,担保物权人有多种处分担保物的方法。担保物权人进行选择时,应当在不损害担保财产利害关系人利益的前提下选择最佳的处分方式。参照联合国国际贸易法委员会制定的《担保交易示范法草案》,担保物权人应当在处分担保物时遵守一般注意义务。该义务的内容具体包括但不限于以商业合理价格进行变价,如若可进入公开市场则应当参照市价变价,如若属于私下交易则担保人可请求担保物权人预先告知价格范围以保证担保人提出异议的救济可能。

4. 折价规则

【修改建议】

担保物权人选择以折价的方式私力实现担保物权的,应当将折价协议和方案送达担保物所有人、其他为该债务提供担保的人和担保物上其他的担保物权人。受送达方可就折价协议以书面的形式提出反对意见。若担保物权人接受反对意见,则只能通过拍卖、变卖的方式实现担保物权;若担保物权人不接受反对意见,则只能通过向人民法院申请实现担保物权。

【修改理由】

根据现行法律规定,折价仅发生在担保物权实现条件成就后,担保物权人同担保人协议折价。如若在担保合同中即约定担保物权人有权折价,因折价意味着担保物权人直接取得担保物所有权,则该约定属于流质流押条款。但是仅对折价这一私力救济途径进行适用前提方面的规定不足以规范该类救济的运用。针对折价方式系转移所有权这一特质,建议从保护利害关系人角度出发完善规则,即充分送达、尊重利害关系人意愿、将公力救济作为必要补充。